W0056544

Kimberly Hagen

TRÄNEN
LIEBE
LEBENSGIER

Für Clemens – und alle Liebenden

© 2023 Langen Müller Verlag GmbH, München
Alle Rechte vorbehalten

Umschlag: Sabine Schröder
Umschlagfoto: Shutterstock / Ihnatovich Maryia
Innengestaltung und Satz: Sibylle Schug
Druck und Binden:
Friedrich Pustet GmbH & Co. KG, Regensburg
Printed in Germany
ISBN: 978-3-7844-3682-1
www.langenmueller.de

Kimberly Hagen

TRÄNEN LIEBE LEBENSGIER

Mein Trauertagebuch

LANGENMÜLLER

Inhalt

Vorwort

Vor vielen Jahren lernte ich Kimberly Hagen bei einer Sendung im BR Fernsehen kennen. Bis dahin war sie mir vollkommen unbekannt. Das Feuilleton bleibt mir nicht nur in der Münchner *Abendzeitung* meistens verborgen. Ich gehe es klassisch an beim Zeitunglesen: Sport, Tagespolitik, Regionales und am Ende die Todesanzeigen, aber keinen Klatsch und Tratsch bitte! Zwar gebe ich gerne selber mal Kolumnen für Zeitschriften wie *Brigitte, Gala, Freundin* und den *GONG* ab, aber nicht einmal beim Zahnarzt würde ich diesen Teil lesen. Also, woher sollte ich sie kennen? Und klischeehaft, wie ich eben bin, hat sie diese bei unserer ersten Begegnung voll bei mir erfüllt.

Da saß sie nun neben mir auf der Couch, die High-Society-Queen Münchens, die Klatsch- und Tratsch-Spezialistin in allen nur erdenklichen Milieus von Stars und Sternchen, von Königshäusern bis zu abgewirtschafteten C-Promis, die gerade dem Dschungelcamp entsprungen sind. Kimberly beherrscht ihr Handwerk perfekt. Sie redet schnell, trifft inhaltlich immer voll ins Schwarze. Dabei bleibt sie ganz und gar authentisch. In ihrem Auftreten und Sprechen, ihren Gesten und Benehmen ist sie immer sie selbst: deutlich, aber nicht aufdringlich; leidenschaftlich, aber nicht fanatisch; direkt, aber nie beleidigend; offenherzig, aber in keiner Weise anbiedernd. Starke Frauen wie Kimberly Hagen sind nicht immer Teil meines Alltags. Und bei unseren Begegnungen wird mir jedes Mal noch deutlicher bewusst, welch gravierende Nebenfolge meine Lebenswahl hatte, als ich mich mit 20 Jahren freiwillig

7

dazu entschloss, zölibatär zu leben und dem weiblichen Geschlecht nicht nur zu entsagen, sondern auch ein Stück weit distanzierter gegenüberzustehen. Im Sinne von: Der bist Du nie gewachsen.

Mit der Zeit und mehrere Begegnungen später habe ich gelernt, diese Nähe mit ihr immer mehr zu genießen. Nicht nur in unserer alljährlichen Sendung beim BR am Neujahrstag. Kimberly Hagen ist immer online. Ein Telefonat mit ihr ist genauso spritzig wie ein Fernsehstudiotalk. »Rainer Maria, hast du schon gehört«, so beginnen meistens unsere in Spitzengeschwindigkeit stattfindenden Interviews. Ob Papst Benedikt seinen Rücktritt erklärt, mein Buch »Himmel-Herrgott-Sakrament« verfilmt wird oder sonst eine kirchliche Sensationsmeldung wie das römische Verbot der Schwulensegnung gerade über den Ticker gelaufen ist, in atemberaubender Geschwindigkeit entsteht eine ganze Zeitungsseite. Trotz dieser Welt aus Glanz und Glimmer, von der sie stets berichtet, ist diese Powerfrau authentisch geblieben. Eine große Leistung! Der oberflächliche Schein dieser Stars und Sternchen hat sie nie in Beschlag genommen und eingenommen. Und doch wusste sie immer, ihre Rolle darin perfekt zu spielen und zu inszenieren, bis ...

Ja, bis zu diesem Tag, als auf einmal ein ganz anderer Anruf mich erreichte: »Rainer Maria, ich brauche dich!« Nein, das war keine plötzlich gebrochene Stimme am anderen Ende des Telefons. Das war dieselbe Kimberly, wie man sie kannte, aber die Welt um sie war ganz plötzlich anders geworden. Der plötzliche und unerwartete Tod ihres Mannes Clemens hat alles von einem Moment auf den anderen völlig verändert. Schmerz, Trauer, bislang Themen anderer, über die sie nur berichtete, sind nun ihr Leben geworden. Ich begegne einer Kimberly, die sich mit ganzer Konsequenz in diese neue Lebensphase hineinbegibt: das Trauerjahr.

Wie begegnet man der trauernden Witwe Kimberly? Ebenso konsequent, wie sie es auch macht. Die Bestattung von Clemens war liebevoll, voller fröhlicher Erinnerungen und wohltuender stiller Momente. Die eigentliche Trauerarbeit findet aber nicht auf dem Friedhof statt, sondern zu Hause, in ihrer urgemütlichen bunten Wohnung im Glockenbachviertel. Sie nimmt die Trauer an, lebt dieses neue Leben ebenso leidenschaftlich und ehrlich wie ihren Beruf davor. Aus dem ON hinein ins OFF, so nennt sie ihr Trauerjahr!

Viele Menschen fürchten sich davor. Kimberly Hagen stellt sich. Noch kann ich ihr den guten Brauch des Trauerjahres mitgeben, der gerade das deutlich machen will: Ich darf dem Schmerz einen Raum in meinem Leben geben, ich muss ihn nicht verdrängen. Aber das braucht Mut und Kraft. Das bedeutet aber auch, die Stille und die Leere auszuhalten lernen, ohne zusammenbrechen zu wollen.

Kimberly hat es geschafft! Gemeinsam mit ihren guten Freundinnen und Freunden haben wir den Neubeginn gefeiert, und ich freue mich so sehr auf dieses Buch, das uns nun teilhaben lässt an ihrem ganz persönlichen Weg, ihrem Ringen und Kämpfen, das sie auf unerwartete Weise das Leben ganz neu verstehen hat lassen. Ich ziehe meinen Hut vor der Offenheit, der Ehrlichkeit und der Veränderungsbereitschaft, die diese Frau gezeigt hat. Dieses Buch lässt uns Leser staunend, betrachtend, besinnlich und heiter zugleich teilhaben. Vielen Dank dafür!

Rainer Maria Schießler,
Pfarrer in St. Maximilian im Glockenbachviertel

»Trauer ist der Preis, den
wir für Liebe zahlen.«

Königin Elizabeth II.

Prolog

Wenn du nur noch »Mein Beileid« statt »Hey, wie geht's?« hörst, zum stundenlangen Grab-Shopping gehst, abwechselnd mit der Pathologie und dem Bestatter sprichst – spätestens dann weißt du, dass sich dein Leben verändert hat. Abgrundtief. Unwiderruflich. Für immer.

Willkommen in meiner neuen Welt. Ich bin Kimberly Hagen, 41, eine emanzipierte, lebensfrohe Frau, LEUTE-Kolumnistin bei der *Münchner Abendzeitung* – und seit dem 10. April 2022, 2.58 Uhr, in eine Rolle katapultiert worden, die ich nie, nie, niemals haben wollte, für kein Geld der Welt: Ich bin Witwe.

Allein dieses Wort ist grauenhaft und verursacht Gänsehaut. Was muss erst dahinterstecken? Welche Geschichte, welch schreckliches Schicksal, das sich niemand aussucht und das doch jeden Menschen irgendwann (be)trifft?

»Trauer ist der Preis, den wir für Liebe zahlen«, sagte die britische Königin Elizabeth II., nachdem ihr Mann Prinz Philip nach 74 gemeinsamen Jahren gestorben war.

Clemens und ich lernten uns vor dreizehn Jahren auf dem Oktoberfest kennen und – auch das ist an diesem Ort mitunter möglich – lieben. Beim Almauftrieb in Käfers Wiesn-Schänke, wo ich zum Arbeiten war (ja, Feiern gehört zu meinem Job), sprach ich erst mit ein paar Prominenten, und dann sah ich ihn: den einzigen Mann in Nicht-Tracht. Weißes Jackett, knallroter Kragen, freches Lachen, unglaubliche Ausstrahlung. Liebe auf den ersten Blick – glücklicherweise gegenseitig.

Nach fünf Tagen zog er, auch ein Journalist, zu mir. Sein damaliger Vermieter, ein Alt-Punk, bei dem er nach seiner Scheidung ein kleines, völlig überteuertes Zimmer bezogen hatte, schmiss ihn raus, weil er wohl doch nicht so punkig-locker war und Frauenbesuch (also mich) störend in seiner Männerwelt fand.

Clemens und ich verbrachten seitdem jeden Tag zusammen, vermissten den anderen schon, wenn er nur mal aufs Klo musste. Wir waren so ein Paar, von dem ich selbst vorher nie zu träumen gewagt hatte. Es passte einfach – und zwar perfekt. Wir stritten uns vielleicht ab und an mal, aber nervten uns nie. Wir waren uns zu keiner Zeit überdrüssig, konnten nicht genug voneinander kriegen.

In der Nacht vom 10. April riss mich dann dieser Anruf aus dem Schlaf, der mein Leben für immer verändern sollte. Ich war im Wohnzimmer vor dem Fernseher eingeschlafen. Um kurz vor halb vier rief mich das Krankenhaus Großhadern an. Fünf Tage vorher war mein Mann dort operiert worden, an sich keine große Sache. Sieben Stunden vorher war ich noch bei ihm gewesen, die Ärzte sagten mir, wie prima alles gelaufen und wie »stabil« er jetzt sei. Ich war mit einem guten, sicheren Gefühl nach Hause gefahren. Ich dachte, spürte, hoffte: Alles wird gut. Dann der Wake-up-Call in der Nacht: »Frau Hagen? Es tut uns sehr leid«, begann die Ärztin. »Ihr Mann ist gerade gestorben.«

Was nach diesem Schlimmsten, Schrecklichsten, Unvorstellbarsten passierte, lesen Sie hier. Ich habe angefangen, Tagebuch zu schreiben. Ein Impuls. Vielleicht, weil ich es selbst nicht glauben konnte, was da plötzlich alles um mich herum und in mir drin geschah. Ich musste es dokumentieren, um zu verstehen, dass das alles nicht bloß ein höllischer Albtraum ist. Sondern mein neues Leben.

Das Unerträgliche zu ertragen, ist verdammt hart – und oft nahezu unmöglich.

Zwei Tage nach dem Tod meines Mannes telefonierte ich mit Pfarrer Rainer Maria Schießler und fragte ihn, wie man bitte schön mit dem Allerfürchterlichsten umgehen soll, ohne daran zu zerbrechen.

Seine Antwort: »Kimberly, du musst lernen, mit dem Schmerz zu leben. Du musst das richtig trainieren, so wie ein Fußballspieler seine Fitness trainiert. Jeden Tag aufs Neue.«

Was ich damals nicht ahnte: »Training« war leider komplett untertrieben. Als trauernder Mensch wird man in das härteste, gnadenloseste Bootcamp aller Zeiten geschickt. Und wenn man glaubt, das Schlimmste überstanden zu haben – man hat den geliebten Ehemann ein letztes Mal geküsst und unter einer sonnigen Gänseblümchenwiese beerdigt –, wird man immer deutlicher spüren: Das Schlimmste war das noch gar nicht. Die Hölle liegt vor einem. Das Gefühls-Guantanamo geht jetzt erst los.

Denn nichts ist härter als Trauer.

Die Zeit heilt alle Wunden? Bullshit! Wie soll das gehen, wenn sie für einen selbst für immer stehen geblieben ist und man glaubt, die nächste Minute nicht überleben zu können?

Trauer ist der völlige Ausnahmezustand, körperlich und emotional. Plötzlich ist man gefangen in einer stockfinsteren Welt ohne Ausweg und muss sich dem gefährlichsten Endgegner stellen – sich selbst. Seinem Schmerz, seinen Ängsten, seinem Unterbewusstsein, seinen Dämonen. Seinem unkontrollierbaren Ich. Man kämpft dagegen an, geht dauernd k. o., die Seele ist voller offener, blutender Wunden, und man fragt sich, ob das jemals aufhört.

Auch wenn man es sich zu diesem Zeitpunkt null Komma null vorstellen kann: Nur man selbst kann sich retten – und es wird einem irgendwann irgendwie tatsächlich gelingen.

Als ich einen meiner absoluten Tiefpunkte hatte, zusammengekrümmt, zitternd, herzrasend, schwitzend, weinend auf dem Boden in meinem Wohnzimmer lag, Angst hatte, in den Supermarkt zu gehen, und glaubte, die Wände meiner Wohnung würden mich erdrücken – in diesem finsteren Moment, als mich die (Ohn)Macht des Schmerzes mit voller Wucht traf und ich dachte, mein Herz würde explodieren und ich würde jetzt auch sterben – genau da hätte ich mir ein Buch wie dieses gewünscht.

Kein »Alles wird gut«-Ratgeber oder »Da ist ein Licht am Ende des Tunnels«-Gedöns, sondern ein Buch, das mich an die Hand nimmt, festhält, umarmt und mir klarmacht, dass ich gerade den – Verzeihung – allerbeschissensten Kackalbtraum durchlebe und nicht allein bin. Ein Buch, das mir zeigt, dass es total normal und sogar sehr, sehr gut ist, wie schlecht es mir gerade geht.

Nur so werde ich mich irgendwann ein bisschen besser fühlen können. Nur so werde ich wieder die Sonne scheinen sehen, Freude und Spaß haben, lachen, mich gut fühlen, Appetit oder gar Heißhunger verspüren, tanzen, Wärme, Glücksgefühle, Lust aufs Leben und sogar Liebe empfinden können.

Ich werde tatsächlich wieder – nach einem harten Weg der Selbstheilung – wachsende Kraft und Sicherheit in mir spüren. Selbstvertrauen. Und Vertrauen in eine Welt, in die ich das Vertrauen komplett verloren hatte, von der ich mich so ausgeschlossen und entrückt gefühlt habe.

Ich werde kapieren: Das Leben ist jetzt ein anderes, aber es ist nicht nur grausam, sondern auch verdammt schön.

Und ich werde ebenfalls kapieren: Ich bin eine andere. Mein Leben ist neu, ich bin neu.

Alles Neue bereitet erst mal Furcht und Stress. Jeder Mensch ist ein Gewohnheitstier. Aber es ist sinnlos, das alte Ich festhalten zu wollen. Denn das gibt es nicht mehr.

Ganz gleich, wie sehr man es sich zurückwünscht. Tag für Tag muss man aus dem kratertiefen Trauerloch herauskrabbeln, es irgendwie versuchen, mit aller Kraft.

Als es mir wirklich katastrophal beschissen ging (und das ist eine diplomatische Untertreibung), als ich riesige Angst hatte, dass ich jetzt immer so sein würde, ein Opfer meines Verlustes, also das Gegenteil von meinem Sonnenschein-Powerfrau-Dasein vor dem Tod meines Mannes, da habe ich angefangen, mich mit mir selbst zu beschäftigen. Mich selbst zu therapieren.

Ich wollte kein Mensch sein, der ständig zusammenbricht, der sich gestresst fühlt, wenn er Besuch bekommt, der es nicht mehr vor die Tür schafft, dem die Hände zittern, wenn er Tomaten schneidet, und der nur noch Furcht (vor allem vor sich selbst) spürt.

Meine heutige neue Stärke ist das Ergebnis von kleinen und größeren Veränderungen in meinem Leben. Ich musste mein von Trauer und Stress überreiztes Nervensystem beruhigen, mein Cortisol-Level runterschrauben, alle negativen Empfindungen nach und nach mit positiven Gefühlen überschreiben. Wie ein Handy oder Computer, der heruntergefahren wird und ein Update bekommt, damit er künftig besser läuft.

Die schlechte Nachricht: Es geht nicht über Nacht.

Die gute Nachricht: Es geht.

Heilung durch Selbstheilung. Das ist besser, gesünder und nachhaltiger, als irgendwelche Psychopillen zu schlucken (das machen übrigens die meisten Menschen, die trauern – sie betäuben sich). Je eher und je mehr man den Schmerz zu- und rauslässt, desto schneller geht es einem auch besser.

Der Tod des geliebten Menschen ist wie ein kalter Entzug. Der größtmögliche Liebeskummer ever. Was ich lernen musste: Gefühle, Umarmungen, neue Menschen, Liebe, Flirten, ja, auch Sex wieder an mich heranzulassen und auch zu genießen. Mich nicht schlecht zu fühlen, weil ich plötzlich wieder unglaublichen Spaß habe. Der geliebte Mensch, den man verloren hat, wäre der Erste, der will, dass man sich amüsiert und großartig fühlt.

Zu meinem Geburtstag am 3. Dezember, meinem ersten Geburtstag als – ich mag es kaum schreiben – Witwe, bin ich nicht zum Grab gefahren oder in eine Kirche gegangen, um eine Kerze anzuzünden. Ich habe stattdessen die größte, lustigste und in meinen Augen weltbeste Party bei mir daheim mit Freundinnen und Freunden und meinem Rettungsanker-Pfarrer Schießler geschmissen. Ein Dankesfest für alle Menschen, die seit dem Tod meines Mannes unerschütterlich für mich da waren und meinen Schmerz ertragen haben. Mich ertragen haben, mein monatelanges Zombie-Dasein, meine qualvolle Transformation.

Wir haben bis vier Uhr nachts getanzt.

Mein Fazit (Stand heute): Resilienz ist nicht bloß ein trendy Modewort, es ist tatsächlich eines der Zauberwörter. Nach dem grauenhaftesten Schicksalsschlag ist man am Boden, aber nach einem steinigen und intensiven Weg ist man stärker, wacher, reifer, kraftvoller als zuvor. Man hat plötzlich eine Lebensgier und Superpower, was natürlich nicht heißen soll, dass nur noch alles leicht ist. Doch ich habe immer mehr Ängste abgelegt und Vertrauen in mich und das Leben aufgebaut. Ich habe gelernt, die neue Freiheit, die mir so lange so viele Sorgen bescherte, als Geschenk anzunehmen und in vollen Zügen zu genießen.

Darf ich Ihnen viel Spaß beim Lesen wünschen? Das klingt bei einem Trauertagebuch zunächst komisch, aber es soll, darf, muss bitte auch gelacht werden. Denn was rund um den Tod passiert, ist auf äußerst bizarre Weise auch schreiend komisch.

Ich wünsche aber auch: viele Tränen. Denn wir sollten alle mehr weinen, ohne uns zu schämen oder dabei schwach zu fühlen. Schwäche, das habe auch ich erst mühsam lernen müssen, ist wahre Stärke. Schwäche ist der Beginn der Selbstheilung. Ohne Schwäche wird niemand stärker.

Trauer darf kein Tabu sein, denn Trauer ist die Lösung.

Was auch immer Sie gerade durchmachen müssen: Fühlen Sie sich bestärkt – und niemals allein. Als trauernder Mensch fühlt man sich von der Welt abgeschnitten. Doch das Leben, das gerade nur schrecklich erscheint, wird einen irgendwann wieder auffangen und einladen, es zu genießen.

In Wahrheit können wir trauernden Menschen uns riesig freuen. Denn wir haben geliebt und werden das immer tun. Das große Happy End gibt's nur in Hollywoodfilmen? Von wegen.

Das große Happy End gibt es vor allem in unserem Herzen.

Dort, wo der Mensch für immer bleibt, den wir so unendlich lieben und so unendlich vermissen.

Ihre Kimberly Hagen

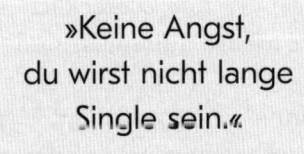

»Keine Angst,
du wirst nicht lange
Single sein.«

Ein Freund, drei Tage nach dem
Tod meines Mannes

April

10. April, Samstag, 3.45 Uhr, Schneegestöber

»Hallo, Lady, wo darf es hingehen? Pimpernel, P1, Pacha, Milchbar, 089 – welcher Club darf's sein?«, fragt mich der Taxifahrer euphorisch-überdreht und blickt erwartungsfroh in den Rückspiegel.

»Guten Abend«, sage ich mit erstaunlich fester Stimme. »Krankenhaus Großhadern, Notaufnahme, bitte.«

»Oh, ist was Schlimmes passiert?«

»Das Allerschlimmste.«

»Darf ich fragen, was?«

»Das wollen Sie gar nicht wissen.«

»Doch, bitte!«

Ich atme tief durch, kämpfe innerlich gegen einen Vulkan an Schmerz an, der aus mir herauszubrechen droht. »Mein Mann ist vor ein paar Minuten gestorben.«

Er stoppt den Wagen auf der sonst leeren Straße abrupt, was mich nicht erschreckt, weil mich jetzt wohl nichts mehr erschrecken kann. Der Fahrer dreht sich zu mir um. »Um Himmels willen, das tut mir schrecklich leid.« Er hat Tränen in den Augen und schaut mich ungläubig an.

»Es ist wirklich nicht zu glauben«, sage ich. »Aber leider wahr.« Tränen schießen mir aus den Augen.

Während der Fahrt redet er liebevoll auf mich ein, wahrscheinlich will er sich selbst ablenken. Er erzählt von seinem verstorbenen Opa, an den er jeden Tag denkt. Ich höre nur halb zu. Die Laternenlichter rauschen an uns vorbei, Gebäude, Häuser, Straßen, die Welt – die von einem

Moment auf den anderen so gemein, grausam und unzuverlässig geworden ist. Tausend Bilder habe ich im Kopf, tausend Gefühle in meinem Herzen. Ich bin in einer Art Schockstarre. Dazu spüre ich tief in mir eine ungewohnte und sehr große Übelkeit. Mein Herz rast, mein Puls auch. Es ist zu surreal, um es zu verstehen.

Abgesehen vom Taxifahrer wissen erst zwei Menschen, was passiert ist: Clemens' älterer Bruder Tui und Clemens' Tochter Theresa aus seiner ersten Ehe. Theresa, Mitte zwanzig, ist gerade auf einer Party gewesen, als ich ihr die schlimmste aller Botschaften übermitteln musste.

»Nein! Nein! Nein!«, schrie sie immer wieder ins Handy, weinte und entschuldigte sich dazwischen für ihr Schreien.

»Du musst dich überhaupt nicht entschuldigen«, sagte ich. »Mein Herz schreit auch.«

Zum Glück waren Freundinnen bei ihr, die sich um sie kümmerten und nach Hause brachten.

Nachdem ich mit Tui gesprochen hatte, was natürlich ebenfalls mehr als furchtbar war, klingelte es an meiner Haustür. Zwei Polizisten, die vom Krankenhaus geschickt worden waren, checkten die Lage – also mich. Weil ich allein zu Hause war.

»Dürfen wir reinkommen und eine rauchen?«, fragten die zwei sehr jungen Beamten.

»Klar, aber ich muss gleich los in die Klinik, um mich von meinem Mann zu ...« Das Wort »verabschieden« brachte ich nicht über meine Lippen. Ich wäre sofort ohnmächtig geworden. »... um, ähm, bei ihm zu sein.«

Sie saßen da im Wohnzimmer, sahen das Hochzeitsfoto an der Wand an, schauten sehr betroffen und sagten immer wieder »Oh Mann«.

Der nette Taxifahrer holt mich zurück ins Jetzt: »Wir sind da.« Er hält vor der Notaufnahme und fragt, ob er mich ins Krankenhaus begleiten soll.

»Danke. Keine Ahnung, wie, aber ich pack das schon allein.«

Er erzählt mir noch, dass er gegenüber von der Klinik wohnt und künftig jeden Tag für mich eine Kerze anzünden wird. Ich bin ehrlich gerührt, steige aus und drücke den Notaufnahme-Einlassknopf, wie es mir die Ärztin vorhin am Telefon erklärt hat.

Es ist gespenstisch in den leeren, weiten Krankenhausfluren mit der dürftigen Notbeleuchtung. Zwar kenne ich den Weg hoch zur Intensivstation, tagsüber, wenn hier stets Gewusel herrscht. Jetzt habe ich Gänsehaut. Ich bin die Hauptperson in meinem eigenen Horrorfilm. Es ist schrecklich. Nicht auszuhalten. Ich laufe durch die Gänge, mir ist irre übel und irre kalt, obwohl ich gleichzeitig glaube, wahnsinnig zu schwitzen. Da, der Eingang zur Intensivstation. Ich klingele und werde prompt von einer ganzen Mannschaft an Ärzten, Schwestern, Pflegern empfangen. Ich fühle mich wie bei »Grey's Anatomy« – der Albtraumversion.

Alle schauen mich traurig-mitfühlend an, drücken ihr Beileid aus, wissen auch nicht, was passiert ist, sind erschüttert, fragen, ob ich Wasser oder Tee möchte, einer Obduktion zustimmen würde – und geistlichen Beistand brauche.

Nein, ja, nein.

Ein bayerischer Pfarrer stellt sich trotzdem vor, wieder »Mein Beileid«, seinen Namen vergesse ich sofort. Ob er mich ins Zimmer meines Mannes begleiten soll?

»Nein, danke. Ich möchte mit meinem Mann allein sein, bitte.«

Er nickt und meint, er würde zur Sicherheit vor der Tür warten. Falls ich doch seine Hilfe bräuchte. Er lässt nicht locker, sicher gut gemeint. Aber ich brauche niemanden, um bei meinem Mann zu sein. Eine Schwester, die ich gestern Abend noch gesehen habe, bringt mich zu Clemens. Sie öffnet die Tür, Angst macht sich in mir breit.

Friedlich liegt mein Mann dort im Bett, mit einem so unglaublich großen Lächeln im Gesicht, dass ich selbst kurz lächeln muss. Er sieht so lebendig und lebensfroh aus. »Hey, mein Größtglück«, begrüße ich ihn laut. »Wie du lachst! Das ist ja unglaublich.« Meine Lippen zittern. Tränen ohne Ende. Schmerz ohne Ende. Mein Herz tut so weh, als hätte mir jemand ein riesiges Messer reingerammt. Oder eine Axt. Oder beides.

Die Schwester erklärt, dass sie das ewige Licht angezündet hat. Zur Orientierung für seine Seele. Ob das okay sei, sonst könne sie es auch ausmachen. »Das ist sehr gut, vielen Dank«, antworte ich. Ich kenne das ewige Licht, Clemens hat mir davon erzählt, als seine Mutter gestorben ist. Ich mag das ewige Licht, auch wenn ich die ganze Situation hier überhaupt nicht mag. Ich möchte, dass das nur ein Traum ist – und mich gleich jemand weckt, in den Arm nimmt und sagt: »Süße, das hast du nur geträumt. Das war nur ein böser Traum. Ich bin doch da.«

Ich möchte, dass dieser Jemand mein Mann ist.

11. April, Sonntag (glaube ich)

»Werde ich jemals wieder aufhören zu weinen?«, frage ich die Ärztin, als sie nach einiger Zeit nach mir schaut und mir Tee und Zwieback bringt. Ich kriege allerdings nichts runter. Ich möchte nur weiter an diesem Bett sitzen und die Hände meines Mannes halten und fest drücken. Seinen Kopf streicheln. Ihn küssen. Bei ihm sein. Für immer.

Ihre Antwort: »Einen so sehr geliebten Menschen zu verlieren, ist der allerschlimmste Schmerz. Den kann man sich vorher in keiner Weise, nicht mal annähernd, vorstellen. Erst wenn man diese Situation erleben muss, spürt man die ungeheure und nie zuvor da gewesene Wucht an Schmerz, die einen komplett umhaut.«

Ich nicke und weine.

»Aber bedenken Sie, dass das vor Ihnen nur die Hülle Ihres Mannes ist«, sagt sie. »Ihr Mann bleibt ja da. Nur anders.«

Ich nicke wieder und weine noch mehr.

»Ich habe Ihren Mann auch kurz kennenlernen dürfen. Ich glaube, er war der fröhlichste Patient, den ich je erlebt habe.«

»Ja«, sage ich. »Er war der fröhlichste und tollste Mann des Universums.«

Die Ärztin sieht mich an. »Wie unglaublich schön, dass Sie so etwas sagen können. Dafür sollten Sie wirklich dankbar sein. Dafür hat sich doch alles gelohnt. Ich weiß nicht, ob ich das über meinen Mann sagen würde.« Sie schaut nachdenklich aus dem Fenster. »Wie auch immer. Ich kümmere mich, dass Sie noch mehr Zeit bekommen, um hier bei Ihrem Mann zu sein. Am Sonntag ist es in der Pathologie sowieso ruhiger.«

Irgendwann verlasse ich die Intensivstation, das Krankenhaus, meinen Mann, den ich bis zum Eingang der Pathologie begleiten durfte. Ich wäre noch länger bei ihm geblieben, aber das war das absolute Maximum an Zeit, wie mir erklärt wurde, weil er für die Obduktion gekühlt werden muss. Die Vorstellung, dass er jetzt in einem Kühlfach liegt, lässt mich schaudern.

Als ich an die frische Luft komme – es ist kalt, fast winterlich –, blinzelt die Sonne hinter einer dunklen Wolke hervor und strahlt mir voll ins Gesicht. Ich muss wieder weinen. Was mache ich jetzt? Wie geht es weiter?

Völlig verloren, fertig und überfordert stehe ich vor dem riesigen Klinikgebäude. In meiner Hand halte ich einen großen Kliniksack mit Kleidung und persönlichen Dingen meines Mannes. Dazu seinen kleinen Koffer, den er dabeihatte.

Ich schaue aufs Handy. Kurz nach 14 Uhr. Zehn Stunden war ich bei Clemens. Zehn Stunden hatte ich Zeit, mich von meinem Mann zu – verdammte Scheiße – verabschieden. Wie entsetzlich das klingt. Ich wollte mich nicht von ihm verabschieden. Ich wollte bei ihm sein. Ich will es weiterhin. Bloß kein Abschied. Das klingt so fürchterlich endgültig. Langsam begreife ich aber, dass es ein Abschied war und ist. Ich bin in der Hölle gelandet.

Nach ein paar Metern setze ich mich auf eine Bank und starre das Krankenhaus an, die Etage, wo mein Mann die letzte Woche lag und operiert wurde. Immer wieder schüttele ich den Kopf. Das darf doch alles nicht wahr sein. Bitte, bitte nicht.

Irgendwann vorhin im Zimmer von Clemens fiel mir ein, dass heute Sonntag ist und ich eigentlich Dienst habe. Ich rief deshalb Thomas, den stellvertretenden Chefredakteur der *Abendzeitung* an, sagte: »Ich kann heute nicht arbeiten, Thomas. Es ist etwas sehr, sehr Schlimmes passiert.«

»Oh nein«, meinte er leise. Da mein Mann als Politik-Vize bei der *Abendzeitung* beschäftigt war, mit Thomas oft im Stadion seines geliebten FC Bayern war, wusste Thomas von der OP. Aber natürlich nicht, dass sie so ausgehen würde. Das wussten nicht mal die Ärzte.

»Oh Gott, Kimberly, das tut mir von ganzem Herzen leid.« Er weinte, ich weinte. »Du arbeitest jetzt natürlich erst mal nicht«, sagte er noch. »Wann auch immer du zurückkommst, es wird eh zu früh sein.«

Draußen auf der Bank vorm Krankenhaus klingelt mein Handy. Anruf von meinem Vater. Ich habe ihn – genauso wie meine Mami, mit der ich noch vor Thomas gesprochen habe – noch nie so intensiv und so lange weinen gehört. Es bricht mir zusätzlich das Herz. Das alles ist nicht zu verkraften. Für niemanden.

Ich muss hier weg. Aber kein Taxi. Ich ertrage im Moment keine Gesellschaft, keine Blicke, keine Fragen, keinen Small Talk. Mein Handy verrät mir, dass ein Carsharing-Wagen ein paar Meter entfernt steht. Als ich losfahre, kommt mir ein Auto auf meiner Spur entgegen. Ein Geisterfahrer, das hat mir gerade noch gefehlt. Der Geisterfahrer hupt wie verrückt, macht beim Ausweichen komische Handzeichen. Langsam kapiere ich: Nicht er ist der Geisterfahrer, sondern ich.

War vielleicht doch keine so gute Idee, Auto zu fahren. Zu spät. Ich konzentriere mich trotz meiner brennenden Augen auf die Straße. Unfallfrei schaffe ich es nach Hause.

Ich telefoniere mit meiner jüngeren Schwester Jillian, die gleich von Berlin aus zu mir fahren will – und noch mal mit Theresa, die bereits im Zug sitzt und von Hamburg nach München brettert. Danach rufe ich die ältesten und engsten Freunde meines Mannes an: Doc Holiday (so der Spitzname, weil er als Arzt gern und oft verreist), Frank und Schorschi. Das Verkünden der Todesnachricht auf Repeat-Taste ist ein Marathon des Schmerzes. Alle sind schockiert, entsetzt, erschüttert, traurig, sprachlos und weinen in den Hörer.

Schorschi meint: »Kimberly, du kannst nicht jeden Freund einzeln anrufen, das macht dich ja noch fertiger. Schick eine Nachricht in der WhatsApp-Freundesgruppe.«

Gute Idee. Es ist tatsächlich verdammt hart, geliebten Menschen so etwas Schreckliches mitteilen zu müssen. Ich fühle mich dabei selbst ganz schlecht, obwohl ich gar nichts dafür kann.

Dann rufe ich noch Tobi an, Clemens' Trauzeugen. Er liegt gerade in der Badewanne und weint als Einziger nicht. Weil er nie weint. Muss er auch nicht, ich finde es sogar ganz angenehm, nicht den nächsten Tränenausbruch live mitzuerleben. Ich weine eh nonstop, da beruhigt mich ein Nicht-Weiner, zumindest für ein paar Minuten. Er erzählt mir vom Tod seiner Eltern, wie ausgeknockt er jeweils war. Wir haben schon oft darüber gesprochen, aber jetzt verstehe ich ihn besser.

»Wobei es bei dir tausendmal schlimmer ist, Kimberly. Das kann man gar nicht vergleichen. Meine Eltern waren alt und krank, das ist anders. Du hast deinen Mann verloren. Clemens stand mitten im Leben. Das ist unfassbar anders. Ich bin für dich da. Zu jeder Zeit, immer.«

Ich schreibe in die große und sonst so heitere und gern auch mal politisch unkorrekte WhatsApp-Freundesgruppe folgenden Text: »Ihr Lieben, leider ist etwas unfassbar Schreckliches passiert. Unser so sehr geliebter Clemens ist in der Nacht auf Sonntag mit einem verschmitzten Lächeln eingeschlafen. Sein extragroßes Herz wollte nicht mehr schlagen. Ich habe ihm von euch allen einen dicken Kuss gegeben. Fühlt euch gedrückt, eure Kimberly (und Clemi sitzt schon da oben auf der Wolke und sagt: Hört auf zu weinen, ich war nur ein bisserl schneller als ihr).«

Was dann folgt, ist ein Nachrichtensturm an Entsetzen, Liebe, gemeinsamen Bildern, Herz-Emojis, Erinnerungen.

»Einer der Besten! Wir sehen uns wieder!«, schreibt Frank. Doc Holiday: »Clemens, du wirst für immer in unseren Herzen bleiben.«

Andreas: »Jedes Wiedersehen mit Clemens war ein großes Vergnügen! Ein wahrer Meister des entspannten Daseins und Botschafter des guten Gefühls! Unendlich schade!«

Andrian: »Mann, jetzt schon? Mensch, Clemens, mit deinen Worten – ist doch noch viel zu früh.«

Renée: »Ich kann es gar nicht glauben. Du wirst uns unendlich fehlen.«

Bettina: »Ich bin so sprachlos! Liebe Kimberly, du warst sein Fels in der Brandung! Das hat er mir vor einigen Jahren erzählt.«

Nati: »So unfassbar!!! Einfach viel zu früh und unendlich traurig – wir werden dich alle nie vergessen.«

Carsten: »Was für eine unfassbare Nachricht. Clemens ist tief in unserem Herzen – daher werden wir ihn nie verlieren.«

Wolfi: »Alles hätte ich gedacht, nur DAS nicht, Kim. Herzallerliebste – mein ehrlichstes Beileid. Was für eine schreckliche Nachricht vom Ende einer fast 55 Jahre währenden Freundschaft. Liebste Kim, was soll ich dir sagen? Selbst für diese Nachricht hab ich stundenlang gebraucht. Wollte dich nicht anrufen, weil du sicher genug erledigen musst, können aber jederzeit sprechen, weißt ja! Alles Liebe, Wolfi.«

Stephan: »Oh mein Gott! Das ist viel zu früh. Ich bin fassungslos, mir fehlen die Worte. Ich drücke euch beide ganz fest an mein Herz.«

Es klingelt an der Tür. Ich bin froh, mein Handy mal wegzulegen. Meine Mami ist da – mit Golden Retriever Leo. Mein Dad ist daheim geblieben, er braucht erst mal Zeit für sich allein, was ich total verstehen kann. Jeder trauert anders. Mami und ich liegen uns weinend in den Armen, Leo rennt wie verrückt durch die Wohnung und sucht Clemens, den er nicht nur wegen seiner großzügigen Leckerli-Handhabe liebte. Er findet Clemens natürlich nicht und bellt wie am Spieß (normal bellt er nie). Selbst Leo ist verängstigt, er spürt, dass etwas nicht stimmt.

Nichts stimmt mehr. Als ich auf der Wohnzimmercouch Platz genommen habe, springt Leo hoch und drückt sich fest an mich.

Abends kommt Theresa und später meine Schwester Jillian. Wir weinen, reden, schweigen, trinken Wein. Das

Lieblingsglas meines Mannes habe ich mit seinem Lieblingswein gefüllt und zu uns auf den Tisch gestellt. Das habe ich mal in einer Serie gesehen. In Amerika ist es üblich, am Tag der Beerdigung ein Glas für den Verstorbenen bereitzustellen. Ab jetzt werde ich das jeden Abend machen.

»Auf den großartigsten Mann, Papa und Schwiegersohn der Welt«, sage ich. Wir stoßen an. Zu essen gibt es nichts, es hat eh niemand Hunger. Nicht mal Leo, der gefräßigste Hund der Welt.

Es ist weit nach Mitternacht, als ich mich ins Bett lege. Auf die Seite meines Mannes, damit sie nicht so beängstigend leer ist. Ich kann nicht schlafen, aber höre irgendwann, wie die dicken Altbauwände knarzen und knacken. Das Geräusch habe ich noch nie gehört, und ich wohne wirklich schon lange in der Wohnung.

Bilde ich mir das ein? Drehe ich durch? Wäre nicht verwunderlich. Die Wände geben Töne von sich, als wären sie eine Holztreppe. Sehr seltsam.

Da fällt mir ein, dass ich vor dem Todes-Call der Ärztin vor ein bisschen mehr als 24 Stunden abends noch in unserer Pink Kitchen (die Küchenwände sind wirklich rosa) stand und mir Nudeln kochte, weil mir erzählt worden war, wie toll mein Mann die OP überstanden hätte. Als ich da also kochte (ich koche nur, wenn ich mich gut fühle), Musik hörte, zu den Liedern mitsang und tanzte, weil ich glücklich-zuversichtlich war, bald wieder mit meinem Mann zusammen zu sein – da explodierte plötzlich die große Küchenlampe an der Decke. Einfach so. Peng!

Ein paar Glassplitter flogen auf den Boden. Ich erschrak, interpretierte das aber nicht als böses Omen, weil ich zu diesem Zeitpunkt felsenfest optimistisch war.

Wie schnell sich die Welt doch auf den Kopf stellen kann. Eben war ich überglücklich tanzend in der Küche, jetzt liege ich auf der Bettseite meines Mannes, auf der er nie wieder schlafen wird.

Mein Herz ist zerbrochen. Meine Welt liegt in Trümmern, und ich höre laut knarzenden Wänden zu.

12. April, Sonnenschein
(vielleicht, keine Ahnung, eh egal)

Um Punkt 5.30 Uhr schrecke ich hoch, schweißgebadet. Was habe ich geträumt? Nichts. Zumindest nichts, an das ich mich erinnern kann. Sicher gut so. Selbstschutz meines Geistes. Wenn die Realität zum Albtraum geworden ist, hat man keine Albträume mehr.

Ich könnte schon wieder weinen, aber meine Augen brennen fürchterlich. Ich muss das mit den Tränen und den Emotionen irgendwie stoppen, sonst fliegen mir noch die Augen aus dem Kopf.

Ich erinnere mich an die wunderbare Schauspielerin Ruth Maria Kubitschek, die mir nach dem Tod ihres geliebten Lebensmenschen, »Traumschiff«-Produzent Wolfgang Rademann, erzählte, dass sie ein Jahr komplett durchgeweint habe: »Bis ich ein richtig verquollenes und vereitertes Quetschauge bekommen habe.«

Ein Arzt diagnostizierte einen verstopften Tränenkanal, operierte herum – seitdem ist das Quetschauge weg. Aber seitdem kann sie auch nicht mehr weinen.

Ob das gut oder schlecht ist, weiß ich nicht. Was ich weiß: Dass ich gar nicht aus dem Bett herausmöchte. Ich will nicht in den Tag starten. Wozu auch? Was soll mir dieser neue Tag anderes bringen als größte Qual? Am liebsten würde ich mich für den Rest meines Lebens unter der Bettdecke verkriechen.

Mein Handy verhindert diesen verlockenden Plan. Es klingelt. Wolfi, Mitte fünfzig, Musiker und Pianist, einer von Clemens' ältesten Freunden. Ich kenne ihn auch schon lange, mag ihn unheimlich gern. Wie mein Mann immer sagte: »Der Wolfi bringt Farbe rein.«

Wolfi: »Guten Morgen, schöne Witwe!«

Ich: »Wolfi, bist du verrückt?! Nenn mich nie wieder so!«

»Aber das bist du doch. Schön und Witwe.«

»Ich hasse das W-Wort.«

»Ach so, entschuldige. Dann: Guten Morgen, schöne Frau!«

»Eine Million Mal besser, danke sehr.«

»Hast du geschlafen?«

»Nein, kaum. Ich hätte eine große Bitte – niemand anderes als du, das würde Clemens genauso sehen, darf auf seiner Feier spielen. Kannst du das netterweise machen?«

»'türlich. Ich dachte schon, du fragst nie. Wie viele Lieder?«

Nach dem Telefonat kämpfe ich mich doch aus dem Bett. Meine Mami hat mir Bonsaibrote gemacht, winzig klein geschnitten, als hätte ich alle Zähne verloren, liebevoll belegt mit Käse, kleinen Tomatenscheibchen und Petersilie. Ich glaube, sie will mir jede Zusatzanstrengung wie umständliches Kauen ersparen.

Beim Anblick der Bonsaibrote wird mir leider nur noch mehr übel. Mein Magen ist wie zugeschnürt, mein Herz schmerzt, mein Rücken tut weh, mein Kopf dröhnt, meine Gliedmaßen pochen. Mein ganzer Körper reagiert auf den Schmerz in mir mit Gegenschmerz.

Ich schaue auf mein Handy. 104 neue Nachrichten. Im Sekundentakt ploppen WhatsApps auf, es wird nonstop angerufen. Ist mir alles viel zu viel. Ich stelle mein Handy auf lautlos.

Gestern hatte Michael, Chefredakteur der *Abendzeitung*, der Clemens sogar noch länger als mich kannte (von früheren *Sport-Bild*-Zeiten in Hamburg) eine Rundmail an alle Kollegen geschickt. Die Nachricht vom Tod meines

Mannes verbreitet sich wie ein Lauffeuer. Klar, wir sind in München. Gerade ist eh nicht viel los, also bin ich jetzt Talk of the Town.

Auch das noch: Ich bin meine eigene Klatschgeschichte geworden.

Kollegen anderer Zeitungen schreiben, Promis rufen an, PR-Frauen, Unternehmerinnen, Society-Ladys, Komponisten. Ich gehe nicht ans Telefon.

Meine Schwester rät: »Wirf das Handy vom Balkon!«

Sicher meinen es alle gut und lieb. Doch was soll ich antworten auf: »Scheiße, das tut mir so leid.«

Oder: »Wie entsetzlich! Ich mochte Clemens echt unheimlich gern.«

Oder: Emojis von verwelkten Rosen und Herzen mit Pflaster.

Und immer wieder: Beileid, Beileid, Beileid. Niemand schreibt und sagt mehr »Hallo« oder »Hey, wie geht's«. »Beileid, Kimberly« ist zur neuen Begrüßungsformel für mich geworden, als wäre es mein neuer zweiter Name.

Ich heiße jetzt: Beileid Kimberly.

Dazu klingelt es dauernd an der Tür und irgendwelche Lieferanten drücken mir Weiße-Rosen-Sträuße in die Hand. Ich habe keine Vasen mehr. Deshalb liegen die unzähligen weißen Rosen in der Badewanne. Ein bizarres Bild. Ein Badewannen-Meer an Todesblumen.

Ich bin überfordert wie nie zuvor in meinem Leben. Was tun? Ach ja, das heißt, oh nein, da war ja noch was – die Beerdigung.

Es ist schon komisch: Ich weiß, wo es in München die beste Brezn gibt, den italienischsten Espresso, günstige und gute Weine, Kleidung, die nicht alle tragen, kenne coole Geheimtipp-Bars, nette Buchläden, gemütliche Restaurants. Aber ich habe keine verfluchte Ahnung, welcher Bestatter was taugt.

Wer sich halbwegs im Leben auskennt wie ich, hat überhaupt keine Ahnung vom Tod. Soll ich »Bester Bestatter Münchens« googeln? Nein.

Ich traue dem Internet nicht, da erfährt man alles und dabei doch nichts. Außerdem will ich in keinen Bestatteralgorithmus fallen und in nächster Zeit nur noch Sargwerbung bekommen.

Es gibt nur einen Menschen, der mir aktuell helfen kann und den ich zugleich ertrage: Rainer Maria Schießler, der Pfarrer meines Vertrauens.

Er ist anders, modern, offen, lustig, ein Schatz und wohnt ums Eck. Durch meinen Job kenne ich ihn seit Jahren. Wir wollten immer mal ein Bier trinken. Ich schreibe ihm eine WhatsApp: »Liebster Rainer Maria, ich hoffe, Dir geht es gut? Ich hätte eine private Frage an Dich: Schrecklicherweise ist mein geliebter Mann am Wochenende gestorben – ich hab leider überhaupt keine Ahnung, wie das alles mit Beerdigung etc. geht. Falls Du also netterweise mal fünf Minuten Zeit hast, sag mir bitte Bescheid, dann rufe ich Dich an! 1000 Dank schon jetzt, liebe Grüße, Kimberly.«

Wenige Minuten später ruft mich Rainer Maria an.

»Der liebe Popstar-Pfarrer, wie schön«, begrüße ich ihn, wie ich ihn immer begrüße. Aber jetzt ist nichts mehr wie immer.

Er sagt: »Was ist denn bei dir los?«

Kein Beileid, wie angenehm. Er kennt sich eben aus. Beileid bringt niemanden weiter, es verstärkt das Leid nur, wenn man eh schon irre leidet.

»Ein einziger Albtraum«, antworte ich.

Der Schießler gibt mir einen Bestatter-Crashkurs, erklärt, wer gut ist, wer nur abzockt und überteuert ist, wer die Beerdigung schön und liebevoll gestaltet.

»Welcher Friedhof ist der schönste?«, frage ich ihn.

Er meint cool: »Unter der Erde ist es überall dunkel.«

Ob er auf der Beerdigung, wann immer sie sein wird (die Obduktion läuft noch) die Trauerrede für meinen Mann halten kann? »Einen anderen Pfarrer hätte er niemals akzeptiert«, erkläre ich.

»Ich bin da. Egal wann.«

»Wie viel kostet eine Beerdigung ungefähr?«

»Deutlich mehr als eine Hochzeit. Sterben ist das größte Geschäft. In Berlin gibt es Discounter-Beerdigungen für 300 Euro, in München natürlich nicht. Unter 6000 Euro wird's hier schwer.«

»Und noch die vielleicht wichtigste Frage: Wie wird man mit diesem ungeheuren Schmerz fertig, wie packt man so eine Situation?«

»Kimberly, du musst lernen, mit dem Schmerz zu leben. Du musst das richtig trainieren, wie ein Fußballspieler, der seine Fitness trainiert. Jeden Tag aufs Neue.«

»Ich habe es schon immer gehasst, zu trainieren und zu üben. Deshalb spiel ich auch kein Instrument.«

Schießler lacht kurz, meint: »Hier gibt es keine Alternative und auch keine Ausrede. Du wirst das trainieren und üben müssen, ob du willst oder nicht. Und irgendwann, so ging es mir nach dem Tod meiner Mutter, als ich dachte, die Welt bleibt stehen, waren zwei Wochen vorbei. Die Welt dreht sich weiter. Und in einiger Zeit, vielleicht schon morgen, folgen wir alle Clemens. Wer weiß das schon. Aber ist dir das nicht aufgefallen?«

»Was?«

»Die Vögel zwitschern heute besonders laut.«

13. April, nachmittags, Sonnenschein

Meine Schwester macht grandiosen Cappuccino, meine Mami hat Leo übertrieben gekämmt, damit er den besten Eindruck macht, und meine Küche geputzt. Es klingelt – aber es kommt nicht etwa eine Königin zu Besuch, sondern der Bestatter.

Thomas Schmid steht bärtig, milde lächelnd und seriös in Anzug und Krawatte da, ich begrüße ihn im Destroyed-Look (völlig verheult, Jogginghose, XXL-Pulli von meinem Mann). Schminken lohnt sich nicht, zerläuft eh alles in wenigen Minuten. Wozu sollte ich mich auch schminken und aufstylen? Es ist alles so egal geworden.

Thomas Schmid, Tochter Theresa und ich setzen uns in meine Pink Kitchen. Hier haben mein Mann und ich großartige Abende verbracht, jeden Morgen unser Frühstück genossen. Die Küche mit den fröhlichen Rosatönen ist ein Raum der absoluten Lebensfreude. Nun sitzt hier ein Bestatter und spricht mit uns über – wieder so ein grauenhaftes Wort, das nur Gänsehaut verursacht, weil es daran nix ansatzweise Positives zu entdecken gibt – die Beerdigung.

Selbst der Bestatter kannte Clemens vom Lesen, liebte seine klugen Kommentare im Politikteil. Ich versuche, ruhig zu atmen, drücke kurz fest die Hand von Theresa.

Wo die Beerdigung stattfinden soll, fragt er.

Gerne im schönen Gräfelfing, in der Nähe von München. Auf die Idee kam Theresa, es war der geliebte Geburtsort ihres Papas, von dem er einst kaum wegwollte. Dort hat er seine behütete Kindheit und seine mehr als wilde Jugend verbracht.

»Schöne Idee«, meint Bestatter Schmid mit der warmen Stimme. »Fragt sich nur, ob das erlaubt ist, wo er doch zuletzt in München gemeldet war. In Grünwald, das weiß ich, geht das dann beispielsweise nicht.« Er ruft gleich mal in der Gräfelfinger Gemeinde an.

Wenige Minuten später sind wir schlauer.

»Gräfelfing macht Ausnahmen für Nicht-Gräfelfinger. Sie, Frau Hagen, sollten als Witwe am besten eine persönliche Mail schreiben und darin betonen, wie sehr Ihr Mann Gräfelfing geliebt hat, und vielleicht auch herausarbeiten, was er dort Gutes getan hat. Charity oder so was?«

Theresa und ich müssen kurz grinsen. Clemens wurde in Gräfelfing von der Polizei gesucht, weil er wochenlang die Schule geschwänzt hat, er hat das Rathaus mit Farbbeuteln beworfen, die Autogrammkarten von seinem Nachbarn Bata Illic zerrissen und Horst »Derrick« Tappert, als er noch lebte, mit seiner Fahrradklingel um den Mittagsschlaf gebracht. Na ja, Jungssachen eben.

»Charity-Aspekte herauszugreifen wird schwer«, sage ich. »Aber er hat es dort wirklich geliebt.«

Herr Schmid erklärt: »Kümmern Sie sich darum, dann wird es persönlicher, und das kann nur helfen. Ich als Bestatter kann da wenig tun.«

»Okay.«

Dann geht's ans Eingemachte. Welche Beisetzung wir wünschen? Verbrennen? Erdbestattung? Welchen Sarg wir wollen? Eiche? Welche Farbe? Welche Inneneinrichtung (Kissen in Weiß oder Beige, Decke mit Daunen oder Verzierungen)? Welche Trauerkarten, welcher Text, welches Motiv, welche Stückzahl? Welche Musik? Geigen? In der Aussegnungshalle oder auch am Grab? Wer kümmert sich um den Blumenschmuck und um die Todesanzeigen in den Zeitungen? Ist es eine öffentliche Beerdigung? Was ist mit der Feier danach? Was soll Clemens im Sarg tragen?

Horrorfragen in Dauerschleife.

»Die Kleidung müsste ich bitte gleich mitnehmen, dann werden wir Herrn Hagen von der Pathologie abholen, ankleiden und bei uns bis zur Beerdigung aufbewahren.«

»Darf er auch ein Paar seiner geliebten Turnschuhe tragen?«, frage ich und erschrecke, worüber ich hier rede.

»Keine Schuhe. Aber Socken, Unterhose, Bekleidung. Und Sie alle können Clemens gern noch etwas in den Sarg legen – Fotos, Briefe, Zigaretten, was auch immer. Ich erledige das dann am Tag der Beerdigung.«

»Dürfen wir auch noch mal einen Blick in den Sarg werfen und ihm einen Kuss geben?«

»Das, ähm, hängt davon ab, wie sehr, die, ähm, also wie frisch er noch ausschaut. Sonst würde ich davon abraten.«

Alles nur ein einziger Albtraum. Wie paralysiert gehen Theresa und ich ins Schlafzimmer zum Kleiderschrank und suchen die finale Kleidung für ihren Vater und meinen Mann aus. Entsetzlicher kann es nicht sein. Wir einigen uns sofort, liegen uns kurz in den Armen und sagen fast gleichzeitig zur anderen: »Du bist so stark.«

Nach zweieinhalb Stunden ist der wirklich nette Bestatter weg, wir wissen jetzt sehr viel über Sachen, die wir niemals wissen wollten. »Es hilft ja nichts«, sagt Theresa, mit ihren 26 Jahren bemerkenswert taff. »Es ist alles schrecklich und surreal, aber ich bin froh, dabei gewesen zu sein.«

Ich verstehe sie und bewundere sie. Mit meiner Schwester setzen wir uns auf den Balkon, denken über das Bild für die Trauerkarte nach, über den Text, die Todesanzeigen, überlegen, wen wir überhaupt alles zur Beerdigung einladen wollen.

»Clemens sagte immer: Ich schmeiß keine Partys, ich geh nur auf welche«, sage ich und äußere meine Spontanidee: »Aber diese Party können wir ihm jetzt nicht ersparen. Er wollte nie Schwarz auf Beerdigungen, nie Tränen, er hat das Leben immer genossen. Und wenn's vorbei ist, sagte er mal, dann ist das halt so. Wir sind nur Mitfahrer in unserem Leben. Er glaubte fest an ein Leben danach. Wir machen also keine Trauerfeier. Sondern eine Feier für Clemens. Die letzte große Party. Mit bunter Kleidung, fröhlicher Musik. Wir lassen ihn noch mal richtig hochleben.«

Die Mädels sind von der Idee begeistert. Wir sind das Partykomitee der anderen Art.

Abends kommt Wolfi vorbei, will netterweise für uns kochen. »Sonst esst ihr ja eh nichts.«

Stimmt, mir fällt auf, dass ich seit drei Tagen überhaupt gar nichts gegessen habe. Mein Körper befindet sich im Überlebensmodus. Auf Autopilot.

Nach dem wirklich delikaten Curry, das ich eher aus Pflichtbewusstsein mir gegenüber gegessen habe, pennt Wolfi gegen Mitternacht auf der Wohnzimmercouch weg. Er schnarcht besorgniserregend laut.

Meine Schwester Jillian sagt erschrocken: »Es klingt so, als würde er gleich ersticken. Sollen wir ihn wecken? Nicht, dass er uns jetzt hier wegstirbt.«

»Zwei tote Männer um mich herum in einer Woche, erst der Ehemann, dann der enge Freund, da würde ich langsam Probleme mit der Polizei kriegen«, antworte ich.

Wir müssen lachen. Schlimmster Galgenhumor, oh shit. Aber wenigstens Humor.

14. April, alles früh, alles dunkel

Jede Nacht seit dem Tod meines Mannes wache ich zweimal zur jeweils gleichen Zeit auf – falls ich davor überhaupt eingeschlafen bin. Um Punkt 2.58 Uhr, Clemens' Todeszeitpunkt, und um 5.30 Uhr. Die erste Zeit verstehe ich, wenngleich das sehr, sehr unheimlich ist. Was aber will mir die zweite Uhrzeit sagen? 5.30 Uhr, was hat es damit auf sich?

Ich wache auch nicht auf, vielmehr schrecke ich richtig hoch, wie in einem schlechten Film. Früher dachte ich,

niemand schreckt so hoch, als hätte er in eine Steckdose
gelangt. Falsch gedacht. Ich fahre wirklich genauso klischeehaft hoch, sitze in Nanosekunden kerzengerade im
Bett, mit aufgerissenem Mund. Dann begreife ich, wo ich
bin, was passiert ist, spüre überall Schmerz und eine erdrü-
ckende Last auf mir und sacke wieder im Bett zusammen.
Ich zwinge mich, weiterzuschlafen. Endlich mal länger als
drei Stunden am Stück. Aber es klappt nicht.

Jeder Tag ist unfassbar anstrengend, je früher ich in
ihn starte, umso schlimmer ist es. Ich würde unheimlich
gern wie früher am Wochenende einfach mal bis zwölf Uhr
durchschlafen. Dann hätte ich den halben Tag schon überstanden. So liege ich hellwach da, will nicht aufstehen, aber
auch nicht nachdenken müssen.

Ich will eine Pause von mir und meinem Leben. Es fühlt
sich alles wie Folter an. Klingt hart, ist es auch. Der Tod
meines Mannes foltert mich, peitscht mich aus – nonstop.
Verdammt. Ich wünschte, ich könnte für fünf Minuten an
etwas anderes denken. Irgendwas. Total egal. Ohne Tod.

Doch es gelingt mir nicht.

15. April, bewölkt, aber mild

Ich habe einen Korb bekommen. Von Gräfelfing. In dieser
gnadenlosen Friedhofswelt gibt es auch keinen Witwenbonus. Obwohl ich die persönlichste und emotionalste Mail
überhaupt verfasst und betont habe, wie sehr Clemens sich
dem Ort verbunden fühlte. Die Frau von der Friedhofs-
verwaltung schreibt mir per Mail zurück: »Danke für Ihre
ausführliche persönliche Darstellung. Unsere Friedhofssatzung über die Benutzung der Bestattungseinrichtun-
gen der Gemeinde Gräfelfing regelt eindeutig (vgl. hierzu
§3), unter welchen Voraussetzungen ein Bestattungsan-
spruch auf dem Gräfelfinger Friedhof vorliegt. Wir kön-

nen Ihre Erläuterungen durchaus nachvollziehen, leider finden sich keine Ihrer vorgetragenen Darlegungen unter § 3 Buchst. a-d der gemeindlichen Friedhofssatzung wieder.«

Aha.

Ich rufe Frank an (einer der wenigen, mit denen ich momentan täglich telefoniere und der mich mit seinem Best-of an Clemens-Anekdoten berührt und amüsiert), der dort immer noch wohnt, und erzähle ihm von der Niederlage.

»Die Münchner Friedhöfe sind alle so unsexy, morbide und dunkel. Gräfelfing muss klappen«, sage ich. »Bloß: Wie kriegen wir das hin? Ist ja schwerer, als ins P1 zu kommen. Wolfi hat schon vorgeschlagen, hinzufahren und dem Bürgermeister Prügel anzudrohen, aber das halte ich für keine gute Idee.«

Frank lacht. »Es geht tatsächlich nur über den Bürgermeister. Wir müssen über ihn an ein Grab kommen. Ich werde dem Bürgermeister Köstler, den ich übrigens gewählt habe, eine nette Mail schreiben. We try harder, Kimberly. We will win.«

Sehr gut, dass er von Beruf Coach ist. Er ist jetzt mein Lifecoach. Mein Überlebenscoach.

Als ich den Müll raustrage, fällt mir auf, dass ich seit Tagen nicht draußen war. Was für ein Tag ist heute überhaupt? Mittwoch? Keine Ahnung. Die Zeit läuft einfach weiter, obwohl sie für mich stehen geblieben ist. Ein extrem eigenartiges Gefühl.

Ich bin permanent in meiner Wohnung. Im Tränen-Bermudadreieck zwischen Balkon, Bett, Wohnzimmer. Die Kommandozentrale zwischen Irr- und Wirrsinn.

Im Treppenhaus treffe ich den Postboten, der mich mitleidig anschaut und in den Arm nimmt. Woher weiß er…? Er drückt mir einen Berg Briefe mit schwarzem Rand in die Hand.

»Dein Briefkasten ist total voll, leer ihn bitte mal, da passt nix mehr rein«, sagt er. Und: »Bleib stark, Engel.«

Klar. Gern. Aber verdammte Scheiße, wie?

Ich öffne den Briefkasten, unzählige Schwarzer-Rand-Kuverts fallen mir entgegen. Mein Unternachbar kommt in dem Moment dazu. »Es tut mir so leid, ich wusste das gar nicht. Ich hab es erst durch den Nachruf in der Zeitung erfahren«, beginnt er. »Was ist denn um Gottes willen mit Clemens passiert?«

Die Frage, die alle beschäftigt.

»Keine Ahnung, tut mir leid. Ich kann da jetzt nicht drüber reden, sorry.«

Er nickt verständnisvoll, nimmt mich in den Arm. Ich ertrage diese ganzen Berührungen nur sehr schwer. Muss sofort gegen einen Tränentsunami ankämpfen. »Wenn du was zu essen brauchst oder Wein oder reden willst, sag Bescheid.«

Ich bin heilfroh, wieder in meiner Wohnung zu sein. Die Müllaktion war zu viel für mich. Ich lege die ganze Post auf den Küchentisch, kann sie nicht öffnen. Ich kann der Wahrheit nicht nonstop ins Auge schauen. Das ist wie ein Holzhammer, der immer wieder aufs Neue auf einen einschlägt.

Ich muss mich um diese Gräfelfinger Angelegenheit kümmern. Hoffentlich kann Frank zaubern. Die ersten Freunde, auch Clemens' Bruder aus Berlin, fragen schon, wann und wo die Beerdigung ist, wollen planen, was ich verstehen kann. Alles aber nicht so einfach.

Frank hat mir seine Mail »EILT: Beisetzung von Clemens Hagen in Gräfelfing« an den Bürgermeister weitergeleitet: »Als alter Freund von Clemens Hagen und Gräfelfinger Bürger wende ich mich an Sie, in der Hoffnung, einen Weg zu finden, dass Clemens Hagen in Gräfelfing beigesetzt werden kann.«

Ein ganzer Berg an Beileid: Steinkreise, Morgentau, Sonnenuntergänge, weiße Rosen und dazu die Erkenntnis, dass in der klischeehaften Trauerkartenwelt stiltechnisch noch sehr viel Luft nach oben ist.

Er hat einen starken, dringenden Appell gesendet, hoffentlich bringt's was. Jetzt steht auch noch Ostern vor der Tür, Feiertage, Mist, alles zieht sich.

Bizarre Ablenkung bringt mir da nur eine millionenschwere Promi-Lady, die mich im Minutentakt so oft hintereinander anruft, bis ich schließlich rangehe, um meine Ruhe zu haben: »Kimberly, du Ärmste«, schreit sie ins Handy. »Das ist ja soooo furchtbar! Du bist jetzt gaaaanz allein!«

Na, danke schön. Bevor ich antworten oder reagieren kann, monologisiert sie weiter: »Aber mir ist auch etwas ganz, ganz Schreckliches passiert. Ich habe im letzten halben Jahr fünf Kilo zugenommen.«

Was um alles in der Welt…? Ich bin sprachlos.

Sie nicht.

»Kimberly, wann gehst du auf Männerschau?«

Äh, nie.

»Weil, wenn es dir in ein paar Tagen besser geht und du endlich auf Männerschau gehst, dann würde ich sehr gerne mitkommen.«

»Du hast doch einen Mann.«

»Ja, aber Männer anschauen darf ich ja. Das wird ein Spaß. Dazu trinken wir was Nettes.«

»Aha. Danke. Aber gerade habe ich null Interesse an anderen Männern.«

»Hab dich nicht so. Das Leben geht weiter.«

Für mich nicht.

»Schade, dass mein Sohn glücklich verheiratet ist. Der wäre auch was für dich. Aber wie werden wir meine Schwiegertochter los?«

Sie meint das tatsächlich alles ernst. Mir fällt ein Satz von Pfarrer Schießler ein, den er mir bei unserem Telefonat zum Thema Trauer gesagt hat: »Kimberly, nie wirst du so tief in die Abgründe menschlicher Seelen blicken wie in Zeiten der Trauer.« Nach dem Gespräch mit der millionenschweren Promi-Lady weiß ich exakt, was er meint.

19. April, die Vögel zwitschern auch heute besonders laut

Es ist ein Wunder geschehen. Dieses Wunder liest sich in meinem E-Mail-Eingang so: »Sehr geehrte Frau Hagen, Ihre Angelegenheit – Antrag für die Bestattung Ihres verstorbenen Ehemanns Clemens Hagen auf dem Gräfelfinger Friedhof – liegt mir mit weiterem Schriftverkehr erneut vor. Nach ausführlicher Prüfung des uns vorliegenden Sachverhaltes und Rücksprache mit unserem Ersten Bürgermeister Herrn Peter Köstler darf ich Ihnen mitteilen, dass wir Ihrem Antrag stattgeben. Zur Terminvereinbarung für den Graberwerb setzen Sie sich bitte direkt mit Herrn Eichen in Verbindung.«

Ich schreie vor Begeisterung laut auf, meine Schwester und meine Eltern, die gerade noch über die Lage in der Ukraine diskutiert haben, kommen zu mir und jubeln mit, Leo bellt und wedelt wild mit dem Schwanz. Ich rufe Theresa an, die gerade bei einer Freundin ist, und natürlich Frank, den Zauberer. »Ich kann dir nicht genug danken. Du bist ein Held.«

Er sagt freudig: »Die Gräfelfinger Angelegenheit hatte schon fast was von ›Monaco Franze‹ und ›Kir Royal‹.« Und: »Ich komm heut Abend vorbei, koche für alle Pasta, Schorschi wollte auch kommen, dann können wir weiter über die Beerdigung reden, alles planen und so, okay?«

Und wie das okay ist. Was würde ich ohne die Menschen um mich nur tun? Ich wäre total verloren. Meine Schutzengel sind hier auf Erden. Ich wähle die Nummer von Herrn Eichen wegen des – schnell noch mal tief Luft holen – Grabkaufs.

»Sie klingen so jung«, sagt er gleich mit sehr bayerischer Stimme. »Und wollen ein Erdgrab? Das gibt's sonst nie. Das ist ja total verrückt. Alle wollen nur noch Bio-Urnen oder Baumgräber.« »Ich bin jung, aber absolut oldschool. Ich möchte ein richtiges Grab.«

Er lacht laut. »Sie gefallen mir, kommen Sie morgen auf den Friedhof. Ich bin immer da und hab unendlich viele freie Erdgräber. 296, um genau zu sein.«

»Kein Wunder, bei Ihnen ist es ja schwieriger reinzukommen als ins Weiße Haus.«

Der Grabverkäufer lacht wieder unglaublich laut und fröhlich ins Telefon. Er hat ansteckend sonnige Laune.

»Dann haben wir morgen ein Date«, sage ich noch. »Wunderbar.« Ich komme mir fast vor wie bei »Versteckte Kamera« – allerdings einer selten skurrilen Ausgabe.

Ist das hier wirklich alles real? Ich mache Scherze mit einem Grabverkäufer und flippe vor Freude aus, weil ich von einem Friedhof einen Grabplatz bekommen habe.

20. April, Sonnenschein, 19 Grad

Unter der Dusche wird mir kurz schwarz vor Augen, meine linke Brust droht zu zerspringen. Herzschmerz, gehört neuerdings zu meiner Morgenroutine. Früher habe ich mich geschminkt, heute konzentriere ich mich darauf, nicht zusammenzubrechen.

Mit Wackelpudding-Knien ziehe ich mich an, nur was? Hauptsache nix Schwarzes, ich spüre überdeutlich, was passiert ist – da brauche ich nicht den Witwen-Dresscode zu befolgen, um mich noch trister zu fühlen. Also lieber knallrote Hose, strahlend blaues Jackett, weiße Turnschuhe, große pinke Sonnenbrille. Heute mache ich das, was Frauen ja angeblich so sehr lieben: Ich gehe shoppen. Aber nicht bei Zara oder H&M und auch nicht in irgendeiner Fußgängerzone. Ich fahre nach Gräfelfing zum Friedhof und kaufe ein Grab.

Um 14 Uhr habe ich ein Date mit Herrn Eichen, dem Gute-Laune-Grabverkäufer. Außerdem im Gepäck: meine Schwester Jillian und Theresa, beide ebenfalls sehr bunt gestylt. Wir alle kämpfen zumindest modisch gegen die Dunkelheit in uns an.

Herr Eichen (volltätowierter Rocker-Typ mit Pferdeschwanz, ganz in Schwarz gekleidet) staunt nicht schlecht, als wir uns bei strahlendem Sonnenschein auf dem leeren Friedhof treffen: »Servus zusammen! Drei so junge Mädels auf einmal, das hab ich nicht oft!« Was unglaublich sympathisch an ihm ist: Er fragt nicht, was mit meinem Mann passiert ist. Er spricht mir kein Beileid aus. Er will nicht wissen, wie es mir geht. Er sagt nur: »Ich finde es klasse, dass Sie oldschool sind.«

Es ist hier wunderbar hell, grün, schön gepflegt und bepflanzt, irgendwie umarmend, aber es ist eben leider ein Friedhof. Ich reiße mich zusammen und frage: »Herr Eichen, welches Grab ist das schönste und sonnigste?«

»IV f 116.«

Aha.

Jillian: »Darf man hier rauchen?«

»Sie können hier so ziemlich alles machen.«

Ich: »Echt?«

Er: »Als Grabbesitzerin dürfen Sie alles – außer grillen.«

Während wir an den Gräbern vorbeilaufen Richtung Premium-Sonnenplatz, erklärt er uns: »Sie können sich mit einer Decke an das Grab setzen, picknicken, Musik hören, sich im Bikini sonnen, Wein trinken und Karten spielen mit Freunden, Sie dürfen zu jeder Tages- und Nachtzeit kommen und gehen. Sie dürfen einfach alles, nur eben nicht grillen.«

Ich: »Wer grillt denn auf einem Friedhof?«

Herr Eichen: »Die Winnetou-Fans haben schon mal gegrillt, als sie das Grab von Pierre Brice dort hinten besuchten. Das ist verboten. Seitdem bringen sie ihm immer tote Hühnerköpfe als Opfergabe.«

Theresa, Jillian und ich blicken uns ungläubig an. In was für einer Welt sind wir hier gelandet?

Als könnte Herr Eichen Gedanken lesen, meint er: »Auf einem Friedhof erleben Sie wirklich alles.«

IV f 116 ist tatsächlich der schönste und sonnigste Platz auf dem ganzen Friedhof. Mitten im alten Teil, großzügig, umgeben von riesigen Bäumen. Die Vögel zwitschern über uns, wäre es nicht so schrecklich traurig, könnte es schön sein.

»Ich finde es selbst komisch, dass dieses Prachtgrab frei ist«, meint Herr Eichen. »Wahrscheinlich wollen die meisten ihre Gräber lieber nah am Ausgang haben, damit sie schneller wieder verschwinden können.«

Herr Eichen möchte uns gern noch die anderen 295 freien Gräber zeigen. Auf dem Weg zum neuen Teil springt plötzlich mein guter Freund Wolfi, der Musiker, in kurzer Mustermix-Hose und mit Käppi, hinter einem Grab hervor: »Ich bin beim Joggen in Grünwald hingefallen, und ein Mann mit Rollator fragte mich, ob er mir helfen kann. Ist das zu fassen? Kann es demütigender sein?« Er lacht los – und schreit, weil das Lachen nach seinem Sturz wehtut. »Herr Eichen, das ist Wolfi«, sage ich. »Er wird auf der Feier für meinen Mann Klavier spielen und wollte sich mal vorab in der Aussegnungshalle umschauen.«

Nach drei Stunden auf dem Friedhof wissen wir so ziemlich alles. Wer wo liegt, wer woran gestorben ist, wer prominent war, wer ein Killer. Dass man alles pflanzen darf am Grab, es darf nur nicht über einen Meter hoch wachsen.

»Dann gibt's Ärger mit mir«, erklärt Herr Eichen grinsend. »Und das wollen Sie nicht.«

»Darf ich auch Erdbeeren am Grab pflanzen? Die hat mein Mann so gern gegessen.«

»Natürlich, ich würde die Früchte nur nicht essen.«

»Warum?«, fragen wir unisono.

Herr Eichen mit seiner fröhlichen Stimme: »Na, weil die Erde total toxisch ist von all den Toten.«

»Und Erdbeeren von hier könnten jemanden vergiften?«, frage ich.

Er nickt: »Große Übelkeit würden sie sicher bei jedem Esser hervorrufen. Vielleicht auch den Tod.«

»Das gibt's ja nicht«, ruft Wolfi. »Was für eine Wahnsinnsgeschichte.«

»Und gut zu wissen«, ergänze ich.

Meine Schwester meint: »Jeder, der dich nervt und ständig anruft, nur um dein Leid zu hören oder zu erzählen, dass er gerade fünf Kilo zugenommen hat – diese ganzen übergriffigen Leute schickst du künftig einfach ans Grab von Clemens und sagst: Er hätte sich sooo gefreut, wenn du eine dieser Erdbeeren, die so prächtig an seinem Grab wachsen, für ihn mitessen würdest.«

Dieser Grabshopping-Tag ist zum Schreien. Zum Schreien schrecklich. Und zum Schreien komisch. Wir können nicht mehr aufhören zu lachen.

21. April, Einladungen zur letzten Party

Der Termin für die Beerdigung aka Clemens-Party steht: 28. April, 14 Uhr. Alle anderen freien Termine wären um 8 Uhr morgens gewesen, wirklich unmenschlich. Jetzt geht es um die Einladungen für die sechzig Gäste, die wir (Family & Friends) ausgewählt haben. Von kaum jemandem habe ich die Adresse, es würde mit der Post auch viel zu lange dauern. Also verschicke ich die Einladungen per WhatsApp.

Ich habe ein Foto meines Mannes ausgesucht, wie er bei unserem letzten Urlaub glücklich in die Sonne blinzelt und aufs Meer schaut. Die Haare wehen im leichten Wind. Er schaut hinreißend aus.

Über Instagram-Story schreibe ich einen Text in das schöne Bild, speichere die Story in meinem Handy wie ein Foto ab und verschicke es. Wer hätte gedacht, wofür Social Media mal wirklich gut und nützlich sein könnte. Unkomplizierter geht's kaum. Der Text, nach Freigabe von Theresa und Jillian, lautet:»Im Namen von Clemens laden wir dich, liebe(r) XXX, herzlich ein, ihn noch mal richtig hochleben zu lassen. 28. 4., 14 h, Friedhof Gräfelfing (bunte Kleidung = ausdrücklich erwünscht). Danach Kaffee & Kuchen im Waldheim. Um Rückantwort wird gebeten, da die Plätze begrenzt sind.« Dazu ein rotes Herz, fertig.

Ich wünschte mir aus tiefstem Herzen, dass es eine Einladung zu seinem nächsten Geburtstag wäre. Im Herbst wäre er sexy sechzig geworden. Einmal, zu seinem Fünfzigsten, da habe ich eine Überraschungsparty für ihn geschmissen, und er war richtig aus dem Häuschen und voller XXL-Freude, all seine Liebsten um sich zu haben (vor allem, ohne sich selbst darum kümmern zu müssen). Was haben wir damals gefeiert.

Worum ich mich jetzt kümmern muss: das Catering im Waldheim, wo er früher oft und gerne war. Nach langen Gesprächen und Vor-Ort-Checks haben Wolfi, Frank und ich uns für dieses entzückende Lokal inmitten eines Waldes entschieden, jetzt will ich den Garten für den 28. reservieren (an dem Tag soll nämlich sommerliches Wetter sein).

Eine sehr nette Frau ist am Telefon: »Mein Beileid, ich hab von Ihrem Mann schon in der Zeitung gelesen. Mein Vater kannte seine Eltern.«

»Ja, er hat oft vom Waldheim geschwärmt, letzten Herbst waren wir noch bei Ihnen spazieren, leider hatten Sie an dem Tag zu. Meine Frage: Welche Getränke – und vor allem welche Weine – gibt es bei Ihnen?«

»Na ja, wir sind mehr ein Ausflugslokal mit Spezi und so, aber ein paar deutsche Weine haben wir auch.«

Es folgen Namen, die ich noch nie gehört habe. Oje.

Wenn mein Mann auf eine Sache wirklich Wert gelegt hätte, dann auf beste Drinks auf seiner Party. »Können wir vielleicht unseren eigenen Wein mitbringen? Das soll nicht überheblich klingen, aber ein paar der Gäste haben einen speziellen Geschmack und sind ein bisserl pingelig. Die mögen gern italienische oder französische Weine.«

»Ich muss das mit dem Papa besprechen, aber, na ja, werd scho.«

»Tausend Dank, Sie sind ein Schatz«, antworte ich. Sie muss sich denken: diese verwöhnten, aufgeblasenen

Münchner. Aber ich kann's jetzt nicht ändern. Wer den Stempel der Witwe hat, kann auch mit einem Schnösel-Image leben. Das ist das geringste Problem.

Fakt ist: Mit Spezi übersteht kein Mensch die Beerdigung.

23. April, abends, kurz vorm Aperitivo (beste Zeit des Tages)

Alle fragen mich, wie es mir geht – und meinen es sicher lieb. Jeden Tag aufs Neue ploppen Nachrichten auf meinem Handy auf. Auch von Menschen, die mir gar nicht so nahestehen. Dazu natürlich das unvermeidliche Pflasterherz-Emoji. Oder die verwelkte Rose. Oh Mann. Mein Leben besteht nur noch aus zwei Trauer-Emojis. Wirklich hilfreich ist das nicht.

Meine Schwester meint, viele seien Drama-addicted, also süchtig nach Drama, weil ihr Leben eher ruhig/langweilig/beschaulich ist – und sie sich durch mein Leid besser fühlen. Was soll ich sagen? Welche Motivation auch immer hinter den einzelnen Nachrichten stecken mag, jede »Wie geht's dir?«-Frage ist ein weiterer Stich in die klaffende Wunde.

Das Gefühl, sich rechtfertigen oder erklären zu müssen, ist kein schönes – zusätzlich zu den mehr als negativen Gefühlen, die eh in mir sind. Jeden Tag also diese eine Frage nach meinem Befinden – und noch immer habe ich keine passende Antwort.

Es geht mir täglich immer gleich: oberbeschissen-albtraumhaft schlecht.

Aber diese Wahrheit kann und will ich niemandem zumuten (auch nicht mir selbst). Deshalb sage ich: »Keine Ahnung. Alles surreal.« Stimmt ja auch.

In der ersten Phase der Trauer, so hab ich es oft gehört und gelesen, ist Verdrängung angesagt. Doch ich verdränge den Tod meines Mannes nicht. In jeder Sekunde des Tages weiß ich genau, was passiert ist. Ich habe ihn tot gesehen, stundenlang. Ich habe gesehen, wie seine Haut immer weißer wurde. Wie seine Hände immer fester wurden. Bis zur Totenstarre. Ich bilde mir nicht ein, dass ich alles nur geträumt habe oder dass das alles nicht passiert ist (nichts würde ich mir sehnlicher wünschen). Ich sehe den Tatsachen ins Gesicht. Ich kann gar nicht anders. Vielleicht wäre Verdrängung meine Rettung.

Was ich vielmehr verdränge: meinen sehr schwer zu beschreibenden Schmerz. Wenn ich telefoniere, Freunde bei mir habe, mit Jillian, Theresa oder meinen Eltern zusammen bin, dann reiße ich mich zusammen. So bin ich. Ich möchte nicht die ganze Zeit vor anderen weinen, weil ich weiß, dass sie auch traurig sind und leiden. Wir wollen alle nur irgendwie überleben, diese Horrorsituation überstehen. Weitermachen, obwohl niemand einen Masterplan hat.

Mein Miniplan lautet daher: Ich möchte stark sein. Ich muss stark sein. Sonst würde ich zusammenbrechen. Da ich aktuell immer Menschen um mich habe, die bedingungslos für mich da sind – was ich unheimlich zu schätzen weiß und wofür ich unendlich dankbar bin, wenngleich es für alle Beteiligten anstrengend und hart ist – funktioniere ich tagsüber einfach. Natürlich gibt es bei uns allen immer wieder Tränen, aber nicht 24/7.

Neben den »Wie geht's dir heute?«-Pflasterherz-Emoji-Menschen gibt es auch Menschen wie meine Freundin Melli, die mit ihrem Mann Ugo äußerst erfolgreich in der Gastronomie tätig ist. Sie ruft mich an, fragt nicht, wie es mir geht, sondern: »Schatz, hast du Wein und etwas zu essen in deinem Kühlschrank?«

»Ähm. Ich glaub nicht.«

»Hab ich mir gedacht. Dann lade ich mich jetzt selbst ein und bringe alles mit.«

Zwanzig Minuten später steht sie mit riesigen Tabletts vor meiner Tür. Darauf Salate, unfassbar viele Pizzen, die man nur schnell in den Ofen schieben muss, ein Weinkühler, Eiswürfel und sehr viele Flaschen Weißwein. Sie schaut bezaubernd aus, sexy-elegant wie immer, erinnert mich (im Destroyed-Look) optisch an mein früheres Leben, lächelt mich an und ruft: »Tatataaa, der Melli-Express ist da.«

Tolle Frau, tolle Laune, tolles Essen. Ich bin geflasht und den Tränen nah. Zu viel Liebe überfordert mich. Melli schickt der Himmel. »Du könntest auch die Welt retten«, sage ich. »Zu hundert Prozent.«

Meine Schwester, Melli und ich sitzen nach dem Festmahl (ich habe so viel gegessen wie in einer Woche nicht) mit Decken auf dem Balkon, Kerzen flackern, über uns der Sternenhimmel, und wir amüsieren uns köstlich über die Erdbeer-Story vom Grabshopping-Tag und über die Weinauswahl im Waldheim (Power-Melli will sich großartigerweise kümmern, ach, wie sehr liebe ich Menschen, die anpacken).

Plötzlich, in diesem endlich mal so leichten und fröhlichen Moment, überkommt mich ein schweres Gefühl der Trauer. Wie ein Blitzschlag. Zack. Nicht nur, dass ich meinen Mann unheimlich vermisse. Ich bin auch unglaublich traurig, dass er das alles nicht mehr miterleben kann. Die Witze über die toxischen Erdbeeren und andere politisch unkorrekte Dinge, über die er am lautesten gelacht hätte, die Liebe seiner Tochter, die Liebe von uns allen, seinen Freunden. Ich könnte durchdrehen, dass er diese Liebe nicht mehr spüren kann. Und ich hoffe so sehr, dass er sie zu Lebzeiten immer gespürt hat.

Während ich mit mir hadere, fragt meine Schwester: »Wie es Clemens wohl da oben geht?«, und schaut lächelnd Richtung Himmel.

Da passiert es. Die Küchenlampe an der Decke, die in der Todesnacht explodiert ist (ich hatte noch keine Zeit, sie zu reparieren), springt plötzlich an. Wir drei erschrecken uns, schauen uns ungläubig an.

»Boah, ich hab krasse Gänsehaut«, sagt Jillian.

»Ich auch«, meint Melli leise.

»Das ist Clemens«, sage ich. »Das ist genau sein Humor.«

Ein wohliger Schauer durchfährt mich. Ich fühle mich auf ungewöhnliche Weise beschützt. Ein Zeichen von ihm, dass er da ist und alles mitkriegt – auch unsere Liebe. Gott sei Dank. Wie unglaublich glücklich mich das in diesem Moment macht.

Noch zwei Stunden sitzen wir in dieser Nacht draußen, und die Küchenlampe flackert permanent.

24. April, zwei Wochen nach dem Tod (wo ist die Zeit hin?)

Franks Stimme klingt nicht so souverän und sonnig wie sonst, sondern irgendwie rau. »Kimberly, du hältst mich bestimmt für verrückt«, beginnt er das Telefonat. »Aber bei mir passieren neuerdings wirklich seltsame Dinge.«

»Wem sagst du das«, antworte ich.

»Pass auf«, beginnt er. »Lach mich bitte nicht aus. Und halte mich nicht für verrückt. Aber vorgestern ist mein Herd durchgedreht. Die eine Platte ging einfach so an. Auf höchster Stufe. Meine Frau Doris hat es auch mitbekommen. Wir saßen im Wohnzimmer, niemand von uns war am Herd. Dann meldete sich der Wasserkocher, ist plötzlich angesprungen. Und gestern ging der Fernseher von allein an, dazu schaltete sich das WLAN-Netz aus. Und ich bekam eine Nachricht auf mein Handy – ohne Nummer.«

»Was stand in der Nachricht?«

»Nur ein Wort.«

»Welches?«

»Snooker.«

Ich kann es kaum glauben.

Snooker hat mein sportbegeisterter Mann immer gern im Fernsehen angeschaut, also dann, wenn mal kein FC-Bayern-Spiel lief, kein American Football, Darts oder sonst was. Oft hat er Frank dazu ermutigen wollen, sich auch mal Snooker reinzuziehen, aber Frank hat stets abgelehnt. Jetzt diese Nachricht.

»Bei mir ist gestern die explodierte Küchenlampe wieder angesprungen. Genau in dem Moment, als meine Schwester fragte, wie es wohl Clemens geht.«

»Echt? Oh mein Gott.«

»Das ist Clemens. Seine Überenergie. Er ist bei uns.«

»Ich spüre ihn auch total deutlich. Er findet das sicher witzig. Aber irgendwie muss ich ihn bremsen. Ich will nicht, dass mein Haus in die Luft fliegt.«

»Stell ihm abends ein Glas Weißwein oder Rosé auf den Tisch. Dann weiß er, dass du ihn wahrnimmst.«

»Wirklich?«

»Ja. Dann wird er sich freuen und dein Haus nicht in die Luft jagen.«

»Was ist sein Lieblingswein?«, fragt Frank noch. Er nimmt das echt ernst.

Kurz darauf ruft Tobi an, der Trauzeuge meines Mannes, der von esoterischen oder zwischenmenschlichen Dingen so weit entfernt ist wie ich von einem Doktortitel in der Physik.

Tobi erzählt: »Darling, du denkst bestimmt, ich bin irre geworden, aber bei mir flackern seit Tagen alle Lampen in der Wohnung. Auch der Elektriker kann sich das nicht erklären.«

»Das ist großartig!«, rufe ich ins Handy. Mein Herz hüpft. »Nein, das ist scheiße.«

»Clemens ist auch bei dir!«

»Ach so?«

»Ja. Überenergie.«

»Über-was?«

Abends kommt Theresa zum Aperitivo vorbei. Da ich derzeit auch vom Kochen so weit entfernt bin wie von einem Physik-Doktortitel, stelle ich Oliven hin und Pombären, die wie die Pommes bei McDonald's schmecken, wie Theresa meint. Reicht völlig als vollwertige Mahlzeit. Gemüse und Salz, alles ohne Arbeit, ein perfektes Dinner für trauernde und damit vollzeitbeschäftigte Menschen wie uns.

Theresa erzählt, dass sie gestern bei ihrer Freundin übernachtet hat, und als sie abends im Bett lag, ging auf der Straße draußen das Licht an. »Ich wurde hell angestrahlt. Aber nicht von einer Straßenlaterne oder einem Auto, ich weiß auch nicht, wo das herkam. Ich sah aus dem Fenster, die Häuser gegenüber waren alle dunkel, trotzdem blickte ich in grelles Licht. Meinst du, das war Papa?«

»Aber so was von.«

Ich rufe Wolfi an. Jetzt will ich es wissen. »Spinnt bei dir ein Küchengerät oder flackert eine Lampe?«

»Danke für dein Interesse, Kimberella, aber du hast doch sicher andere Sorgen als meine Elektrik.«

»Das ist wichtig, Wolfi. Überleg mal.«

»Na ja, mein Kühlschrank geht seit gestern nicht mehr. Hat sich einfach ausgeschaltet und geht nicht mehr an. Und im Keller gibt es einen Wasserschaden, den sich niemand erklären kann.«

»Wie toll.«

»Äh … bist du verrückt geworden?«

»Nein, nur aufmerksamer.«

Ich wähle Schorschis Nummer, erzähle ihm davon. Ob es bei ihm auch etwas Außergewöhnliches gibt?

»Nein«, sagt er fast ein bisschen traurig.

Kurz vor Mitternacht schickt er mir jedoch eine Sprachnachricht. Seine Stimme klingt, als hätte er einen Geist
getroffen: »Du wirst es nicht glauben, Kimberline, aber
als Renée und ich gerade ins Bett gehen wollten, hat die
Schlafzimmerlampe angefangen zu flackern und hört seitdem nicht mehr auf. Clemens ist auch bei uns.«

25. April, Montag, Start in die Beerdigungswoche

Um 14 Uhr bekomme ich Besuch von meinem Lieblingspfarrer Rainer Maria Schießler. Wir wollen über seine Rede
für meinen Mann am Donnerstag sprechen. Vorab habe ich
mir viele Notizen gemacht. Was Clemens mochte, liebte,
was ihn ärgerte. Witzige Ticks von ihm, Lieblingssätze,
schönste und lustigste Momente seines Lebens, all so was.

Was mein Mann für ein Mann war. Der Großartigste von
allen. Ich weiß das. Das zu vermitteln, ist nicht schwer. Nur
unglaublich schmerzhaft.

Meine Schwester hat wieder grandiosen Cappuccino
gemacht. Ich sage: »Nicht erschrecken, Rainer Maria, aber
meine Küche ist pink.«

Er betritt den Raum und strahlt: »Das ist ja Wahnsinn.
Wenn man hier ist, will man nie wieder verreisen.«

Ich interpretiere das als Kompliment und setze mich
vorne auf die Stuhlkante. Seit Tagen plagen mich ungeheure Rückenschmerzen, ich habe Sorge, dass ich nicht
mehr vom Stuhl hochkomme. Wenn ich gehe, bewege ich
mich wie ein Roboter. Irgendwie passend zu meinem aktuellen Autopilot-Dasein.

»Wie du ausschaust, Kimberly, da brauch ich nicht zu
fragen, wie es dir geht. Du bist sicher noch trauer-high.«

»Trauer-high?«

»Na, in einer total anderen Sphäre.«

»Ja, das trifft es ganz gut. Ich bin sehr, sehr trauer-high.«

Der Pfarrer hat seine Frenchie-Dame Pia dabei, die neugierig durch die Wohnung läuft. Leo ist gerade mit Mami an der Isar spazieren, aber sie interessiert sich gleich für Leos Spielzeug-Monster.

»Deine Einladung zur Trauerfeier ist übrigens der Knaller«, sagt Schießler. »Das ist die fröhlichste und lebensfroheste Einladung, die ich je zu so einem Anlass gesehen habe. Ich habe sie gleich Kollegen gezeigt, damit die sehen, wie man so etwas auch gestalten kann. Denn genau darum geht es: Wir wollen den Verstorbenen hochleben lassen, nicht beweinen. Die Tränen fließen eh.«

»Schleusen auf, hätte Clemens gesagt. Es soll viel gelacht werden, viel geweint und noch mehr getrunken. Deshalb habe ich die Idee, Sambuca – Clemens' Lieblingsschnaps – am Grab auszuschenken. Ist das erlaubt? Ich glaube, dass das jedem guttut.«

Schießler lacht und sagt fröhlich: »Topidee, wie im Süden. Du kannst machen, was du magst. Ich werde ein Stamperl mittrinken. Das Grab soll eine Begegnungsstätte sein, kein Ort, vor dem man sich drückt.«

Stundenlang reden wir über das Leben und das Sterben – und über Clemens. »Du hattest einen wirklich tollen und einzigartigen Mann«, meint Schießler. »Abgesehen davon, dass er Bayern-Fan war.« Wir beide müssen lachen, das Herz des Pfarrers schlägt für die Löwen. Weiter sagt er: »Ihr als Paar wart symbiotisch, eine Einheit, ein Feuerwerk der Gags und guten Laune. Die Energie eurer unglaublichen Liebe kann ich hier in der Pink Kitchen immer noch spüren.«

Ich habe mich die ganze Zeit zusammengerissen, doch nun kullern sie – die Tränen. »Tut mir leid«, sage ich zu Schießler.

Er erwidert: »Nicht dafür. Du wirst noch viel mehr weinen.« »Noch mehr? Bitte nicht. Meine Augen tun schon jetzt so weh.« »Mit der Trauer ist es wie mit Ebbe und Flut. Manchmal geht's plötzlich ganz gut, und manchmal haut dich eine Welle um.«

Es klingelt erneut. Doc Holiday ist da, der älteste Freund von Clemens und mittlerweile auch ein enger Freund von mir. Er ist Arzt, unglaublich sympathisch und heute ausnahmsweise mal nicht verreist. Mit Vintage-Arztkoffer kommt er in die Küche, begrüßt den Pfarrer und will mir eine Spritze gegen die Rückenschmerzen geben. »Klar, dass dein Körper auf den Schmerz reagiert. Welche Schmerzmittel nimmst du?«

»Keine.«

»Oh, das ist gut – und ungewöhnlich.«

Schießler: »Die meisten Trauernden betäuben sich und kriegen die Beerdigung gar nicht mit.«

»Das will ich nicht«, antworte ich. »Dann könnten wir diese ganze Action ja gleich sein lassen.«

Die Männer stimmen mir zu.

Doc Holiday ergänzt: »Du bist echt stark. Sogar ich habe, wenn ich ehrlich bin, Angst vor der Beerdigung.«

»Ich auch. Und wie«, antworte ich. »Falls ich bewusstlos ins offene Grab kippe, habe ich wenigstens die zwei besten Männer für eine solche Situation um mich – einen Pfarrer und einen Arzt.«

27. April, the day before

Per Facetime-Call spielt mir Wolfi seine Klavierstücke für die morgige Feier für meinen Mann vor, alles hört sich brillant an.

Da kommt Jillian mit ihrem Facetime-Anruf dazwischen. Sie steht gerade in einem Blumenladen in der Nähe und kauft ihn leer. »Gefallen dir die roten Blumen besser als die orangefarbenen?«, fragt sie.

»Die sind alle schön, Hauptsache knallbunt.«

Frank ruft an: »Schorschi und ich würden gern unsere Rede für morgen noch mal in der Pink Kitchen proben, da spüren wir Clemens besonders deutlich. Ist es okay, wenn wir um 16 Uhr vorbeikommen und uns auch seinen Segen holen?«

Clemens' Bruder Tui ruft danach an: »Wir sind auf dem Weg, aber das Bunteste, was ich zum Anziehen habe, ist blau.«

»Kein Problem«, sage ich.

Melli meldet sich, sie hat einen Beamer für das Video mit den Bildern besorgt. Großartig. Ohne mein A-Team für den B-Tag würde ich das nicht ansatzweise hinkriegen.

Ich sitze gerade beim Friseur unter der Trockenhaube – netterweise in einem Extrazimmer, weil ich keine anderen Menschen und schon gar keine Zufallsbegegnungen ertrage –, koordiniere, plane, beruhige. Ich bin zur Todes-Managerin geworden. Aber die Aufgaben sorgen für Zerstreuung. Selbst meine Rückenschmerzen lenken vom Hauptschmerz ab. Fünf Flaschen Sambuca muss ich später noch kaufen, die Anziehsachen für morgen bügeln, den Bestatter anrufen, Freunden noch mal die Adresse vom Waldheim schicken und so unheiter weiter.

Doris ruft an. Die Frau von Frank steht gerade in einem anderen Blumenladen in Gräfelfing und schickt Fotos vom Sargblumenkranz, der morgen geliefert wird. »400 Euro kostet er, weil bald Muttertag ist, sind die Blumenpreise gestiegen.«

Vierhundert Euro für Blumen, die nach kurzer Zeit mit Erde zugeschüttet werden, crazy. Der Tod ist echt das größte Geschäft, da hat Pfarrer Schießler schon recht.

Der Friseur kriegt ziemlich viel von dem Irrsinn mit, schüttelt den Kopf, drückt meine Hand und sagt: »Du bist unglaublich.«

Anruf von Carmine. Mist, ihn hatte ich vergessen. Den wirklich netten Italiener Ende fünfzig mit Hang zum Dramatischen und Melancholischen lernte Clemens vor seinem Tod im Krankenhaus kennen – und gleich lieben. Ich fürchte, er weiß noch gar nicht, was mit meinem Mann passiert ist. Er wusste nur von der Operation. »Carissima, ich erreiche Clemente nicht«, sagt er. »Ist die OP gut gelaufen?«

Fuck. Momentan kommuniziere ich nur mit Menschen, die es schon wissen, weil ich die Horrorstory nicht immer wieder erzählen kann. Dabei bricht jedes Mal mein Herz, das eh schon ein Scherbenhaufen ist.

»Nein, liebster Carmine«, sage ich unter der Trockenhaube. »Leider ganz und gar nicht.«

»Oh nein. Gab es Komplikationen?«

»Ja, wahrscheinlich, die Ärzte wissen es auch noch nicht so genau.«

»Liegt Clemente etwa im Koma?«

»Nein, noch viel schlimmer.«

Er schreit ins Telefon: »Noooo! Nooo! Nooo!«

Ich verkrafte seinen Schmerz nicht noch zusätzlich zu meinem Schmerz. Tränen fließen. Er schreit genau meinen Schmerz hinaus. Diesen Schmerz, der uns alle eint und sich doch so unterschiedlich bei jedem äußert. Er ist mein Schmerz-Souffleur in vollster Lautstärke.

Dem Friseur wird es zu viel, er verlässt den Raum.

»Carmine, mein Schatz, es tut mir so leid. Hier tobt der Wahnsinn. Ich kann gerade nicht lange reden, lass uns das wann anders in Ruhe machen. Morgen ist die Feier für Clemens, ich schick dir die Adresse, bitte komm. Er würde sich freuen – und ich freu mich sowieso, dich zu sehen.«

»Ich werde der Nächste sein, der stirbt«, sagt er.

»Nein, wirst du nicht. Du bist stark.«

»Clemente war viel stärker als ich.«

»Er beschützt uns von oben, ganz sicher. Er schickt uns seine ganze Power.«

Um 16 Uhr bei mir: Jillian und Theresa, Frank, Doc Holiday für erneute Rückenschmerzspritzen und Schorschi, der ausspricht, was wir alle denken: »Ich brauche dringend was zu trinken.«

Wir sitzen auf dem Balkon, während die Männer drinnen ihre Rede proben. Doc Holiday darf zuhören, wir nicht. Soll eine Überraschung sein. Wir prosten uns zu: auf Clemens.

Theresa: »Ich habe so große Angst vor morgen.«

»Ich auch. Größte Angst ever«, sage ich.

Jillian muntert uns auf: »Ihr seid kraftvoller als Löwinnen, ihr packt das.«

»Und wenn nicht, ist es auch wurscht«, ergänze ich. »Was soll uns noch Schlimmeres passieren? Wenn wir umkippen, kippen wir um. Mei.«

»Wenigstens kippen wir dann zusammen um.«

Wir nehmen uns in den Arm, bis die Männer kommen.

»So, jetzt härten wir uns alle noch ab«, schlägt Schorschi vor.

Er will, dass wir uns die drei Lieder, die von uns ausgesucht wurden und morgen gespielt werden, immer wieder anhören – drei Lieblingslieder von meinem Mann.

Aber kann man sich gegen Trauer abhärten?

Zu Beginn, wenn alle sitzen und auf den Sarg schauen, wird »A Whiter Shade of Pale« von Procol Harum erklingen.

Zu dem Video mit den vielen Fotos von meinem Mann, das Frank gebastelt hat, wird Wolfi auf dem Klavier »Angels« von Robbie Williams spielen. Wenn der Sarg aus der Aussegnungshalle getragen wird, ertönt zum Finale Barry Whites »You're The First, The Last, My Everything«.

Schorschi spielt die drei Lieder wieder und wieder.

I see so many ways that I can love you
'Til the day I die
You're my reality, yet I'm lost in a dream
You're the first, the last, my everything
I know there's only, only one like you
There's no way they could have made two
Girl, you're my reality
But I'm lost in a dream
You're the first, you're the last, my everything.

Wein und Tränen fließen.

Irgendwann sagt Schorschi: »Okay, basta. Ich pack das nicht länger.«

28. April, strahlend blauer Himmel, sommerliche Temperaturen, Sonne satt

Unter der Dusche, mit meinen Wackelpudding-Knien, denke ich, dass es das jetzt war: Ich breche hier und jetzt zusammen und sterbe am Tag der Trauerfeier für meinen Mann.

Ich lege meine Hand auf mein Herz. Es tut so weh. Es ist, als wäre es gar nicht mehr da, als hätte es mir jemand rausgerissen. Ich atme. Ein und aus. Sehe Sternchen. Erstaunlicherweise lebe ich weiter. Mir ist unfassbar übel, so schlecht wie noch nie in meinem Leben. Doch meine Appetitlosigkeit hat einen großen Vorteil: Wer nichts im Magen hat, kann sich nicht übergeben.

Jillian hat Bonsaibrote à la Mami gemacht: »Du isst jetzt was. Bitte, Kimberly. Das ist keine Frage, sondern ein Befehl. Du brauchst Kraft. Für heute. Bitte. Tu es für Clemens.«

Very tricky. Na gut. Vor ihren Augen esse ich zwei Bonsaibrote. Ich schmecke nichts, null, es könnte Hundefutter drauf sein, ich würde es nicht merken. Egal, meine Schwester ist halbwegs beruhigt.

Theresa (mit orangefarbenem Rock und Jacke ihres Papas) kommt und sagt: »Mir ist so unglaublich schlecht.«

Meine Schwester zwingt auch ihr Brote auf.

Wir rauchen eine Zigarette, vielleicht auch drei, ich rufe das Taxi. Showtime, hat Clemens immer gesagt, wenn was Wichtiges anstand.

»Showtime«, rufe ich aufmunternd. »Wir rocken das. Augen zu und durch.«

Jillian hat unzählige Blumentöpfe und Blumensträuße dabei, als wäre sie ein Gartencenter auf zwei Beinen. Ich trage fünf Sambucaflaschen und etliche Stapel Pappbecher, als wäre ich ein Getränkekiosk auf zwei Wackelpudding-Beinen.

Theresa trägt die Briefe und Geschenke, die wir noch in den Sarg legen wollen. Kunterbunt gestylt steigen wir ins Taxi (niemand von uns sollte heute selbst fahren).

Ich sage den Satz, über den ich gar nicht nachdenken will: »Zum Friedhof Gräfelfing, bitte.«

Der Taxifahrer starrt verwirrt in den Rückspiegel und gibt Gas.

Kurz darauf sind wir da. Die Sonne knallt, vor meinen Augen läuft alles wie in einem Film ab. Nur sitze ich nicht auf dem Sofa und esse Popcorn, ich bin die Hauptperson – ohne Popcorn. Ich umarme, küsse und drücke viele Menschen, fast jeder weint mir auf die Schultern meines rosa Samtjacketts, das langsam durchweicht. Ich versuche mich zusammenzureißen, um nicht umzukippen.

Meine Eltern kommen, die beiden Chefredakteure der *Abendzeitung*, Michael und Thomas, Theresas Mutter, Clemens' Bruder mit Familie, die ganze Verwandtschaft, alte Freunde, neue Freunde, engste Freunde. Trauzeuge Tobi drückt mir ein Kuvert in die Hand.

In Dauerschleife höre ich: »Beileid, Kimberly«, »Dein Verlust tut mir so leid«, »Es ist so ungerecht«, »Viel zu früh«, »Das ist nur schrecklich«, »Ich kann mir nicht vorstellen, wie grauenhaft das für dich sein muss«, »Ich fühle mit dir«, »Bleib stark« und »Ich wünsche dir viel Kraft«.

Mein Leben zwischen Beileid und Kraft.

Melli und Ugo schlagen sich in der Aussegnungshalle mit der Technik herum, Ugo bekreuzigt sich vor dem Sarg und küsst ihn.

Wolfi kümmert sich um das Klavier und seinen 92-jährigen Vater, der Clemens von klein auf kannte und mit seinen Eltern befreundet war.

Frank checkt den Videobeamer, Schorschi die Rede.

Schießler sitzt farbenfroh da und schaut dem Geschehen zu. Carmine drückt mich an sich, weint und weint und weint. Grabverkäufer Herr Eichen winkt mir zu, Bestatter Thomas Schmid verteilt die Trauerkärtchen mit dem unfassbar glücklichen Gesicht meines Mannes darauf und sammelt danach unsere Geschenke und Briefe ein.

Er sagt: »In den Sarg würde ich nicht mehr schauen. Es ist einfach zu viel Zeit vergangen. Behalten Sie Clemens lieber in Erinnerung, wie er war – lebendig.«

Kurz vor 14 Uhr gehen wir in die Aussegnungshalle, die erstaunlich hell und gemütlich ist. Der Blumenschmuck schaut schön aus, der Eichensarg auch, falls man das überhaupt so sagen kann. Ich nehme in der ersten Reihe Platz, zwischen meiner Schwester und Theresa, wir halten uns alle fest an den zitternden Händen.

»A Whiter Shade of Pale« ertönt, richtig laut, wie ich es mir gewünscht hatte. Doch das Weinen der Gäste ist trotzdem zu hören. Egal wie sehr wir uns gestern noch musikalisch abgehärtet haben, es hat wirklich gar nichts gebracht.

Ich muss weinen, alle müssen weinen. Dieser Sarg vor mir, diese ganze Situation, diese Bilder, die in meinem Kopf ablaufen. Dieser tiefe Schmerz in mir. Der Moment ist nicht ansatzweise zu begreifen.

Pfarrer Schießler hält eine großartige Rede, anderthalb Stunden spricht er, bringt uns zum Lachen, zum Weinen, das volle Schießler-Programm eben. Eine berührende und gleichzeitig berauschende Gefühlsachterbahn. Er sagt, dass ich meinem Mann mit meinen Notizen und Beschreibungen über ihn das »Abiturzeugnis fürs ewige Leben« ausgestellt habe – weshalb später viele von mir wissen wollen, wie auch sie dieses Abiturzeugnis bekommen können. Meine Antwort: »Die wahre Liebe finden, zulassen und festhalten.«

Auch Frank und Schorschi halten eine fulminante Rede, liebevoll und teilweise sehr, sehr lustig. Wolfi spielt zum Videofilm hervorragend Klavier, alles passt perfekt. Clemens hätte es geliebt, da bin ich sicher. Als der Sarg zu Barry White hinausgetragen wird, laufen Theresa und ich in erster Reihe hinterher. Raus auf die Gänseblümchenwiese, zum sonnigsten Grab.

»Dein Papa liegt da gar nicht drin«, sage ich leise zu ihr. Was für ein schrecklich bizarrer Moment. Mein Herz schlägt wie verrückt. Wir halten uns aneinander fest. »Er ist bei uns, in uns, um uns. Nicht in diesem Ding.«

Sie nickt.

Am Grab gibt es Blumen (von Jillian) und Sambuca für alle (den Ugo und Melli gekonnt servieren). Tränen, Beileid, Prost. Es ist sommerlich, und es könnte alles so wunderbar sein.

Ein Gast fragt mich am offenen Grab, ob ich im Mai zu seinem Fest komme, ein anderer meint: »Geh doch mal mit meiner Frau ins Kino, das lenkt dich ab.« Eine Freundin sagt tatsächlich: »Du schaust so erstaunlich gut aus. Welche Tabletten nimmst du? Und wann meldest du dich bei Tinder an?«

Ich brauche jetzt dringend einen Schnaps. Die Hälfte trinke ich, die andere schütte ich zu meinem Mann ins offene Grab. Ich starre auf den Sarg, die unendlich vielen bunten Blumen. Ich würde am liebsten hierbleiben, so lange, bis sich vielleicht irgendwann der Sargdeckel öffnet, mein Mann heraushüpft und sagt: »Hey, Maus, war nur ein richtig blöder Scherz.«

Pfarrer Schießler umarmt mich, trinkt seinen zweiten Sambuca und meint lächelnd: »Ich hab ja schon viel erlebt, Kimberly, aber das war outstanding. Die fröhlichste Beerdigung, auf der ich je war. Das mit dem Sambuca war auch eine tolle Idee. Werde ich weitergeben.«

Kann man stolz auf eine Beerdigung sein? Wir nehmen uns noch mal in den Arm, ich danke ihm für alles. Würde der anschließende Umtrunk nicht warten – Schießler nennt es Tränenbrot, weil das irgendwie netter als Leichenschmaus klingt –, alle Gäste würden bis in die Dunkelheit hierbleiben. Mein Mann ist zwar nicht da, aber er ist so omnipräsent, so deutlich zu spüren, dass ich mich gestärkt fühle.

Die große Wiese im idyllischen Waldheim mit den vielen Biergartentischen und Stühlen gehört ganz uns. Alle Liebsten von Clemens sind da, freuen sich über Wurstsalat, Sonnenschein und Roséwein, erzählen die besten und verrücktesten Geschichten über meinen Mann. Ich trinke normalerweise nie vor 19 Uhr Alkohol, aber heute ist alles anders.

Kompletter Ausnahmezustand erfordert Ausnahmeregeln.

Ich stoße mit den Menschen um mich herum an und im Herzen mit meinem Mann. Was hätte er gestaunt! Wer alles gekommen ist, wer um ihn weint, wer ihn so sehr geliebt hat und schon jetzt heftig vermisst. Ich habe seine Stimme laut und deutlich im Ohr: »Langsam wird mir das Gedöns um mich unheimlich, hört bitte auf damit. Das ist ja peinlich.«

Er wollte nie, dass ich weine. Wenn überhaupt, dann nur Freudentränen. Ich habe meinen Mann in den vielen Jahren nur äußerst selten weinen gesehen. Wenn, dann ging es nie um ihn. Sich selbst hat er nie bedauert, niemals.

Immer wieder kommen Freunde zu mir, reden, fragen, was mit Clemens passiert ist und wie es mir geht, umarmen und drücken mich. Oft habe ich das Gefühl, gar nicht in meinem Körper zu sein. Irgendwer hat mich nach oben gebeamt und ich verfolge diesen nicht zu begreifenden Tag von dort. So viel Wein lässt sich gar nicht trinken, um das auszuhalten.

Ich bin in einer Rolle, in der ich niemals sein wollte. Und jetzt muss ich diese fürchterliche Witwenrolle spielen, ob es mir passt oder nicht. Stark sein, lächeln, immerzu. Fehlt noch, dass ich winke.

Und doch bin ich erstaunt: Wie tapfer und stabil Theresa, Jillian, meine Eltern, Clemens' Bruder, die engsten Freunde sind. Und ich. Dass ich nicht zusammengebrochen bin, grenzt an ein Wunder.

Trauzeuge Tobi sagt: »Kimberly, ich habe heute zum ersten Mal geweint. Bei dem Video. Nicht mal auf der Beerdigung von meinen Eltern habe ich geweint, das hat nur Clemens geschafft. Und du. Danke dafür.«

Als es kühler und dunkel wird, fragt mich *Abendzeitung*-Vize Thomas, ob er meine Familie und mich nach Hause fahren soll. Supergerne. In sein Auto quetschen sich meine Eltern, meine Schwester und ich, mit einem Kübel voller übrig gebliebener Weinflaschen auf dem Schoß. Im Kofferraum nehmen Theresa und Michael, Chefredakteur der *Abendzeitung*, Platz. Dieses übervolle Auto mit bunt gestylten, trauernden Menschen ist ein skurriles Bild für die Götter.

Auf der Rückfahrt wird erstaunlicherweise gelacht, als wohltuende Befreiung für alle, denke ich. Es ist schon erstaunlich: Wenn alles schrecklich und schmerzlich ist, lacht man viel leichter und schneller über jeden noch so flachen Witz – und ist gleichzeitig dankbar dafür. Es ist, als würde man für wenige Sekunden eine Pausentaste inmitten des Leidens drücken.

»Wenn uns jetzt die Polizei aufhält, wir hätten die beste Ausrede«, sage ich.

Mein Dad entgegnet amüsiert: »Von wegen. Die Beamten würden uns niemals glauben, dass wir von einer Beerdigung kommen. So aufgekratzt, wie wir sind.«

Keine Frage: Wir sind alle trauer-high.

29. April, the day after, nachts

Ich liege im Bett, wach und dabei unendlich erschöpft, will etwas schreiben. Aber ich habe keine einzige Erinnerung an diesen Tag.

30. April, Samstag, für immer offline

Facebook und Instagram habe ich seit fast einem Monat ignoriert. Jetzt schaue ich auf dem Balkon sitzend doch mal kurz rein.

Auf Instagram schreibt mir eine Freundin: »Kimberly, deine Beiträge haben mir immer den Alltag verschönert. Wann findest du die Kraft, wieder was zu posten?«

Eine andere Freundin scheint mich auch zu vermissen: »Beileid, Kimberly, ich weiß, wie du dich fühlen musst, aber ich vermisse deine Beiträge... #lifegoeson, bitte come back!«

Auf Facebook teilen Menschen an meiner Wand Kondolenzbeiträge, liken und herzen sich mit diesen Umarmungs-Emojis selbst. Ist das alles zu glauben?

Mein Mann ist gestorben, ich habe ihn vor zwei Tagen beerdigt und muss mich erklären, wann ich wieder lustigfröhlichheiteitei auf Social Media zurück bin? Als ich denke, es kann nicht noch absurder werden, schreibt eine Freundin auf Facebook: »Kimberly, geht es dir mittlerweile besser? Wollen wir zusammen in den Mai tanzen?«

Mittlerweile? Besser? Wie viel Zeit darf ich denn bitte schön haben, um zu trauern? Drei Tage Trauerurlaub (wie es in den meisten Arbeitsverträgen steht), eine Woche? Ich bin schockiert und schwöre mir selbst, dass ich ab sofort die Finger von Facebook und Instagram lassen werde.

Diese Welt hat nichts mehr mit meiner Welt zu tun.

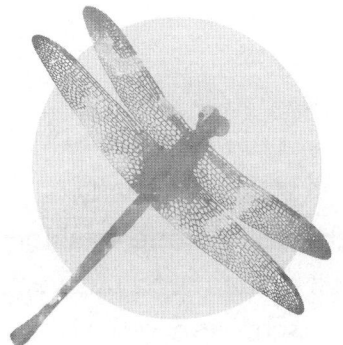

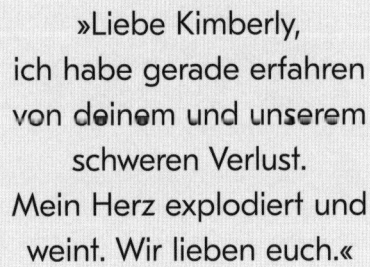

»Liebe Kimberly,
ich habe gerade erfahren
von deinem und unserem
schweren Verlust.
Mein Herz explodiert und
weint. Wir lieben euch.«

Ein toller Freund

Mai

2. Mai, Montag, liquid sunshine, wie die Jamaikaner Regen nennen

Wer glaubt, dass man nach der Beerdigung seines Liebsten in ein tiefes Loch fällt, täuscht sich. In diesem Loch ist man längst.

Doch auch wer hofft, endlich Ruhe zu haben, wird eines Besseren belehrt. Dafür sorgen sehr engagiert verschiedenste Behörden.

Zu den Kondolenzbriefen, die weiterhin täglich in meinen Briefkasten schwappen (ich kann sie noch immer nicht öffnen), gesellen sich täglich Krankenhausrechnungen in abstruser Höhe (mein Mann war privatversichert) und Schreiben von der Krankenkasse sowie vom Deutschen Rentenbund Berlin.

»Sie müssen eine Witwenrente beantragen«, sagte mir vor einigen Tagen mein Bestatter.

»Ich will keine Witwenrente, wie fürchterlich das schon klingt.«

»Sie müssen aber das Rentenkonto Ihres Mannes abschließen. Die werden sich schon bei Ihnen melden, daran führt kein Weg vorbei. Dafür brauchen Sie auch die Sterbeurkunde, die ich Ihnen zuschicke.«

Und tatsächlich: Heute ebenfalls in der Post – die Sterbeurkunde. Und die Graburkunde aus Gräfelfing, mit der ich jetzt offiziell Grabbesitzerin bin.

Früher freute ich mich noch über Urkunden. Bundesjugendspiele und so. Jetzt bekomme ich Urkunden, die das Schlimmste besiegeln. Als würde ich sie mir an die Wand hängen wollen. Ungläubig schaue ich die Papiere an. Die Graburkunde ist sogar bunt verziert. Würde man den Inhalt nicht verstehen, wäre sie tatsächlich hübsch.

Schorschi ruft mich an und mahnt freundlich: »Süße! Du musst die ganzen Sachen von Clemens kündigen, seine Abos, Versicherungen, Haftpflicht, Handy, alle laufenden Kosten eben. Je früher, desto besser.«

Richtiger Hinweis, leider ist meine Motivation weit unter null. Zudem quillt mein Handy über. Zu weiteren Nachrichten des Beileids gesellen sich nun WhatsApps von allen, die bei der Beerdigung waren und sich für die »fröhlichste Trauerfeier aller Zeiten« bedanken. Viele schreiben so zuckersüß, dass ich den ganzen Tag durchheulen könnte.

Ein lieber Freund schickt beispielsweise diese SMS: »Liebe, liebste Kimberly. Es war ein wunderbarer und würdiger Abschied, den du Clemens gegeben hast. Wir waren tief beeindruckt! Du hast uns deinen wunderbaren Mann noch einmal nahegebracht – so, als wäre er gar nicht weggegangen, sondern mitten unter uns. Und das ist er ja auch! Da fehlen mir schon die Worte. Dein Trost ist, dass du diesem außergewöhnlichen, besonderen Mann so nah warst wie sonst niemand auf der Welt – und dies immer sein wirst. Bitte melde dich, wenn du es willst und kannst. In Gedanken bin ich bei dir! Du bist immer willkommen und immer in meinem Herzen. Ich liebe dich in großer Freundschaft.«

Das einzige Kuvert, das ich öffne, ist von Trauzeuge Tobi. Vorne steht: »Für Kimberly und Clemens.« Für ihn ist Clemens auch nicht weg. Das finde ich großartig. Was Kleinigkeiten in größter Not bewirken können. Tobi schreibt: »Liebste Kimberly, es bedarf keiner Worte mehr – außer: Ich habe ihn geliebt – und dich liebe ich für alle Ewigkeit.«

Puuuh. Die Anteilnahme und Liebe sind im wahrsten Sinne umwerfend. Mir wird schwindelig, ich setze mich lieber und schicke Tobi ein rotes Herz und betende Hände – meine beiden Standard-Emojis für Worte, die ich gerade nicht finde.

Weitere Ablenkung bescheren mir die vielen beleidigten Leberwürste, die nicht eingeladen waren und sich nun empört bei mir melden, weil sie das weder akzeptieren noch verstehen können. Auch ein paar Ex-Freundinnen meines Mannes aus Jugendtagen sind sauer. Kann und will ich jetzt grad nicht ändern. Eine Trauerfeier ist kein Großevent, sondern eine exklusive Veranstaltung für Menschen, die bis zuletzt in Clemens' Herzen waren.

Einen Minivorteil als Witwe (ich sage lieber W-Frau), so erkenne ich langsam, habe ich: Ich muss niemandem sofort antworten. Weder den netten noch den unnetten Leuten. Vielleicht morgen, vielleicht in einer Woche, vielleicht nie. Ich habe wirklich andere Dinge im Kopf, als pflichtbewusst wie früher immer gleich zu reagieren, mich zu bedanken oder zu rechtfertigen.

Ja, es dämmert mir immer mehr: Als W-Frau kann man total egoistisch sein und niemand ist einem böse – okay, abgesehen von ein paar völlig empathielosen Energievampiren. Denn man ist rund um die Uhr beschäftigt, auch wenn man aktiv gar nichts tut: Man kämpft gegen den schlimmsten Schmerz. Er ist wie ein Anti-Ass im Ärmel, das man immer zücken kann, wenn man gerade auf nichts und niemanden Bock hat (was derzeit permanent zutrifft).

6. Mai, abends, auf dem Balkon

Es war die Woche der Warteschleifen. Täglich hing ich stundenlang in irgendeiner Dudelmusik-Hotline fest. Handyvertrag kündigen dauert ewig, Witwenrente beantragen noch viel länger. Was die alles an Unterlagen brauchen ist unglaublich. Obendrein muss nicht nur das Rentenkonto meines Mannes geklärt werden, sondern auch meines. In meinem Leben gibt es nämlich Rentenlücken – mein neues Lieblingswort –, wie mir ein Herr mit schwäbischem Dialekt erklärte.

»Was haben Sie nach dem Abitur gemacht? Da ist eine Rentenlücke.«

»Urlaub und Party. Ich habe es einen Monat krachen lassen.« »Dann müssen Sie das notieren.«

»Urlaub und Party?«

»Eher: In diesem Zeitraum keine rentenrelevanten Bezüge.« Aha.

Der Rentenherr erklärt mir als Rentenneuling alles geduldig, wahrscheinlich hat er ein schlechtes Gewissen, nachdem er mir am Anfang des Telefonats gesagt hat: »Mein Beileid zum Tod Ihres Vaters.«

»Mein Vater lebt glücklicherweise. Mein Mann ist leider ...«

»Ohhh. Das tut mir leid, aber Ihre Stimme klingt so jung, da dachte ich ... Darf ich fragen, woran Ihr Mann gestorben ist?«

Nein. Darf er nicht.

»Die Ärzte können es sich nicht erklären, die Obduktion läuft noch. In vier Wochen soll ich in der Pathologie anrufen.«

»Wie leicht Sie dieses Wort über die Lippen bringen.«

»Welches?«

»Pathologie.«

»Ist leider mein neuer Alltag.«

Der Rentenherr hilft mir, im Rentenwahnsinn endlich mal halbwegs durchzublicken. In Sachen Witwenrente ist es nämlich so: Alle Frauen unter 47 Jahren bekommen –

unabhängig von ihrem Einkommen – maximal zwei Jahre monatlich eine Witwenrente, dann ist Schluss.

»Da Sie 41 sind und ein festes Einkommen haben, kriegen Sie die kleine Witwenrente. Die Höhe, darum kümmert sich der Deutsche Rentenbund Berlin, wenn Sie alle Rentenkonten geklärt und die Unterlagen eingesandt haben. Das geht auch online, aber davon würde ich dringend abraten. Das kapiert wirklich kein Mensch. Gehen Sie am besten ins KVR Abteilung Rente und reichen Sie zusammen mit einem Experten alles ein.«

Na, bravo.

»Eine Frage hab ich noch«, sage ich (in Wahrheit hätte ich hundert Fragen). »Warum ausgerechnet 47 Jahre?«

»Na ja, das hat die Regierung so beschlossen. Früher lag die Altersgrenze bei 45.«

»Aber was steckt dahinter, warum bekäme ich ab 47 Jahren auf Lebenszeit diese Witwenrente?«

Der Rentenherr druckst kurz herum, sagt schließlich: »Unter 47 sind Sie als Frau leichter, äh, vermittelbar.«

What?!

»Heißt, ich finde unter 47 eher einen neuen Mann, der mich mitfinanzieren soll…«

»…äh, ja.«

Ich bin kurz vor der Sprachlosigkeit, sage trotzdem noch: »Und warum bei allen unter 47 die Grenze von zwei Jahren? Weil der Staat glaubt, dass ich spätestens dann einen neuen Mann gefunden habe? Das kann doch nicht wahr sein!«

»Ähm, ja, wenn Sie das alles so salopp und verkürzt ausdrücken möchten.«

»Das ist Altersdiskriminierung!«, rufe ich empört. »Und Allesdiskriminierung. Erstens gibt es viele tolle Frauen, die sich mit 47 Jahren noch mal neu verlieben, vielleicht auch mit achtzig – der Zug ist da längst nicht abgefahren, auch wenn der Staat das glaubt. Zweitens will eine Frau, die ihren Mann verloren hat, ganz egal in welchem Alter, vielleicht auch nie wieder einen neuen Mann haben oder heiraten. Weil sie die größte Liebe für immer hatte. Dann wird sie vom Staat bestraft, weil sie unabhängig leben möchte? Sorry, aber das ist völlig irre und absolut menschenverachtend.«

Lange Stille.

Dann sagt der Rentenherr leise: »Da haben Sie recht, Frau Hagen. Es tut mir leid, aber ich habe mir das nicht ausgedacht.«

6. Mai, Freitag,
erste Pink Kitchen

Mein lieber Freund Andrian, Kollege von der *Süddeutschen Zeitung,* den ich durch meinen Mann – wie die ganze Gräfelfinger Männer-Gang – kennenlernen durfte, fand, dass wir uns alle häufiger sehen sollten. Nicht nur auf Beerdigungen. Ja, das Leben ist immer viel zu kurz. Das wurde jedem von uns jetzt noch mal auf die wohl härteste Art vor Augen geführt.

Und weil die Gräfelfinger Boys Clemens' Energie vor allem in meiner Pink Kitchen spüren – schließlich haben wir darin viele lustige Abende verbracht –, entstand die Idee, dort einmal im Monat einen Pink-Kitchen-Stammtisch zu veranstalten.

Ich habe also eine Pink-Kitchen-WhatsApp-Gruppe gegründet, in der wir uns austauschen und sehr oft sehr politisch unkorrekte Fotos und Videos posten. Wie es eben so ist, wenn der Männeranteil hoch ist und alle Beteiligten zu einer Generation gehören, in der noch Fleisch gegessen wird, niemand Tattoos oder Piercings hat, geschweige denn gendert.

In meinem jetzigen Dasein finde ich es fabelhaft, so viele Männer um mich zu haben. Wenn der Mann, mit dem man rund um die Uhr im Austausch war, weg ist, fehlt einem nicht nur der Liebste, sondern auch der männliche Humor und Blickwinkel. Ich habe ein akutes Testosterondefizit, das die Pink-Kitchen-Freunde kollektiv beheben.

Viele Freundinnen und Kolleginnen fragen mich derzeit, ob ich mal spazieren gehen, ans Grab fahren oder ins Café auf einen Cappu möchte, um »in Ruhe über alles zu reden«.

Das ist sicher bezaubernd gemeint, aber ich möchte und kann gerade nicht »in Ruhe über alles reden«. Ich weiß exakt, was passiert ist, dafür brauche ich keine Ruhe, ich kenne die ganze beschissene Geschichte. Ich will sie nicht ständig erzählen müssen, will keine mitleidigen Blicke und keine Nachfragen ertragen müssen, das bringt mich nämlich überhaupt nicht weiter, sondern wirft mich nur zurück.

Daher sind mir die Männer, die mich besuchen und bekochen wollen, freche Witze reißen und obendrein viel Alkohol vertragen, deutlich lieber. Ständig bietet mir einer von ihnen an, mir Obatzda zu machen, Risotto oder sonst was. Niemand von ihnen hat je gesagt: »Lass uns doch mal in Ruhe über alles reden.«

Männer kochen offenbar gern, wenn sie sprachlos sind und helfen wollen. Ich kann gar nicht ausdrücken, wie toll das ist.

Jetzt steht Frank in meiner Pink Kitchen und sagt: »Kimberline, ich mach für alle Pasta mit scharfer Salsiccia, wollen wir davor noch gemeinsam bei Eataly einkaufen?«

Wir wollen.

Das letzte Mal habe ich meine Wohnung am B-Tag verlassen – abgesehen von meinem daily Weg zum Briefkasten. Statt Friedhof heute also liebend gerne mal Dolce-Vita-Shopping.

Um 17 Uhr schlendern Frank und ich zu dem italienischen Supermarkt bei mir in der Nähe. »Hoffentlich treffen wir niemanden, den ich kenne«, sage ich zu ihm. »Ich kann nicht dauernd umarmt, befragt und betrauert werden, schon gar nicht auf offener Straße, das haut mich jedes Mal um wie ein Kartenhaus.«

Zur Sicherheit trage ich eine große Sonnenbrille. Mag übertrieben sein, doch gerade muss ich an die Worte von Wolfi denken, der mir heute früh am Telefon sagte: »Du bist die Jackie O. aus München. Die Jeanne d'Arc der Trauer. Es ist wirklich verrückt, sogar ich habe das Gefühl, dass die ganze Stadt über dich spricht. Du bist deine beste Geschichte geworden.«

Nachdem wir bei Eataly Salsiccia, Parmesan und das ganze Zeug gekauft haben, ruft mich Clemens' Bruder Tui aus Berlin an, ausgerechnet per Videoanruf: Was noch mal Clemens' Lieblingsrosé sei? Den möchte er heute Abend auf ihn trinken.

»Aix oder der Wein von Brangelina, also Brad Pitt und Angelina Jolie: Miraval Studio«, antworte ich auf dem Heimweg an Franks Seite.

»Oh, du bist ja draußen und gar nicht allein«, meint Tui. Er klingt erstaunt. »Wer ist denn da bei dir? Und wie heißt der Wein noch mal?«

»Frank und Miraval-Studio-Rosé!«, rufe ich laut ins Handy. Die Verbindung ist schlecht, immer wieder und immer lauter wiederhole ich den Weinnamen: »Miraval Studio! MIRAVAL STUDIO! M-I-R-A-V-A-L!!«

Während ich laufe und Weinnamen schreie, treffe ich nacheinander drei Leute, zwei Männer und eine Frau, die ich entfernt kenne. Ich nehme sie aus dem Augenwinkel durch meine XXL-Sonnenbrille wahr, aber tue so beschäftigt, dass ich sie nicht begrüßen muss. Alle drei starren mir hinterher, ich kann ihre Blicke richtig spüren.

Bravissimo, ein paar Tage nach dem Tod meines Mannes laufe ich mit einem anderen Mann durch die Gegend und brülle wie verrückt Weinnamen vor mich hin. Da hilft auch die Sonnenbrillen-Tarnung null. Ich bin gespannt, wie lange es dauert, bis die Münchner Gerüchteküche zu brodeln beginnt.

Jetzt erst mal Pink Kitchen. Frank schnippelt und kocht munter drauflos, Wolfi, Florian, Andrian, Schorschi und Renée kommen gegen 19 Uhr. Alle haben was zu trinken mitgebracht, bedienen sich selbst, öffnen den Kühlschrank, schenken nach, decken den Tisch, sind angenehm eigenständig.

»Mach das doch lieber weg«, meint Florian und deutet auf das Trauerkärtchen mit dem bezaubernd lachenden Clemens auf dem Kühlschrank, das mir irgendjemand nach dem B-Tag neben die Blumenvase gestellt hat.

»Macht es dich traurig, Florian?«

»Nein, ich dachte, wegen dir.«

»Es geht mir nicht besser, wenn es weg ist.«

Schorschi meint, ich solle die Wohnung ändern, irgendwie. Sachen umstellen, die Wände neu streichen. Stimmt, werde ich irgendwann machen. Aber momentan fühle ich mich hier in vertrauter Umgebung geborgen, weil mein Mann so präsent ist. Oft habe ich das Gefühl, dass er gleich zur Tür reinkommt. Ist es das, was mit Verdrängen am Anfang der Trauer gemeint ist? Ich verdränge den Tod zwar nicht, aber zu hundert Prozent kapiert habe ich Clemens' Verschwinden wohl auch noch nicht. Dann würde ich nicht denken/hoffen/glauben, dass mein Mann hier einfach wieder so hereinspaziert.

Nach heiteren Pink-Kitchen-Stunden verabschiedet sich die Gang. Tränen sind keine geflossen, Wein dafür in großen Mengen, weil immer irgendjemand auf Clemens anstoßen wollte.

Ich sitze am Küchentisch und bekomme eine Nachricht von meinem Unterwelt-Informanten: »Du wurdest heute hysterisch schreiend mit einem neuen Mann gesehen???«

Alles klar, die Gerüchteküche köchelt. Ich muss kurz lachen, weil es nur absurd ist. Sollen doch alle denken, was sie wollen. Tun sie ja eh.

Noch eine Nachricht, diesmal von Frank: »Liebe Kimberly, ich bin gerne und immer für dich da. Mit allergrößter Freude. Pink Kitchen war ein griabiger Abend. You'll never walk alone.«

Jetzt fließen sie. Die Tränen. Vielleicht, weil ich mich den ganzen Abend zusammengerissen habe, um stark und fröhlich zu sein. Vielleicht, weil ich meinen Mann in der Freundesrunde unfassbar vermisst habe. Vielleicht, weil ich dankbar und gerührt bin, solche Freunde zu haben.

In mir tobt ein Kampf: Ich hatte schöne Stunden, habe sie durchaus genossen, aber in jedem Moment spüre ich diesen tiefen Schmerz, der sich nicht austricksen oder abschütteln lässt. Er ist wie der schlimmste Stalker, einfach immer da, völlig egal, was ich mache – selbst wenn ich lache oder mich amüsiere. Dadurch fühlt sich alles so seltsam an, das Lachen und Amüsieren ist anders als früher, die Unbekümmertheit fehlt, weil ein Schmerzfilter darüberliegt. Dieser Filter verdunkelt auch positive Momente.

Ich fühle mich wie eine Schauspielerin, die nonstop weinen muss, aber vor der Kamera nur lachen darf.

Eine einzige Qual.

Als ich im Bett liege, schreie ich weinend in meine Bettdecke, um nicht alle Nachbarn zu wecken. Ich schreie so lange, bis ich Angst habe, zu ersticken.

23. Mai,
Geburtstag meines Vaters

Kann, will, soll, darf man einen Geburtstag feiern, wenn die Familie gerade im Trauermodus ist? Diese Frage haben wir lange diskutiert.

Heute hat mein Dad Geburtstag. Mein Mann wäre der Erste gewesen, der gesagt hätte: Seine Eltern soll man immer hochleben lassen, jetzt erst recht.

Ich habe es nicht geschafft, ein Geschenk zu kaufen, also schenke ich einen – hoffentlich – halbwegs schönen Abend bei mir. Meine Schwester düst mit unseren Eltern an, die die letzten Tage bei sich zu Hause in einem Münchner Vorort verbracht haben. Alle mussten mal zu sich kommen.

Mit Geburtstagskuchen (legendär von meiner Mami), vielen Tüten, Jillians Schlafkissen (ohne das sie nirgendwo nächtigt) und Hund Leo stehen sie abends vor meiner Tür.

Wir reden bei türkischen Schlemmereien, die meine Schwester besorgt hat, über flackernde Lichter, bekloppte Witwenrentengesetze, horrende Krankenhausrechnungen, die an meinen Mann adressiert sind, obwohl alle Beteiligten wissen, dass er gestorben ist, und den Kündigungsirrsinn bei Versicherungen und Handyverträgen. Es ist alles so durchgeknallt, dass wir oft nur lachen können, um nicht daran zugrunde zu gehen. Das Humorlevel geht echt weit nach unten, wenn man voller Schmerz ist. Man klammert sich an jeden kümmerlichen Scherz, um halbwegs fröhliche Sekunden zuzulassen.

Die Zeit rennt, irgendwann ist es drei Uhr nachts. Meine Schwester, unsere Eltern und Leo wollen zusammen im Wohnzimmer nächtigen. »Einer von euch kann gern bei mir im Bett schlafen«, sage ich.

»Nein, Mäuschen«, antwortet meine Mami. »Du brauchst auch mal deine Ruhe.«

Mehr als ein Kuscheltier: Diese große Stofftiereule ist ab sofort mein Beschützer im Bett. Sie verhindert keinen Schmerz, aber sie schenkt mir ein weiches, wohliges Gefühl.

Meine Schwester macht es sich auf dem Boden neben Leo bequem, sagt, es sei gut für den Rücken, hart zu liegen. Mami macht es sich auf der kleinen Couch gemütlich, so weit das geht. Die Beine streckt sie seitlich nach oben. Mein Dad liegt auf dem anderen Sofa, sagt: »Das ist schöner als früher im Schullandheim.«

Hach. Sie alle sind so süß und rücksichtsvoll, dass es wehtut. In Wahrheit glaube ich eher, dass sie Angst vor meinen Tränen haben. Was ich gut verstehen kann. Ich habe ja auch Angst vor meinen Tränen. Da ich tagsüber immer liebe Menschen (oder unliebe Aufgaben) um mich habe, ist das Bett mein Tränenrückzugsort.

Allein im Bett zu liegen, auf der Seite meines Mannes, ist Folter für die Seele. Hier lenkt mich nichts und niemand mehr ab, ich bin mir selbst, meiner Trauer und meinen Ängsten hilflos ausgeliefert.

Ich kann gar nicht anders, als mich hinzulegen und loszuweinen. Es funktioniert wie auf Knopfdruck: ins Bett,

Tränen marsch. Ich bin allein mit meinem Schmerz. Es ist unermesslich grauenhaft.

Wenn ich früher mal nicht einschlafen konnte, lenkte ich mich oft ab mit banalen Gedanken wie: Was koche ich morgen? Was ziehe ich am nächsten Tag an? Das geht jetzt leider nicht mehr. Es ist mir schnurzpiepegal, was ich trage, und essen tue ich gerade eh nicht.

Mir fällt ein, dass ich im Schrank noch ein altes Kuscheltier von meinem Mann habe. Eine große bunte Eule. Ich hole sie hervor, nehme sie mit ins Bett und fühle mich ein bisschen besser. Ich spüre etwas an meinem Körper, das weich und kuschelig und beschützend ist.

Es ist, als wäre ich wieder ein Kind, das sich vor Monstern fürchtet. Meine Monster sind allerdings nicht draußen oder unterm Bett versteckt. Meine Monster sind in meinem Herzen, meinem Kopf, meiner Seele. Mit aller Kraft drücke ich die Eule an meine Brust und umklammere sie mit meinen Armen.

»Liebe
ist stärker
als alles«

Eine liebe Freundin

Juni

10. Juni, die Abendzeitung klopft an

Vor zwei Monaten starb mein Mann, vor zwei Monaten habe ich vorerst aufgehört zu arbeiten. So eine lange Pause hatte ich noch nie in meinem Berufsleben. Heute besucht mich Michael, mein Chef. Kürzlich schrieb er mir, ob er mir eine Kiste Wein vor die Tür stellen solle. Das fand ich ehrlich nett und dachte, dann trinken wir ein Glas zusammen. Obwohl ich insgeheim Angst habe, dass er mich fragt, wann ich endlich wieder arbeite.

Ich liebe meinen Job, aber jetzt gerade? Promis, Partys, das ist so weit weg von mir. Ich habe so viel Action und Unruhe in mir und um mich, das Schreiben von fröhlichen Wer-mit-wem-Geschichten wäre aktuell für mich kaum zu verkraften. Da bin ich realistisch. Weil alles so unwichtig geworden ist.

Ob der Bierpreis fürs Oktoberfest steigt oder irgendjemand seine Frau betrügt, es könnte mir alles nicht egaler sein. Außerdem müsste ich jedem erzählen, wie es mir geht. Ich bin es, die sonst die Fragen stellt – doch jetzt würden alle von mir Antworten erwarten.

Wir sitzen in der Pink Kitchen, ich habe zum Wein Pombären und Oliven hingestellt, meinen Dinner-Klassiker. Michael kenne ich seit 21 Jahren. Er hat einen wunderbaren Nachruf auf meinen Mann geschrieben. Ich weiß, dass die beiden sich sehr mochten.

Nun sitzt mir Michael gegenüber und fragt mich sehr viel. Nur eine Frage stellt er mir an diesem langen Abend, der bis weit nach Mitternacht dauert, nicht: Wann ich wieder arbeite.

Allein dafür mag ich ihn blitzartig noch viel mehr. Ich mochte ihn schon immer, aber so mitfühlend und empathisch habe ich ihn noch nie erlebt. Was habe ich für ein Glück in meinem größten Unglück.

14. Juni, morgens

Ich will es wissen, und trotzdem habe ich Gänsehaut beim Wählen der Nummer, die ich in meinem Handy eingespeichert habe: Pathologie, Frau Fuchs.

Sie ist die Anlaufstelle für alles Schreckliche.

Anfangs musste ich immer das Geburtsdatum meines Mannes nennen, mittlerweile kennt sie mich. Ich probiere es seit Clemens' Tod alle zwei Wochen bei ihr, werde stets vertröstet. Ob das Obduktionsergebnis jetzt da ist?

Frau Fuchs sagt mit ihrer freundlichen Stimme: »Ach, Frau Hagen, es tut mir leid, aber die Obduktion dauert immer noch an. Melden Sie sich doch am besten in zwei Wochen wieder.«

»Ich möchte niemanden nerven oder stressen, aber ich würde schon gern wissen, was passiert ist.«

»Ich verstehe Sie, bitte haben Sie Geduld.«

Ich muss der Todesursache meines Mannes weiter hinterhertelefonieren. Geht es noch schlimmer?

Um mich zu beruhigen, rufe ich Frank an, meinen Coach in allen Lebenslagen. Nach einer kurzen Plauderei erzähle ich ihm, dass die Obduktion immer noch läuft.

»Was!?«, ruft er, »wir haben Clemens gar nicht beerdigt? Er ist immer noch in der Pathologie? Um Himmels willen!«

»Natürlich haben wir ihn beerdigt. Die haben vorab alle Proben von ihm genommen.«

Er schnauft durch. »Oh Gott. Ich hatte schon Angst, dass wir eine Fake-Beerdigung durchgeführt und vor einem leeren Sarg geheult haben.«

Ich muss lachen, erschrecke dabei und sage: »Meine Güte, Frank. Worüber wir hier reden. Worüber wir lachen. Das ist doch nicht mehr normal.«

Mir fallen die Worte von meinem Chef Michael ein, der mir bei unserem Treffen – als ich ihm ein Best-, vielmehr Worst-of meiner vergangenen Wochen gab – sagte: »Kimberly, kündige Netflix! Dein Leben ist viel spannender.«

Seit über zwei Monaten habe ich tatsächlich nicht mehr ferngesehen. Kein Netflix, kein nix. Meine Antwort an Michael war: »Ich bin die Horrorsparte bei Netflix. Meinem Leben fehlt das Happy End. Die Hoffnung, dass irgendwann doch noch alles gut wird. Ich hasse Filme ohne Happy End. Kein Mensch mag solche Filme. Solange es kein Happy End in meinem Leben gibt, behalte ich Netflix.«

Michael meinte daraufhin: »Dein Happy End wird kommen, ganz sicher.«

Ich weiß, dass er selbst noch nie unmittelbar mit Trauer umgehen musste. Mit Liebeskummer schon, aber nicht mit dem Tod. Alle seine Liebsten leben noch. Das sagte ich ihm auch: »Nichts ist härter als Trauer. Dagegen sind die schlimmsten Horrorfilme reinste Erholung.«

21. Juni, Sonne satt

Heute ist es so weit: Ich öffne alle Karten und Briefe, die mir zugeschickt wurden. Der Postbote hat mir mittags noch mal einen Schwung in die Hand gedrückt, meinte: »Ist etwa schon wieder jemand bei dir gestorben?«

»Nein, immer noch derselbe Tote.«

Offenbar war kürzlich eine Veranstaltung in München, auf der Menschen waren, die über das gesprochen haben, was bei mir passiert ist, und damals, als es wirklich passiert ist, im Osterurlaub waren. Wie auch immer. Mir fiel ein, dass ich den ersten Kondolenzberg noch gar nicht geöffnet habe.

Zur Unterstützung sind meine Schwester und Wolfi dabei. Früher ging ich zu Eröffnungen von Luxus-Stores, heute lade ich zur Öffnung der Trauerpost. Oder wie Wolfi es augenzwinkernd nennt: »Das Beileids-Event. Karten legen können andere. Wir lesen.«

Es ist früher Abend, wir sitzen auf dem Balkon, als Jillian schreit: »Da! Schaut! Ein Wolkenherz!«

Tatsächlich: Am Himmel über uns ist eine riesige Wolke in Herzform.

»Wahnsinn«, meint Wolfi.

»Von Clemens für dich«, sagt Jillian.

Ich bin gerührt und muss schlucken. Ideale Ausgangssituation für den Kondolenzberg. Los geht's.

Wir öffnen die Kuverts, halten die Karten hoch, lesen die Texte vor. Puh, das nimmt einen schon mit – wenn man den Schmerz anderer spürt, zusätzlich zu seinem eigenen.

Auf den meisten Karten steht: »Aufrichtige Anteilnahme« oder »aufrichtiges Beileid«, trotzdem gefällt mir »in tiefem Mitgefühl« besser. Es hört sich irgendwie feinfühliger und weniger leidend an. Das ständige »Beileid« kann ich kaum mehr ertragen. Ich habe eine Beileidsallergie entwickelt.

Viele Trauerkarten haben auf dem Cover eine weiße Rose, ein weißes Herz, einen weißen Engelsflügel, Hauptsache weiß eben, oder einen Kreis aus Steinen, eine Abenddämmerung über einem Gewässer oder einen Steg, der in einen See führt. Beliebt sind auch weiße Tauben, eine neblige Wasserlandschaft, eine Wiese im Morgentau oder ein Grashalm im Wind. Viele beenden ihre Zeilen »mit stillen Grüßen«.

Interessant, was wir im Schnelldurchlauf zum Thema Trauerkarten und Trauertexte lernen.

Eine Freundin schreibt nur: »Kimberly, ich weiß nicht, was ich sagen soll.«

Punkt. Ende. Find ich gut. Ist geradezu erfrischend.

Es gibt Wirte und Unternehmerinnen aus München, die mir einfach auf einem Blatt Papier ihre Gedanken mitteilen – ohne weiße Rosen oder Gewässer. Sie schreiben so empathisch und liebevoll, dass ihre Zeilen vor meinen Augen verschwimmen. Selbst Institutionen wie der Bayerische Hof oder Lodenfrey kondolieren mit »stillen Grüßen«.

»Was sind stille Grüße?«, fragt Trauzeuge Tobi, als er kurz anruft und ich vom Beileids-Event berichte. »Wenn sie wirklich still wären, würden sie dir nicht schreiben.«

Eine Leserin hat mir ein Glas Marmelade geschickt, damit ich »auf süßere Gedanken komme«. Eine andere Pralinen. Im wahrsten Sinne: süß. Auch Schminkzeug krieg ich viel geschickt. Wahrscheinlich weil viele ahnen, wie verheult und zerstört ich momentan ausschaue.

Eine Leserin schreibt: »Liebe Frau Hagen, es ist mir ein Bedürfnis, Ihnen zu schreiben. Ich vermisse Sie, Ihre Kolumne in der *AZ* war mir täglich eine Freude. Ich hoffe, dass Sie bald zurückkommen, die Zeit heilt tatsächlich Wunden, ich spreche aus Erfahrung, bin flotte siebzig und habe einige Tiefschläge überstanden. Ich schicke Ihnen mental viel Energie und ein kleines Lächeln mit Sonnenschein!«

Ein Leser: »Der Tod Ihres Mannes tut mir so leid. Ich trauere mit Ihnen, habe seine schlauen Kommentare stets mit Begeisterung verfolgt. Können Sie mir bitte sagen, welche Zeitungen Ihr Mann täglich konsumiert hat?«

Ein Freund hat selbst eine Karte gebastelt, Clemens' Kopf unter ein Fenster montiert, auf schwarzem Hintergrund, dazu weiße Lilien und dieser Spruch: »Die Erinnerung ist ein Fenster, durch das ich dich sehen kann, wann immer ich will.«

»Bezaubernd, aber auch crazy«, meint Jillian.

Sehr emotional ist das Schreiben von den Kolleginnen meines Mannes, die für Politik und Wirtschaft bei der *Abendzeitung* arbeiten. Auf ihrer Karte steht vorn: »Du fehlst.« Dazu der Text: »Jahrelang ist Clemens Teil unseres Alltags gewesen. Kaum ein Tag ohne Anruf, ohne Ratsch. Und plötzlich steht das Telefon still. Unbegreiflich. Wir werden Clemens nie vergessen. Wir wünschen dir Kraft, Zeit zum Trauern und Menschen, die dich auffangen. Auch wir, das Team deines Clemens', wollen diese Menschen sein.«

Mannomann, das ist schon harter Stoff. Die geballte Trauerladung.

»Antwortest du allen?«, fragt Wolfi und schenkt Wein nach. »Das dauert ja Wochen.«

Ich überlege kurz. »Doch, ich antworte allen. Alle schreiben so sweet, da muss ich schon irgendwann reagieren und mich bedanken.«

Meine Schwester sieht mich perplex an. »Das ist viel zu viel, Kimberly. Tu dir das nicht an. Jede Karte ist superlieb gemeint, aber sie quält dich auch, das kann ich sehen. Niemand erwartet eine Antwort von dir.«

»Doch«, sage ich. »Das erwarte ich von mir.«

28. Juni, Sonne satt, fast 30 Grad

Nach meinem nächsten Anruf bei Frau Fuchs (»Frau Hagen, es tut uns leid, aber das Obduktionsergebnis Ihres Mannes liegt noch nicht vor«) hänge ich eine Stunde in der Warteschleife vom Deutschen Rentenbund Berlin.

Dann geht eine Computerstimme dran, die sagt, wann die Anrufzeiten sind: »Von 9 bis 15 Uhr. Leider rufen Sie außerhalb dieser Zeit an.« Klick, Verbindung gekappt.

Ich schaue auf die Uhr. Es ist 10.18 Uhr. Darf doch alles nicht wahr sein. Witwenrente ist für mich weiterhin nicht nur ein Albtraumwort, es ist auch ein Albtraumjob, sich darum zu kümmern. Aber es gibt kein Entkommen, ich muss das Rentenkonto meines Mannes abschließen (was für ein Satz, kann demnächst selbst anfangen, in der Behördenwelt zu arbeiten).

Offene Obduktionsfragen, abzuschließende Rentenkonten – bevor ich durchdrehe, weil ich nirgendwo weiterkomme, fahre ich zum See. Ich muss irgendwas Schönes sehen, etwas Beruhigendes, das nichts mit Tod und Behördenirrsinn zu tun hat.

Also mache ich Seerapie am Starnberger See – so habe ich meine persönliche Seetherapie getauft. Wenig los, nur junge Mütter mit kleinen Kindern sind heute da. Perfekt. Ich breite mein Handtuch in der ersten Reihe aus, blinzele in die Sonne, schaue aufs glitzernde Wasser und versuche, am besten an gar nichts zu denken, was äußerst schwierig ist.

Seerapie am Starnberger See: So nenne ich meine ganz persönliche Seetherapie mit diesem traumhaften Blick aufs glitzernde Wasser und die Berge.

Es muss ziemlich viel Zeit vergangen sein, denn irgendwann fragt mich eine Frau: »Entschuldigen Sie, wird Ihnen so lange in der prallen Sonne nicht heiß?«

»Ach, danke. Alles gut. Ich brauche gerade echt viele Endorphine und spüre eh keine Hitze.«

Und tatsächlich: Ob Hitze oder Kälte, Hunger oder Müdigkeit, all diese Gefühle werden überdeckt von meinem Hauptgefühl, dem tiefen Schmerz. Mein ganzer Körper kämpft so sehr damit, dass kein Platz mehr ist für andere, unwichtigere Gefühle.

In diesem Moment landet eine blaue Libelle auf meinem Kopf. Wahrscheinlich will mir Clemens sagen, dass ich mal im Wasser abtauchen soll. Also gehe ich eine Runde schwimmen im herrlichen See. Doch was passiert im Wasser? Gleich zwei Libellen landen auf meinem Kopf, eine rote, eine blaue. Eine Vorbeischwimmerin sagt belustigt: »Sie sind die Libellenfrau!«

»Ganz eindeutig«, antworte ich und schmunzle.

Da fällt mir Michael ein, der mir bei unserem Pink-Kitchen-Abend was von Krafttieren erzählt hat. Damals hörte ich nicht richtig zu, weil ich es für Quatsch hielt und glaubte, er habe einfach zu viel Yoga gemacht.

Zurück auf dem Handtuch, weiter im Burning-Modus, schreibe ich ihm eine WhatsApp: »Weißt du, was Libellen einem sagen wollen?«

Prompt kommt die Antwort, er schickt mir einen Auszug aus seinem Krafttier-Buch. Darin steht: »So wie eine Libelle mit dem Schimmern ihres Körpers und ihrer Flügel deinen Blick auf sich zieht, will sie mit ihrem Erscheinen deine Aufmerksamkeit auf die Wahrheit hinter der Täuschung lenken. Achte auf die Einsichten, die sich scheinbar aus dem Nichts einstellen und durch den Schleier dringen. In der Welt gibt es mehr Weisheit, als du denkst. Die Libelle will dir zeigen, dass du nicht allein oder abgetrennt bist, denn du wirst von einer höheren Macht gesehen und grenzenlos geliebt.«

In der Sekunde landet eine Libelle auf meinem Knie. Ich bekomme Gänsehaut bei 30 Grad in der Sonne. Tränen laufen mir die Wangen hinunter. Ich sitze da, weine und lese weiter: »Wenn du sorgenbeladen bist, sagt dir die Libelle Folgendes: Du existierst innerhalb einer großen Einheit, die dich mit allem verbindet, auch mit den Schutzgeistern, die ihre Weisheit mir dir teilen. Sie führen dich auf einen Pfad, auf dem du Erfahrungen machen kannst, nach denen deine Seele sich sehnt. Die Liebe zeigt sich in vielen Dingen. Manchmal übersehen wir sie, weil wir ihre Facetten nicht erkennen. Die Botschaft der Libelle: Entdecke die Magie, die dich umgibt. Sie weist dir den Weg.«

Ich starre ungläubig die Libelle an, die immer noch auf meinem Knie hockt. »Danke«, sage ich laut zu ihr, während ich mir die Tränen aus den Augen wische. »Vielen, vielen Dank, liebe Libelle, dass du mir Liebe schickst.«

Die Frau, die mich vorhin nach meinem Hitzebefinden gefragt hat, läuft an mir vorbei, hört meine Ansprache an die Libelle, ignoriert mich jedoch höflich.

Ich weiß, was sie denkt – dass ich doch einen Sonnenstich bekommen habe.

30. Juni, Schreibstart bei Sonnenschein

»Vielen Dank für deine Zeilen, die mein Herz berührt haben und mir etwas Helligkeit in den stockfinsteren Wahnsinn gezaubert haben«, so beginne ich viele meiner Antwortschreiben. Ich schreibe mit einem schwarzen Filzstift auf weißes Papier, keine Rosen, Steine oder Morgentaubilder. Einfach nur Text, schlicht und ehrlich.

Während ich schreibe und schreibe und merke, dass mich das doch mehr mitnimmt als gedacht, bekomme ich eine Nachricht von Tim, einem Jugendfreund meines Mannes, der mich optisch an den Sänger von *The Cure* erinnert (nur nicht so blass): »Liebe Kimberly, die Zeit rennt weiter und es wird nicht leichter, wie geht es dir? Kommst du klar? Ich bin inzwischen strafrechtlich in Erscheinung getreten. Ich hatte mir Folgendes überlegt: Ich würde gerne mit dir einen schönen Baum oder eine langlebige Pflanze kaufen und bei Clemens am Grab einpflanzen. Ich habe schon mal rein vorsorglich ›geweihte‹ Erde aus dem Garten seines Geburtshauses in Gräfelfing entwendet sowie in weiteren Wirkungsstätten von Clemens gebuddelt. Diese ›historischen Erden‹ würde ich dann gerne beim Pflanzen als Mutterboden verwenden. Hoffe, du bist da bei mir und zeigst mich nicht an.«

Ha! Das haut mich um. Was für eine bezaubernde Idee. Sofort rufe ich Tim an: »Das ist die vielleicht romantischste Aktion, die ein Mann je für mich gemacht hat – na ja, auf sehr besondere Weise.«

Tim lacht. Und erzählt, dass er nachts über den Gartenzaun des alten Clemens-Hauses gestiegen sei, mit einem Spaten und einem großen Sack. »Ich habe ein großes Loch gebuddelt und die Erde mitgenommen. Die Menschen, die jetzt dort wohnen, müssen glauben, ein Wildschwein war da.«

»Tim, du bist einmalig!«

Außerdem hat er noch im Waldheim ein Loch gebuddelt und beim alten Sportplatz, wo die eher kurze Fußballkarriere meines Mannes begann.

»Wie schaut es jetzt eigentlich beim Grab aus?«, fragt Tim. »Mein Grabverkäufer hat mir erklärt, dass ich ein halbes Jahr nichts pflanzen oder machen darf, weil die Erde noch sacken muss. Ich werde die Tage mal hinfahren und ein paar frische Blumen hinlegen.«

Tim erzählt mir von seinem kranken Bruder, der nach einem Schlaganfall ein Pflegefall geworden ist. Wie furchtbar traurig und kräftezehrend das auch für ihn ist. Leise sagt Tim: »Ich weiß, so was darf man wahrscheinlich nicht sagen und schon gar nicht dir, aber ich denke oft, Clemens hat alles richtig gemacht. Glücklich bis ans Ende gelebt, kein Leiden, kein Dahinsiechen, zack, bumm, aus, friedlich eingeschlafen.«

»Und fröhlich lachend. Der Arzt, der ihn operiert hat, kam noch ins Zimmer, als ich nach Clemens' Tod stundenlang bei ihm saß, und sagte, dass er sich das alles nicht erklären könne und wie bestens gelaunt er Clemens vor der OP erlebt habe. Als ich den Arzt dann fragte, ob mein Mann Schmerzen beim Sterben gehabt habe, meinte er: ›Frau Hagen, schauen Sie ihn sich an. Das ist das fröhlichste Lachen, das ich je bei einem Toten gesehen habe.‹«

Eine Träne kullert mir die Wange hinunter, dann noch eine und noch eine. Ich tropfe auf die Antwortschreiben. »Shit, ich heule meine Dankesbriefe voll«, sage ich zu Tim.

»Na ja, Tränen-Flavour, passt in dem Fall.«

»Wie viele Briefe schreibst du?«

»Ungefähr 300.«

»Waaaaas? Du bist ja krass!«

»Ich antworte allen, die besonders lieb geschrieben haben, dem Rest nicht. Aber 300 werden das schon.«

»Wie viele hast du schon geschrieben?«

»Gerade bin ich beim achten Brief.«

»Oh mein Gott. Wenn du mal eine Pause brauchst und ein Glas Rosé, sag Bescheid.«

Ich schreibe an diesem Tag noch so viele Briefe, bis mir meine Finger wehtun und der Stift leer ist.

Meine Schwester kommt vom Leo-Walk an der Isar zurück und ruft mir auf dem Balkon zu: »Rate, wen ich getroffen habe.«

»Keine Ahnung.«

»Den coolen Pfarrer!«

»Rainer Maria Schießler?«

»Ja, ich soll dich ganz lieb grüßen. Er ist ja wirklich voll der Star. Lief mit einem Bier in der Hand rum und musste dauernd Selfies mit Fans machen. Ist das zu fassen. Als Pfarrer!« Meine Schwester ist voll aufgedreht. »Ich hab ihm gesagt, dass wir vielleicht einen Gottesdienst von ihm besuchen wollen. Und was meinte er dazu?«

»Keine Ahnung.«

»Dass wir uns diesen Wahnsinn bloß nicht antun sollen. Dass es viel zu voll bei ihm sei. Ist das nicht lustig? Ein Pfarrer, der uns davon abrät, zu ihm zu kommen.« Sie lacht schallend.

Ich muss schmunzeln – und mal wieder an seine Worte denken: Die Vögel zwitschern heute besonders laut.

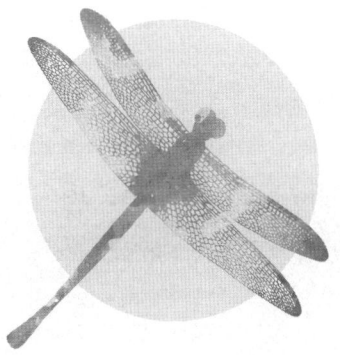

»Wollte mich mal melden...«

Mein Unterwelt-Informant

Juli

7. Juli, Hammer-Wetter

Erst Dankesbriefe schreiben, dann Seerapie. Ich war die letzte Woche jeden Tag am wunderbaren Starnberger See und merke, wie gut mir das tut. Zumal ich eine Stelle entdeckt habe, wo mich niemand kennt und ich wirklich meine Ruhe habe. Durch einen Zufall bin ich hier an diesem Traumfleck mit Hammer-Blick auf die Berge gelandet.

Bei der Trauerfeier für meinen Mann waren auch die Müller-Brüder da. Früher wilde Hunde mit eigener Kneipe, heute helfen sie ukrainischen Flüchtlingen und haben einen Kiosk am See, das Südbad. Die Müller-Bros meinten, ich solle doch mal vorbeikommen.

Und hier bin ich.

Kleiner Haken: Mir scheint, ich bin eher bei den Coen-Brüdern gelandet. Denn die beiden Männer, die den Kiosk am See betreiben, könnten original in *Fargo* oder einem anderen skurrilen Hollywoodfilm der berühmten Regie-Brüder mitspielen. Man könnte sie nicht besser casten. Sie sind totale Kauze, beide irre blass, einer mit Pferdeschwanz, der andere mit wenig Haaren, sie reden so gut wie gar nicht (wunderbar!), verziehen selten eine Miene, egal, wie freundlich ich sie auch begrüße. Und sie haben Getränkepreise, die nicht den Eindruck erwecken, dass sie Geld verdienen wollen.

Ob Cola, Spezi, Bier oder Kaffee (so was Ausgeflipptes wie Cappuccino gibt's hier natürlich nicht) kosten so unfassbar wenig, vor allem für diese Toplage, dass irgendwas nicht stimmen kann. Die Preise sind günstiger als bei mir in München im Supermarkt. Zu essen gibt es Pommes aus der Mikrowelle und Wiener Würstel. Das war's. Sie verlangen für ihre fabelhafte große Liegewiese auch keinen Eintritt und haben, wie sie mir erzählen, jeden Tag im Jahr auf.

»Auch wenn es schüttet oder schneit?«, fragte ich mal. »Immer. Auch bei Regen ist es hier ganz nett.«

Das war aber schon eine der längsten Konversationen, die ich mit den Fargos, wie ich sie jetzt nenne, geführt habe. Ich bin jeden Nachmittag da, bestelle Cola Zero, lobe das Traumwetter, und meist sagen die beiden nur: »Ah ja? Aha.«

In meinem jetzigen Zustand sind sie die perfekten Menschen. Sie sagen weder »Beileid«, noch fragen sie mich, wie es mir geht. Sie fragen und sagen einfach gar nichts. Ah ja? Aha. Je weniger sie sprechen, desto motivierter bin ich allerdings, sie irgendwie zu knacken. Ihr Geheimnis herauszufinden. Ich bin sicher, dass es eins gibt. Vielleicht dealen sie in Wahrheit in den Oldschool-Umkleidekabinen mit Drogen oder sind im Rahmen eines Zeugenschutzprogramms mit neuer Identität hier gelandet und dürfen um keinen Preis auffallen.

Mit meinem Handtuch lege ich mich in die Front Row, starre stundenlang aufs Wasser und freu mich jedes Mal aufs Neue sehr, sehr, sehr über Libellenbesuch.

10. Juli, im Bikini auf der Schlachterbank

Seerapie geht heiter weiter. Um 14 Uhr bin ich da, wenig los, tipptopp. Ich sage zu den Fargos: »Servus, toller Tag heute.«

»Na, zu heiß«, meint der Ältere.

»Dann ab ins Wasser zum Abkühlen«, schlage ich vor.

»Na, ich geh nie in den See.«

»Ah ja? Aha!«, sage ich und muss grinsen.

»Cola Zero ist heute aus«, meint der andere Fargo nur.

»Du hast alles weggetrunken.«

»Oh, tut mir leid, dann nehme ich eine echte Cola, bitte.«

Stunden später gehe ich zum Steg und will eine Runde schwimmen. Da spricht mich eine blonde Frau an und sagt freundlich: »Hallo, du bist neu hier, oder?«

»Äh, ja.«

»Darf ich dir was sagen?«

»Klar.«

»Du hast die tollste Figur von allen, echt Bombe schaust du aus. Und du strahlst so viel positive Energie aus, wirklich Wahnsinn.«

Will sie mich verarschen?

»Oh, vielen Dank. Das ist ja lieb«, sage ich.

»Machst du Sport?«

Offenbar meint sie es ernst, ich bin immer noch irritiert und antworte wahrheitsgemäß: »Nein.«

»Low-Carb-Diät?«

»Niemals.«

Die einzige richtige Antwort lautet: Trauer. Ich überlege kurz, ob ich ihr das sage. Lieber nicht. Es würde sie verletzen, ihr den Tag verderben, weil sie ein schlechtes Gewissen haben würde.

Außerdem sagt sie: »Du bist bestimmt verheiratet, oder?«

Oh, shit. Die Frage ist ein Stich in mein Herz.

»Ähm. Ja.«

»Und wo ist dein Mann? Muss er heute arbeiten?«

Verdammt. Ohne dass sie es weiß, macht sie mich gerade fix und fertig. Die Frau im hellrosa Bikini filetiert mich verbal aufs Übelste. Sie ist meine persönliche Schlachterin und meint es dabei so gut. Es spritzt kein Blut, aber ich habe das Gefühl, als würde sie mit einem Messer immer wieder auf mich einstechen. Wie komme ich aus dieser fürchterlichen Nummer wieder raus?

Ich sage also: »Ja, genau, du hast recht, mein Mann muss heute leider arbeiten.«

»Wollen wir mal einen Kaffee trinken gehen? Ich habe vier Kinder, deshalb auch nicht so eine tolle Figur wie du, und, na ja, einen Mann, der auch immer arbeitet. Ich glaube, du würdest mir als Freundin guttun.«

Ich bin noch nicht so weit zu sagen: »Ich hab einen Hammer-Body, weil mein Mann heute vor drei Monaten gestorben ist und ich seitdem keinen Appetit und keinen Hunger mehr habe. Würde ich mich nicht zwingen, ich würde gar nichts mehr essen. Vergiss also Low Carb. Trauer ist die härteste, aber beste Diät.«

12. Juli, Seerapie-Fortsetzung

Was sich früher irgendwie verrückt angehört hätte, klingt heute null seltsam, weil eh alles seltsam geworden ist. Ich bin mit meinem Chef Michael ein paarmal bei den Fargos gewesen. Seerapie in guter Gesellschaft ist noch besser. Zumal Michael jedes Mal einen selbst gemixten Smoothie mitbringt, was mich beim ersten Mal extrem erstaunt hat (Smoothie von einem Mann!) und jetzt nur noch freut.

Wir reden über Tod und Trauer, Libellen als Krafttiere (die mich nach wie vor als Landebahn sehen), unconditional Love, übergriffige Mitarbeiter/Freunde/Weggefährten. Immer wieder sagt er mir: »Du musst dich abgrenzen, Kimberly.«

In der Tat muss ich das lernen. Trauer trennt die Spreu vom Weizen, auch im Freundeskreis.

Eine Bekannte rief mich an, fragte, ob das mit meinem Mann wirklich stimmen würde (welche Antwort erwartete sie: Nee, du, stimmt nicht, ist nur ein Witz, den sich gerade alle erzählen?). Als ich ihr sagte, dass das mit meinem Mann stimmt, knallte sie den Hörer auf: »'tschuldige, aber das verkrafte ich jetzt wirklich nicht.«

Danke, was soll ich erst sagen? Ich kann keinen Hörer auflegen, um mich damit nicht auseinandersetzen zu müssen.

Auf der Rückfahrt fragt mich Michael, ob wir noch ein Glaserl in seinem zweiten Wohnzimmer, einem kleinen Griechen bei ihm ums Eck, trinken wollen. Ich war seit drei Monaten nicht aus (nur am See, auf dem Friedhof oder im Supermarkt), will niemanden treffen, nicht betrauert und beurteilt werden (Was, sie lacht schon wieder? Was, sie trauert immer noch?) – und das ist im kleinen Dorf München recht schwierig.

Michael weiß das und meint: »Beim Zeus kennt dich niemand, da sind nur Griechen.«

Ich war bis jetzt immer Team Italien (Urlaub, Essen, etc.), aber warum nicht. Nur Griechen klingt perfekt. Das Wetter zum Draußensitzen ist wunderbar, also auf.

Das kleine, liebevoll-chaotische Lokal mit ein paar Außenhockern befindet sich ab vom Schuss der Szene-People, was sehr gut ist. Es heißt wie sein Besitzer: Zeus.

»Weiß Zeus, was in meinem Leben passiert ist?«

»Ja«, antwortet Michael. »Er ist verschwiegen, hat selbst viel Scheiß erlebt und ist wie mein Bruder.«

Zeus kommt auch prompt zu mir, als wir uns hingesetzt haben und drückt mir Ouzo in die Hand: »Hey, Sonnenschein, ich bin Zeus. Freut mich sehr. Michael hat nur das Beste von dir erzählt.«

Das Beste? In meiner allerschlimmsten Zeit? Was soll das bitte sein? Fast schon witzig. Mir fällt nix ein. Ich sage lächelnd: »Danke und Salute.«

»Yamas«, entgegnet er.

»Sorry, bis jetzt war ich mehr Italien.«

»Das werden wir ändern«, meint Zeus und grinst mich fröhlich-mitreißend an. Er hat grüne Funkelaugen, dunkle Haare, einen dunklen Vollbart, Sicherheitsnadeln im Ohr und ist behangen mit Schmuck. Er schaut aus wie ein Pirat. Wie ein griechischer Johnny Depp, nur viel jünger und weniger zerstört.

»Sonnenschein, darf ich dich was fragen?«, sagt Zeus viele ausgesprochen amüsante Stunden später. Dass er mich, den Trauerkloß, als Sonnenschein bezeichnet, ist auch nicht unkomisch. Offenbar bin ich eine oscarreife Schauspielerin.

»Immer«, sage ich.

Zeus sieht mich mit seinen grünen Augen durchdringend an und fragt: »Bist du schon wieder bereit für einen neuen Mann?«

Ich könnte empört sein. Entsetzt. Aus allen Wolken fallen. Aber ich finde es irgendwie gut und originell. Mir werden gerade so viele Fragen von so vielen Leuten gestellt, aber diese Frage hat sich noch niemand getraut. Und Zeus fragt so unvermittelt, ehrlich und direkt, dass ich ihm überhaupt nicht böse bin.

»Das ist mal eine Frage«, sage ich langsam.

Er lässt nicht locker: »Was ist die Antwort auf meine Frage?«

»Nein, bin ich nicht. Außerdem bist du mir viel zu jung.«

»Das Erste versteh ich, das Zweite nicht. Ich bin gar nicht jung.«

»Aber nicht alt genug für mich. Du bist so alt wie ich und das finde ich zu jung. Außerdem bin ich dir sicher zu alt.«

»Meine Seele ist alt«, sagt Zeus cool.

Und ich: »Meine auch. Ich fühle mich wie 130.«

Er lacht, prostet mir zu und gibt mir einen Kuss auf die Stirn.

Interessant: Er ist der erste Mensch, den ich treffe, der weiß, was in meinem Leben passiert ist (auch wenn er meinen Mann nicht kannte und mich – bis vor wenigen Stunden und Ouzos – ebenso wenig), und trotzdem unaufgeregt und auf seine Weise empathisch mit mir umgeht. Das gefällt mir. Er ist geradeheraus, kommt ohne Beileidsblabla aus und ist erfrischend anders.

Wäre er nicht so jung und wäre ich nicht eine W-Frau, würde ich ihn vielleicht ganz spannend finden.

Plötzlich dämmert es mir: Werde ich überhaupt jemals wieder einen Mann spannend finden? Anziehend und sexy? Werde ich mich je wieder verlieben können?

Ich kann es mir überhaupt nicht vorstellen.

Denn: Wie soll ich mich wieder verlieben können, wenn mein Herz gebrochen ist?

Die Antworten kenne ich noch nicht. Es ist mir auch viel zu nervenaufreibend, darüber nachzudenken. Deshalb sage ich zum Abschied zu Zeus: »Lass uns in zehn Jahren noch mal reden. Bis dahin sieht die Welt vielleicht wieder anders aus.«

Zeus reißt die Augen auf und ruft übertrieben empört: »In zehn Jahren? Du machst Witze! Bitte komm schon früher wieder, Sonnenschein.«

14. Juli, Sonne, wolkenloser Himmel, 34 Grad

Nach Bergen von Arzt- und Krankenhausrechnungen, die an meinen verstorbenen Mann geschickt werden und die ich irgendwie abarbeiten und bezahlen muss, einer endlosen To-do-Liste, was ich immer noch alles für ihn kündigen muss (Haftpflicht undundund), ist mir erstaunlicherweise immer noch nicht schwindelig geworden.

Um elf Uhr habe ich einen Termin beim KVR, es geht mal wieder um, na klar: meinen Antrag auf Witwenrente.

Ein junger Typ, auf dessen rotem Pulli »Mr. Cool« steht, stellt mir zwei Stunden lang Fragen und drückt mir zum Abschied 32 Seiten Papier in die Hand, die ich ausfüllen muss, um sie zum Deutschen Rentenbund nach Berlin zu schicken.

»Haben wir den ganzen Kram nicht gerade ausgefüllt?«, frage ich ihn.

»Ja, schon. Aber wir dürfen das nicht elektronisch übermitteln – wegen Datenschutz.«

Uff. Ich bin absolut gläsern vor den Behörden, sie wissen alles von mir, von meinem Mann, wann wer was verdient hat. Aber sie können nicht eine einzige Mail verschicken.

Nach dem gestrigen Abend mit Michael – wir nannten es Bierapie bei Zeus (der Pirat lobte nonstop meine Bräune, meine Augen, meine Beine, eigentlich alles; ich habe langsam Angst, dass Michael ihn bezahlt, damit er so flirty-nett zu mir ist)–, empfehle ich mir spontan erneut: Seerapie am Nachmittag bei den Fargos. Hoffentlich ohne die hellrosa Bikini-Schlachterin.

Ohne eine Art von Ausgleich werde ich wahnsinnig. »Du machst das genau richtig«, sagt mir mein Kumpel Doc Holiday am Telefon, als ich ihn auf Lautsprecher hab und gerade aus München rausfahre. »Der See heilt.«

Ich düse mit dem Auto Richtung Starnberg, im Radio laufen Gute-Laune-Lieder, und ich singe laut mit. Bei 160 Stundenkilometern auf der linken Spur zittern plötzlich meine Hände. Ich drehe die Klimaanlage höher, spüre, wie ich zu schwitzen anfange. Mein Herz schlägt immer schneller. Auf einmal zittern auch meine Füße. Verdammt. Vor meinem inneren Auge sehe ich mich einen bösen Unfall bauen. Ich muss dringend runter von der Autobahn.

Da vorn, kurz vor der Ausfahrt nach Starnberg, ist ein Rastplatz. Ich reiße zitternd das Lenkrad rum, fahre nach rechts, halte am leeren Rastplatz und mache den Motor aus. Erst mal durchatmen. Ich zittere so stark wie noch nie, das Gefühl kenne ich nicht. Es fühlt sich bedrohlich an. Ich steige aus, trinke einen Schluck Wasser, aber es wird nicht besser. Nur schlimmer. Angst macht sich in mir breit: Was ist los mit mir? Soll ich einen Notarzt rufen?

Während ich überlege, ob ich 110 oder 112 wählen soll, fährt ein Notarztwagen auf den Rastplatz und hält neben mir. Ich glaube, ich träume. Oder halluziniere ich jetzt auch noch? Habe ich eine Notarzt-Fata-Morgana?

Ein Typ, der mit seinem Rauschebart und seiner gütigen Ausstrahlung ausschaut wie der Weihnachtsmann, steigt aus dem Wagen und zündet sich eine Zigarette an. Er sieht mich und ruft: »Alles in Ordnung, junge Dame? Sie zittern ja so.«

»Äh, nein. Ich hab gerade überlegt, ob ich Sie anrufen soll.« »Oha. Haben Sie Probleme mit der Hitze?«

»Nein.«

»Haben Sie genug getrunken?«

»Ja, Kaffee, Cola, Wasser.«

»Haben Sie kürzlich was Trauriges erlebt?«

»Ja. Mein Mann ist vor drei Monaten gestorben.«

Der Notarzt-Weihnachtsmann kommt zu mir, mustert mich und sagt mit weichem, aber bestimmtem Tonfall: »Ich muss Sie nur anschauen und weiß, was mit Ihnen los ist. So wie Sie vor mir stehen, gebräunt und strahlend trotz des Schmerzes – es ist das Schicksal der starken Frauen. Irgendwann implodieren auch sie.«

»Ich bin implodiert?«

Er nickt. »Ich kann Sie mitnehmen, aber ich kann Ihnen nicht helfen. Im Krankenhaus würden Sie nur mit Flüssigkeit versorgt werden. Aber wie ich sehe, haben Sie Wasser dabei. Sie können sich nur selbst helfen. Weinen Sie am besten mal zwei Tage oder gleich eine ganze Woche durch.«

»Ich habe schon wirklich viel geweint, also abends, beim Einschlafen. Jede Nacht.«

»Das reicht nicht. Sie müssen viel, viel mehr weinen, sich selbst reinigen, alles rauslassen. Heilung durch Selbstheilung.« »Oh, okay. Vielen Dank.«

»Nur Auto fahren sollten Sie momentan vielleicht besser nicht. Haben Sie jemanden, der Sie abholen kann?«

»Ja, Freunde wohnen hier ums Eck.«

»Prima. Passen Sie auf sich auf. Und weinen Sie!«

»Mach ich, versprochen! Ich werde mehr weinen.«

Der Notarzt-Weihnachtsmann steigt in seinen Wagen, winkt mir noch mal zu und macht das Daumen-hoch-Zeichen, dann brettert er davon.

Mir fallen Frank und seine Frau Doris ein, die heute beide frei haben, nicht weit weg wohnen und daheim sein Geburtstagsfest vorbereiten. Ich wähle Franks Nummer, was lange dauert, weil ich vor lauter Zittern mein Handy kaum entsperrt kriege. Er geht zum Glück gleich ran.

»Hey, lieber Frank, ich glaube, mir geht's gerade überhaupt nicht gut. Ich stehe hier am Rastplatz und ... Könntet ihr mich bitte abholen?«

»Auf diesen Anruf haben Doris und ich seit Wochen gewartet. Das musste irgendwann passieren, du hast die ganze Zeit nur funktioniert. Gut, dass es jetzt passiert ist. Rühr dich nicht von der Stelle und schick deinen Standort, wir sind sofort bei dir.«

Knapp zwanzig Minuten später sind sie da. In der Zwischenzeit habe ich den vorbeirauschenden Autos zugeschaut, eine Packung Traubenzucker gegessen und mich halbwegs beruhigt. Nur noch ein leichtes Zittern. »Heilung durch Selbstheilung. Viel mehr weinen«, hallt es in meinem Kopf nach.

Als die beiden parken, Doris mit mitfühlendem Blick auf mich zurennt, mich ganz fest in den Arm nimmt und an sich drückt, da brechen die Tränen aus mir heraus wie nie zuvor in meinem Leben.

15. Juli, 35 Grad

Ich wache auf und muss kurz überlegen, wo ich bin. Genau: Gräfelfing. Bei Frank und Doris im Gästezimmer. Die beiden sind echt großartig. Nachdem sie mich gestern vom Rastplatz gerettet haben, meinte Doris: »Du bleibst jetzt erst mal bei uns. So lange du möchtest.« Sie hat abends Pizza gemacht und Salat und mich mit Liebe überschüttet.

Wir saßen lange draußen, redeten und redeten. Über meinen Mann. Meinen Schmerz. Ihren Schmerz. Krankheit und Tod. Implodierende Frauen. Selbstheilung. Tränen. Frank wollte früher ins Bett, um für sein heutiges Geburtstagsfest fit zu sein. »Störe ich euch sicher nicht?«, fragte ich ihn noch.

»Sag das nie wieder, Kimberly.«

Um 23 Uhr ist auch Doris ins Bett verschwunden, nachdem sie mir Zahnbürste, Creme und alles hingestellt hat. Ich hatte nur meine Strandtasche dabei. Handtuch, zwei Bikinis, Sonnencreme und mein Sommerkleid, das ich anhatte. Nicht mal Unterwäsche. Na ja, trag ich halt Bikini, ist ja eh rasend heiß.

Mit einem Glas Rosé saß ich gestern noch auf ihrer Terrasse, schaute in den Sternenhimmel und dachte über alles nach. An meiner Seite: der schwarz-weiße Kater Paul, der eigentlich keinen einzigen Menschen mag, aber sich gleich an mein Bein schmuste.

»Tiere haben den richtigen Instinkt«, meinte Frank. »Sie spüren, wenn jemand Liebe braucht. Aber lass Paul bitte nicht ins Haus, wenn du später ins Bett gehst. Er hat gerade heftigen Durchfall.«

Um halb ein Uhr nachts bin ich leise hochgetapst in den ersten Stock, um niemanden zu wecken, hab meine Zähne geputzt und wollte mich gerade ins Gästebett legen, als ich ein immer lauter werdendes Miauen hörte. Oh nein, der arme Paul mit seinem Durchfall. Aber er muss heut draußen schlafen.

Plötzlich hörte ich seltsam kratzige Geräusche an dem Fenster neben meinem Bett. Ich machte das Licht wieder an und sah zwei kleine flauschige Pfoten, die sich am offenen Fenster festkrallten. Ein leichtes Ächzen, dann ein Wuschelkopf, der sich hochschob. Paul! Er sah mir direkt in die Augen, ein Blick zwischen Anstrengung und Erleichterung.

Mit letzter Kraft zog er sich am Fenstersims hoch und sprang in mein Zimmer. Ist das zu fassen? Ich war gerührt und amüsiert. Er hüpfte auf mein Bett und sah ein bisschen stolz aus. Mein flauschiger Beschützer. Heartbreaking, echt. Ich musste lachen, streichelte ihn und er schnurrte glücklich. »Du süßer Bodyguard, bitte hab nur keinen Durchfall, sonst kriegen wir beide Ärger.«

Nachts, Nachtrag

Franks Geburtstagsfest war wunderbar. Wolfi, Schorschi und Renée, Florian, alle Freunde waren da. Dazu noch die nette Nachbarin und ein paar neue Leute. Ich war die ganze Zeit im Bikini im Garten, sprang hin und wieder in den Pool, den Frank und Doris glücklicherweise haben. Alle anderen saßen angezogen im Schatten, ihnen war es zu heiß in der Sonne.

»Das ist unser Bond-Girl«, stellte mich Frank den neuen Freunden vor.

Einziges Problem am wunderbar heißen Fest: Kater Paul wich mir nicht mehr von der Seite und lag die ganze Zeit neben mir in der prallen Sonne. Frank meinte, Paul sei bis über beide Ohren in mich verliebt und es würde ihn nach der Balkonaktion nicht wundern, wenn der Kater heute Nacht für mich anfinge zu singen.

»Atmet er noch?«, fragte mich Frank ein bisschen beunruhigt alle dreißig Minuten.

Wir lachten sehr.

»Gleich springt er bestimmt noch mit dir in den Pool«, meinte Doris.

Wolfi und Schorschi waren ein bisschen beleidigt, dass ich sie nicht angerufen habe, als ich meinen Rastplatz-Tiefpunkt hatte.

»Wir hätten dich auch sofort gerettet«, meinten sie. Sehr süß. Schorschi fragte, ob ich vorhabe, eine Therapie zu machen. »Nein, warum?«

»Na ja, vielleicht hilft es, mit einem Profi alle Tränen rauszulassen. Der weiß, welche Punkte gedrückt werden müssen, damit es fließt.«

Können diese Augen lügen? Natürlich nicht! Zwischen Kater Paul und mir ist es Liebe auf den ersten Blick gewesen.

»Kimberella macht Seerapie«, meinte Wolfi, der schon ein paarmal mit mir bei den Fargos war (und es auch nicht fassen konnte, wie crazy die sind).

»Ich finde Seerapie auch besser«, sagte ich. »Ich muss einfach mehr weinen.«

»Wollen wir jetzt ein bisschen zusammen weinen?«, fragte Wolfi und tätschelte meine Hand.

»Haha, danke, an sich sehr gerne. Aber das geht nicht auf Knopfdruck.«

17. Juli, 34 Grad

»Bist du sicher, dass du wieder Auto fahren kannst?«, fragt mich Doris.

»Ja, absolut. Sonst rufe ich euch wieder an, ihr seid meine tollsten Rettungsengel«, sage ich zum Abschied. »Vielen lieben Dank für alles, das war richtig therapeutisch.«

Wir nehmen uns fest in den Arm. Die Tage bei Doris und Frank waren tatsächlich sehr erholsam.

Wir haben viel zusammen geweint und viel zusammen gelacht. Mein Handy hatte ich die meiste Zeit aus, weil Frank mir das befohlen hat, was auch gut war. Kein ständiges Piepsen, kein ständiges: »Wie geht es dir inzwischen?« Dazu noch mein entzückender Bodyguard Paul, der schmollt, weil er merkt, dass ich wegfahre. »Sein Katzenherz wird zerbrechen, wenn du nicht ganz bald wiederkommst«, meint Frank.

Ich fahre los Richtung München, habe zur Sicherheit noch eine Packung Traubenzucker gegessen. Michael, mit dem ich gestern eigentlich bei Zeus verabredet war, hatte ich von meinem Zwischenfall geschrieben und unser Treffen abgesagt.

Er antwortete: »Ha! Glauben wir wirklich noch an Zufälle? Ist vielleicht mal ganz gut, die Auszeit. Und vergiss

nicht: Selbst Kanzlerinnen haben mal eine Zitterattacke.«

Frank schreibt mir zum Einschlafen bezaubernde Worte:
»Liebe Kimberly, ich, Doris und Paul freuen uns, wenn es
Dir peu à peu besser geht. Klar, das ist kein Selbstläufer.
Aber Du wirst das Leben meistern. Clemens' älteste und
sehr enge Freunde sind und bleiben Deine Freunde. 4Ever.
Natürlich können und werden wir Deinen, den (wirklich!)
besten Mann auf der ganzen Welt, nicht mal ansatzweise
ersetzen können. Aber andererseits, und davon bin ich
zutiefst überzeugt, sind wir Freunde Touchpoints Deiner
Seele und werden's immer bleiben. Uns wirst Du nie, nie,
nie verlieren. Die (nennen wir es ruhig) Clemens-Cloud
wird immer für Dich da sein. Du kannst Dich auf sie verlassen. Du kannst immer kommen, kannst da sein, ohne
Vorankündigung. Kim, Du bist eine so starke Frau. Du bist
schön, charmant, hast so viel Ausstrahlung. Clemens ist
bei Dir. Mit uns hast Du Freunde auf der Welt, die Dich
begleiten. Wir sind nicht die Gelben Engel, die sofort alles
reparieren können. Aber wir sind Deine Pink Angels. Und
vielleicht hat irgendjemand von uns Pink Angels mal eine
Panne, und dann bist Du für ihn da. So funktioniert das.
Ich freu mich sehr, dass es Dich gibt, liebe Kimberly. Du
trägst Clemens mit und in Dir. Das ist etwas ganz Besonderes.«

Ich muss weinen. Ausnahmsweise nicht vor Schmerz.
Sondern vor Glück, solche großartigen Menschen in meinem Leben zu wissen. Meine Pink Angels.

20. Juli, abends auf dem Balkon

Ich trinke und rauche zu viel und esse und weine zu wenig.
Immer noch. Ich weine für meine Verhältnisse schon oft,
jeden Tag, meist abends, aber es scheint noch nicht zu rei-

chen, damit ich mich besser fühle. Weinen ist befreiend, heißt es. Baut Stress ab. Aber Weinen ist auch anstrengend, wenn es zum Hauptjob wird.

22. Juli, Traumwetter

Meine lieben Freunde Severin und Luke haben mich zum Segeln auf dem Starnberger See eingeladen. Um 10 Uhr holen sie mich ab. Mir ist unglaublich schlecht, ich habe ein ungutes, nie da gewesenes Gefühl in mir. Ich überlege, ihnen abzusagen. Doch dann klingelt es schon an der Tür. Mit Wackelpudding-Knien laufe ich die Treppe hinunter. Ich freu mich trotzdem, sie zu sehen

Als wir auf der Autobahn an dem Rastplatz meiner Implodierung vorbeifahren, danke ich innerlich meinem Mann, dass er mir den Rettungssanitäter-Weihnachtsmann geschickt hat. Ich glaube seitdem wirklich nicht mehr an Zufälle.

Wir segeln zu einer wunderbaren Stelle, sonnen uns auf dem Boot, schwimmen. Doch nach zwei Stunden habe ich plötzlich das sehr seltsame und beklemmende Gefühl, dass mir der Himmel auf den Kopf fällt. Es ist alles traumhaft, aber ich fühle mich wie in einem Albtraum. Schwer zu beschreiben. Ich glaube, dass ich schon wieder zittern muss. Was soll ich meinen beiden lieben Freunden sagen? Ich bin überfordert und habe Angst vor dem Gefühl in mir.

Tränen kullern mir aus den Augen.

»Alles gut, Schatz?«, meint Luke und rutscht zu mir rüber.

»Sorry«, sage ich. »Keine Ahnung, was mit mir ist.«

Luke nimmt mich in den Arm, Severin bringt mir ein Glas Wasser und gibt mir sein Käppi. Ich hatte ihnen die Rastplatz-Geschichte erzählt, weil ich sie allen Menschen meines Inner Circle erzählt habe. Ich wollte kein Geheimnis draus machen, kein Tabu. Ich muss mehr weinen, Schwäche zulassen. Das sollen ruhig alle wissen, damit sie nicht irritiert sind, wenn ich plötzlich so bin, wie ich jetzt bin und früher nie war.

Deshalb sagt Severin auch: »Wein ruhig. Wir weinen mit dir. Wein am besten den ganzen Starnberger See voll, er hat durch die Hitze eh so wenig Wasser wie noch nie.«

Ich muss lachen. Und weinen. Alles gleichzeitig.

Auf der Rückfahrt spüre ich, wie ich ungewohnt nervös werde, als wir in meiner turbulenten Straße ankommen. Warum werde ich nervös? Ich spüre eine unbekannte Aufregung, gleich die Straße zu meiner Haustür überqueren zu müssen. Ich habe Angst, es nicht zu schaffen. Dazu dieses fürchterliche Gefühl in mir, das ich nicht erklären oder beschreiben kann.

Ich verabschiede mich von Severin und Luke, schleppe mich mit letzter Kraft irgendwie in meine Wohnung, mache die Haustür zu – und die Tränen brechen aus mir heraus.

Ich soll mehr weinen, also bitte, here we go.

28. Juli, der erste Wunsch

Heute ist Neumond.

Mein Chef Michael, der immer mehr zum immer engeren Freund wird, hat mir davon erzählt. Nach meiner Tränen-Zitter-Attacke hatten wir uns mal wieder bei Zeus getroffen und offen gesprochen. Mitten im Talk kam ein Typ, blieb draußen vor mir stehen und starrte mich lange an, bis Michael meinte: »Du, sorry, wir reden gerade.«

Er starrte mich weiter an und meinte nur: »Du schaust aus wie der Sommer, als würdest du aus Ibiza kommen.«

Ich komme aus der Hölle, wollte ich antworten. »Nicht ganz«, sagte ich und bat ihn ebenfalls höflich, jemand anderen anzustarren.

Michael kennt sich jedenfalls mit Yoga und Meditation aus, mit Achtsamkeit, Journaling, Manifestation und solchen Sachen. Und mit dem Neumond. Er sagte mir, ich solle mal aufschreiben, was am Tag schön war und worauf ich mich morgen freue. Ich solle mir die positiven Dinge in meinem gerade so negativen Leben vor Augen halten.

Hmm, ob das was bringt? Doch ich versprach, es zu tun.

»Schreib meinen Namen auf«, meinte Zeus grinsend, als er uns eine Flasche Wein brachte, der für griechischen Wein sogar trinkbar war.

Was mir auf Anhieb mehr taugte, war das Neumond-Ritual. Wenn sich der Mond neu bildet, kann man sich etwas wünschen, und diese Wünsche sollen wahr werden. Am besten schreibt man sie auch auf. Wichtig: Alles positiv formulieren, sonst tritt das Gegenteil ein. Wenn man sich also wünscht, dass man nie wieder arbeiten muss, wird man nur noch arbeiten. Wenn man sich wünscht, sich nie wieder in den falschen Partner zu verlieben, wird man sich nur noch in falsche Partner verlieben. Okay, hab ich verstanden.

Also schreibe ich abends nur diesen einen Wunsch auf, den mir der Rettungssanitäter-Weihnachtsmann auf dem Rastplatz ins Gehirn diktiert hat: »Heilung durch Selbstheilung.«

Ich wünsche mir gerade wirklich nichts sehnlicher als Selbstheilung. Bitte, lieber Neumond, erfüll mir diesen Wunsch. Ich möchte keine Psychopillen oder sonstige Betäubungsmittel einwerfen müssen, um mich besser zu fühlen. Aber ich möchte so sehr, dass der Schmerz in mir irgendwie leichter wird. Denn so ist es kaum mehr auszuhalten. Gerade in schönen, entspannten Momenten – wie mit meinen Freunden beim Segeln auf dem See – steht das Schöne in so starkem Kontrast zu meinem Inneren, dass es mich zerreißt.

Als es dunkel wird, gehe ich auf meinen Balkon, starre in den mondfreien Himmel und sage meinen Selbstheilungswunsch immer wieder vor mich hin. Dazu falte ich meine Hände und werfe danach eine Kusshand Richtung Himmel. Ich wünsche mir so sehr, mich selbst zu heilen, doch ich habe keine Ahnung, wie ich das schaffen kann. Bitte, lieber Neumond, hilf mir.

Bitte. Bitte. Bitte.

Früher hätte ich mich selbst für crazy erklärt, wenn ich angefangen hätte, mit einem nicht vorhandenen Mond zu sprechen. In meinem jetzigen Zustand kommt mir das überhaupt nicht verrückt, seltsam oder unheimlich vor. Denn es ist ja eh alles nur noch, genau: verrückt, seltsam und unheimlich.

29. Juli, Tag X

Schweißgebadet wache ich auf, habe wie immer nur etappenweise geschlafen (und immer noch traumlos). Wieder ein neuer Tag, wieder nur Angst davor.

Ich quäle mich aus dem Bett, dusche mich und sehe im Spiegel, dass ich irre braun bin. Und dünn. Ich habe mich die letzten Monate kaum wahrgenommen. Natürlich habe ich mich täglich im Spiegel kurz angesehen, eingecremt, gekämmt und so, aber ich habe mich und meine optische Veränderung nicht registriert. Als wäre ich nicht in meinem Körper gewesen, als wäre ich nur noch ein Roboter. Ohne Gefühle, vom Schmerz betäubt und Sachen ausführend.

Ich starre mich im Spiegel an. Abgesehen von den geröteten Augen sehe ich erstaunlich gut aus. Komisch, Trauer ist einem nicht anzusehen. Dieser unglaubliche Schmerz in mir ist unsichtbar. Oder ist es unterbewusst meine Taktik: Je schlimmer es in mir drinnen ausschaut, desto besser muss die Fassade sein? Niemand soll mir anmerken, wie grauenhaft es mir geht.

Mit Wackelpudding-Knien (wann hört das endlich auf?) und seltsamem Herzrasen möchte ich in den Supermarkt gehen. Als ich meine Wohnungstür öffne, steigert sich meine Übelkeit, die ich schon seit dem Aufwachen spüre. Soll ich einen Lieferdienst rufen? Nein, das ist doch absurd. Ich werde es ja wohl noch zum Einkaufen schaffen. Fünf Minuten dauert der Fußweg. Außerdem brauche ich Pombären, das Einzige, das ich abends herunterbekomme.

Ich laufe los, biege um die Straßenecke und habe plötzlich furchtbare Angst vor jedem weiteren Schritt. Wieder dieses beklemmende Gefühl, als würde mich der Himmel erdrücken. Der blaue Strahlehimmel wird mir gleich auf den Kopf fallen. Ich versuche mit aller Kraft, mich zusammenzureißen. Du packst das.

Hey! Verdammt!

Zehn Meter weiter, an einer mit Aufklebern übersäten Straßenlaterne, glaube ich, zusammenzubrechen. Hier zu sterben. Jetzt. Sofort. Ich zittere am ganzen Körper und spüre, wie ich immer weniger Luft bekomme. Ich werde ersticken. Oder bekomme ich einen Herzinfarkt?

Was auch immer mit mir los ist – das war's jetzt.

Ich kann es selbst nicht fassen, aber ich weiß genau: Ich schaffe es nicht bis zum Supermarkt. Ich muss sofort umdrehen und nach Hause.

Nervös, ängstlich, voller Panik vor mir selbst gehe ich zurück. Ich habe Angst, die Haustür zu öffnen, weil ich glaube, auch das nicht zu schaffen. Meine Hände zittern stärker als bei der Rastplatz-Geschichte, ich werde den Schlüssel niemals ins Türschloss bringen. Ich habe unglaubliche Angst vor mir. Vor meiner Schwäche. Ich bin total am Implodieren.

In dem Moment kommt mein Nachbar. Er sieht mich entsetzt an: »Oh Gott, Kim, was ist los mit dir?«

»Ich weiß es nicht, ich …« Ich kann kaum sprechen, weil meine Lippen so stark zittern. Außerdem habe ich keine Luft in mir.

Er nimmt mich in den Arm, sperrt die Haustür auf und schleppt mich zum Lift.

»Bitte kein Lift, das ist mir zu eng«, sage ich mit letzter Kraft.

Er schleppt mich die Treppenstufen hoch, fragt, ob er mit in meine Wohnung kommen oder jemand anrufen soll.

Ich schüttle nur den Kopf.

»Kim, du musst stark sein«, sagt er noch.

»Ja. Bin ich doch«, stammle ich. Ich dachte zumindest, ich sei stark.

»Das Leben muss weitergehen«, meint er.

Ich nicke zitternd, schließe die Tür hinter mir und breche auf dem Wohnzimmerboden zusammen.

Ich spüre, wie die Wände näher kommen und mich erdrücken. Das Leben muss weitergehen, jaja, schon klar. Aber es fühlt sich an, als würde mein Leben hier und jetzt enden.

So viele Tränen, so viel Schmerz, so viele Ängste.

Über mir an der Wand hängt das große Hochzeitsfoto. Trotz meiner tränenverschleierten Augen sehe ich es vom Boden aus an. Du meine Güte, wie glücklich mein Mann und ich darauf aussehen. Mein Herz wird in wenigen Sekunden explodieren.

Ich weiß nicht, wie lange ich dort zusammengekrümmt, heftig weinend, ängstlich und wimmernd liege, aber irgendwann piept mein Handy. Ich schau drauf. Michael. Er schreibt irgendwas.

Ich antworte: »Sorry, habe gerade eine noch heftigere Zitterattacke. Weiß nicht, was ich tun soll.«

Hey Butterfly: Jeder Schmetterling zaubert mir ein Lächeln ins Gesicht – und darf gerne auf mir landen.

Er antwortet per Sprachnachricht: »Erst mal: atmen. Atmen. Atmen. Leg dich auf den Boden. Atme tief in deinen Bauch. Spür, wo die Luft hingeht. Leg deine Hände gespreizt auf den Bauch, sodass du an den Daumen die unteren Rippen spüren kannst, mit den anderen Fingern und Handflächen deinen Bauch. Nur hinspüren. Spüre, wie die Luft an deinen Nasenflügeln hinein- und hinausströmt. Wie sie tief in dich fährt – bis in den Bauch. Und dann wieder raus. Bis der Atem ruhig und immer tiefer wird. Dann wirst du auch ruhiger. Wirst sehen.«

»Ich versuch es. Allerliebsten Dank.«

»You go, girl! Bist ja stark, groß, mächtig. Schaffste! I know!«

»Bin, glaub ich, nicht so stark, sondern am Tiefpunkt.«

»Umso wichtiger, dass du es wegatmest, echt. Dauert vielleicht nur ein bissl. Fang mal an!«

Ich lege mich mit meinen zitternden Gliedmaßen auf den Boden. Atme, atme, atme. Weine. Will meinen Schmerz und meine Angst wegatmen. Aber es geht nicht. Überhaupt nicht.

Ich rufe meine Schwester an, die bei meinen Eltern ist. »Ja, hey, meine allerliebste Kimberly«, ruft sie fröhlich ins Telefon. »Jillian, ich, äh …«

»Oh no, du klingst gar nicht gut. Was ist passiert?«

»Es tut mir leid, aber ich kann nicht mehr.«

»Ich hol dich sofort ab. Pack dir ein paar Sachen ein, vielleicht ein Lieblingskissen, und dann bleibst du erst mal bei uns.«

Ich greife zitternd und herzrasend nach meiner Stoffeule und ein paar Sommersachen. Ich kann kaum klar denken. Aber im Weinen-Atmen-Zittern-Mix dämmert mir zumindest das: Ich habe mir zum Neumond Heilung durch Selbstheilung gewünscht.

Was ich nie gedacht hätte: Mit vollster Wucht wurde mein Wunsch direkt am nächsten Tag erfüllt.

Jetzt geht sie los, die Selbstheilung. Oder? Zumindest hoffe ich das sehr, auch wenn es so unfassbar schmerzhaft ist.

Davor war ich im Autopilot- und Robotermodus. Jetzt bin ich am Ende, aber ich bin endlich bei mir und höre in mich rein. Weil mein Körper rebelliert. Weil er mir mit dem Holzhammer (vielmehr mit der Abrissbirne) klarmacht: Stopp. Pause. So geht's nicht weiter. Hör auf, ständig stark zu sein.

Sei endlich schwach. Heule und zittere alles raus.

30. Juli, Hitze und Schmerz ohne Ende

Im Badezimmer meiner Eltern scheinen beim Duschen die Wände auf mich zuzukommen, was das Gefühl der Enge in meiner Brust verschlimmert. Ich habe die Tür nicht zugemacht, nur angelehnt, weil ich Angst habe, nie wieder aus dem Bad herauszukommen. Es ist, als hätte ich das beklemmende Gefühl in mir auf die Welt da draußen projiziert. Alles macht mir plötzlich Angst. Supermarkt, duschen, Treppen steigen, Leute treffen.

Der ganz normale Alltag ist zu meinem Albtraum geworden.

Atmen. Ruhig bleiben.

Klingt so einfach, ist es manchmal überhaupt nicht.

Ich dachte, ich hätte das Schlimmste überstanden – meinen Mann tot gesehen, ihn ein letztes Mal geküsst, ihn beerdigt, Sterbeurkunden wie eine Irre im Internetcafé ausgedruckt, die Pathologie gestalkt, usw. Aber das Schlimmste liegt noch vor mir, fürchte ich. Denn nichts ist härter als Trauer.

Ich will nicht so sein.

Ich will nicht so bleiben.

Ich will nicht vor mir selbst Angst haben müssen.

Wie kann es sein, dass ich an den banalsten Dingen scheitere? Wie kann es sein, dass ich meinen Alltag nicht mehr packe?

Möglicherweise deshalb: Meinen Alltag gibt es nicht mehr. Meine Welt ist untergegangen, und trotzdem dreht sich die Welt weiter, als wäre nichts passiert. Ich traue ihr deshalb nicht mehr über den Weg. Überall wittere ich Gefahr, Tod und Verderben.

Immer deutlicher wird mir klar: Wenn der Tod so plötzlich eintritt, ist auf das Leben kein Verlass mehr. Ich fühle mich nicht mehr sicher, es ist alles weggebrochen.

Stattdessen habe ich jetzt ein Leben, das ich so nie haben wollte. Eine neue Normalität, die ich mir niemals freiwillig ausgesucht hätte – für kein Geld der Welt. Ich will das neue Leben nicht. Ich will mein altes Leben und mein altes Ich zurück. Dafür würde ich alles tun.

Aber ich weiß – und das erklärt vielleicht auch dieses diffuse, quälende Gefühl –, dass das nicht geht. Denn dieses Leben gibt es nicht mehr. Ich werde eine andere sein (bin ich ja jetzt schon, solche Zusammenbrüche hatte ich früher nie). Ob ich es will oder nicht.

Ich habe keine Wahl. Ich bin in eine Rolle katapultiert worden, die niemand möchte. Das Gegenteil vom Jackpot. Ich habe den Schreckpot geknackt.

Die Liebe meines Lebens ist gestorben. Wenn der Tod dir das Liebste nimmt, stirbst du auch. Nur deine Hülle lebt weiter. Sie weiß bloß überhaupt nicht, wie. Als trauernder Mensch lebt man innerlich aufs Übelste verwundet und blutend weiter. Zumindest muss man es versuchen. Irgendwie.

Ich muss es versuchen.

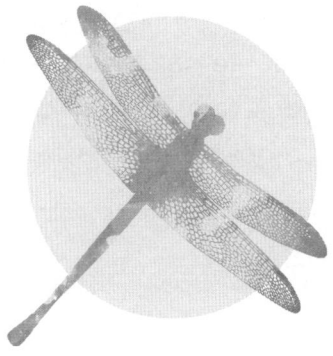

»Am Ende,
wenn das Schlimmste abebbt,
bist du noch weiser und stärker
und gewinnst.
Du gewinnst das Leben.
Clemens weiß das, und es ist ein
Geschenk von ihm an dich.
Es könnte das wertvollste
Geschenk sein, das du von ihm
je bekommen hast.«

Eine sehr liebe Freundin

August

2. August, ein Tag vor dem Geburtstag meiner Schwester

Jeder Tag haut mich aufs Neue um. Aus dem Hinterhalt. Mit voller Wucht in die Magengrube, ins Herz, gegen den Kopf. Auch dann, wenn ich mich für ein paar Minuten halbwegs okay fühle, weil ich mich im Garten meiner Eltern sonne und die Pflanzen beobachte, kommt die nächste Trauerkeule, zieht mir die Beine weg und knockt mich aus.

Ich fühle mich wie in einem nicht enden wollenden Boxkampf, ich gehe pausenlos k. o. und stelle mich trotzdem immer wieder mit letzter Kraft in den Ring. Wird das jemals aufhören? Dieser unerträgliche Schmerz, dieser unerträgliche Dauerzustand, der sich Trauer nennt?

Ich spüre immer deutlicher, wer mein Endgegner ist. Es ist der gefährlichste, heimtückischste und gnadenloseste Widersacher von allen – mein Inneres. Meine Ängste und Dämonen, alles, was ich heruntergeschluckt, überspielt oder verdrängt habe, explodiert gerade. Das Implodieren war erst der Anfang.

Während ich im Garten sitze, klingelt das Festnetztelefon. Ich höre, wie meine Mutter abnimmt und überrascht den Namen der Anruferin wiederholt, einer Arbeitskollegin von mir. Sie hatte mich auf meinem Handy angerufen, als ich meinen größten Zusammenbruch hatte.

»Geht's dir denn inzwischen besser?«, schrieb sie mir daraufhin.

Wie soll es mir besser gehen, wenn ich ständig glaube, in der nächsten Minute zu sterben? Ich habe ihr nicht geantwortet, weil ich damit beschäftigt war, zu überleben.

Kurz darauf berichtet meine Mutter, dass die Kollegin wissen wollte, wie es mir geht und wann ich in die Arbeit zurückkomme. Meine Schwester regt sich darüber mehr auf als ich, weil mir die Kraft dazu fehlt: »Das ist so übergriffig, geht's noch?«

Unsere Mutter versucht zu beschwichtigen: »Sie hat das sicher lieb gemeint.«

»Was hast du ihr gesagt, Mami?«

»Nichts. Nur, dass du noch etwas Zeit brauchst.«

Ich spüre, dass sich auch meine Mami um mich sorgt. Weil sie mich so nicht kennt. Und das sorgt mich zusätzlich.

Ich bin eine 41-jährige Frau, die plötzlich hilflos wie ein Baby ist.

Meine Schwester fragt, ob wir um 20 Uhr einen Aperitivo trinken wollen, um dann gemütlich in ihren Geburtstag reinzufeiern. Es tut mir so leid, dass ich alle mit meiner ungewohnten Schwäche und Düsterkeit herunterziehe. Sie leiden und trauern ja auch.

Ich bin zu einem Zombie geworden, zu einem Alien. Gespräche mit meinen Mitmenschen und sogar mit meinen Liebsten verfolge ich kaum oder gar nicht, wenn sie länger als zwei Minuten dauern und nichts mit meinem Leben zu tun haben.

Das Problem: Nichts hat mehr mit meinem Leben zu tun, weil es mein Leben nicht mehr gibt, obwohl ich am Leben bin. Und weil mich nichts mehr interessiert. Alles ist sinnlos. Ich lese keine Zeitung mehr, schaue nicht fern, verlasse das Haus nicht, will niemanden treffen, weil es nur zusätzlich anstrengend ist, sich zusammenzureißen. Ich will nichts mehr. Und das fühlt sich gar nicht gut an.

Wenn die Welt morgen untergehen würde, es würde mich null stören. Denn meine Welt ist am 10. April untergegangen.

»Ich will keine Spaßbremse sein, Jillian ...« Kaum fange ich an zu reden, muss ich wieder weinen. »Aber ich will euch nicht runterziehen und ständig rumheulen.«

»Spinnst du?«, sagt sie. »Es gibt nichts Schöneres und Intimeres, als gemeinsam zu weinen. Du musst mehr weinen, wir alle. Also weinen wir in meinen Geburtstag rein, ein tolleres Geschenk kannst du mir nicht machen.«

Ich muss noch heftiger weinen.

Meine Schwester, unsere Mutter und ich nehmen uns zu dritt in den Arm. »Es tut mir so unendlich leid, dass ihr das alles erleben und erleiden müsst«, schluchze ich.

Beide Frauen reagieren ungewohnt harsch und antworten unisono: »Sag das nie wieder.«

Ich glaube, ich weine eine Stunde am Stück an ihren Schultern, bis ich nicht mehr kann.

Danach spüre ich zumindest eine klitzekleine Befreiung in mir. Tatsächlich: Ich spüre, dass ich in meinem Körper wieder etwas mehr Luft zum Atmen habe.

Das ist doch schon mal was.

3. August, Geburtstag vom Sisterle

Knallige Sonne und ebensolche Temperaturen bis in den Abend hinein – und dazu noch ein Familienknall. Jillian, das Geburtstagskindl (ich habe ihr Sommerschuhe im Internet bestellt, leider zu groß), unsere Eltern, Leo und ich sitzen bis spätnachts auf der Terrasse, schauen auf den magic Glamour-Garten. So nennen wir den Garten, den die Mami mit so vielen LED-Lichtern, bunten Kugeln und Lichterketten dekoriert hat, dass er tatsächlich etwas Magisches hat.

Die Nachbarn halten ihn vielleicht eher für einen Disco-Garten, aber egal.

Weit nach Mitternacht eskaliert das kleine, bis dahin halbwegs heitere Familienfest.

Vier Familienmitglieder.

Ein Todesfall.

Tausend Gefühle.

Ich lerne: Jeder trauert, aber jeder trauert anders. So gibt's zur Nachspeise, dem Geburtstagskuchen, Vorwürfe, Wut, Tränen, Angst, Verärgerung. Alles mischt sich, alles bricht heraus, alles fliegt allen um die Ohren. Die Trauer zeigt sich in ihrer ganzen schrecklichen Pracht.

Die Kurzfassung unseres Streits: Meine Schwester ist wütend auf das Universum, darüber, dass mir und uns allen Clemens genommen wurde. Mami ist wütend, weil sie meint, dass Jillian mich damit noch mehr runterzieht, und Dad ist wütend, dass Mami auf Jillian wütend ist.

Ein Spektakel des Grauens, aber dabei auch seltsam schön, denke ich beim Einschlafen.

Gemeinsame Trauer tut weh.

Gemeinsame Trauer tut aber auch gut.

Und sie ist der Beweis, wie sehr eine ganze Familie einen Menschen geliebt hat und ihn vermisst – ob als Ehemann, Schwiegersohn, nie gehabten Sohn oder großen Bruder.

Der Familienknall hat irgendwie etwas Reinigendes. Ich liege im Bett und muss weniger sturzbachartig weinen als zuletzt, weil ich zuvor schon viel rausgelassen habe. Heilung durch Selbstheilung. Das muss es sein. Wir alle sind keine Experten, doch vielleicht haben wir intuitiv ein paar Dinge richtig gemacht. Sich nicht nur mit Samthandschuhen anfassen, sondern auch mal die Köpfe einschlagen. Wut rauslassen, nicht nur Schmerz und Kummer.

Ich liege, denke, weine weiter vor mich hin – als ich plötzlich Musik höre. Wo kommt die denn her? Ich schaue aufs

Handy: nix. Ich gehe der Musik nach, die mir so bekannt vorkommt. Oder spinne ich? Nein, ich entdecke unter dem Bett einen alten CD-Player. Er ist nicht an eine Steckdose angeschlossen, blinkt aber rot und spielt Musik. Jetzt erkenne ich auch das Lied.

Es ist der Klingelton (irgendwas zwischen fröhlichem Lachen und Ententanz-Song) des alten Handys meines Mannes, bevor er sich ein iPhone gekauft hat. Das gibt's ja nicht. Die Melodie beginnt immer wieder von vorn. Ohne Strom. Verrückt und auf schöne Weise unheimlich. Ich spüre Gänsehaut und muss gleichzeitig gerührt lächeln. Ich drehe nicht durch, nein, ich habe auch nicht zu viel getrunken. Ich fühle es glasklar: Mein Mann ist da.

Die ganze Zeit.

Als ich tatsächlich keine Tränen mehr in den Augen habe, weil ich mich für einen Moment nur freue, geht die Klingelton-Musik wieder aus.

4. August, nachmittags

Wenn alles keinen Sinn mehr hat, gibt es erst recht keine Sinnlichkeit. Meine Schwester stellt mir trotzdem unerschütterlich immer wieder liebevoll dekorierte Bonsaibrote neben mein Sonnentuch im Glamour-Garten. Da könnte ich sofort losheulen.

So viel Liebe, Nähe, Kümmern schmerzt noch mehr, weil ich spüre: Mir kann nichts und niemand helfen. Schon gar nicht ein Käsebrot.

5. August, superheiß

Es ist so heiß, dass ich mich mit dem Gartenschlauch abkühle, um meine Schwester zu beruhigen, die sagt: »Kimberly, du sitzt den ganzen Tag in der vollen Sonne, ich weiß, du spürst nix mehr, aber hier im Schatten wird mir schon beim Hinschauen schwindelig.«

Wofür habe ich jahrelang Sport gemacht? Bin Joggen gegangen, habe Basketball gespielt, Fußball, Tennis, was weiß ich. Später horrende Summen in Fitnessstudios investiert.

Und jetzt: sind meine Knie ständig so weich und zittrig wie Wackelpudding. Jeden Tag glaube ich, es nicht die Treppen in meinem Elternhaus runter zu schaffen. Ich traue mich nicht mal, den Müll rauszubringen.

Das liegt aber auch an den Gegenüber-Nachbarn, die permanent im Garten sind und natürlich Bescheid wissen. Deshalb fragen sie die Mami regelmäßig, wenn sie vom Hunde-Walk kommt, wie es denn der Tochter geht, die jetzt »ohne Mo« (Bairisch für: Mann) ist. Meine Mami ist zu meiner PR-Sprecherin geworden – und sagt auch in dem Fall gebetsmühlenartig, aber cool: »Die Kimberly braucht noch etwas Zeit.«

Etwas. Was ist etwas Zeit? Ich habe das Zeitgefühl total verloren. Möchte morgens nicht aufstehen und abends nicht ins Bett gehen. Ich möchte nichts mehr, bin zu nichts zu gebrauchen.

Dann schaue ich kurz auf mein Handy – und erschrecke. Nicht, weil mir von Freunden und Bekannten ständig Grab-Selfies geschickt werden (ich finde es ja schön, dass sie alle ans Grab meines Mannes gehen, aber ich selbst würde nie ein Grab-Selfie machen – ein Grab ist ja keine Sehenswürdigkeit) oder Einladungen zu Partys (bin null im Partymodus, bin im Überlebensmodus), sondern weil auf meinem Handy regelmäßig Fotoerinnerungen aufploppen.

Was ich am heutigen Tag vor einem Jahr gemacht habe, vor zwei Jahren usw. Immer darauf zu sehen: mein Mann, immer hinreißend, immer strahlend, immer glücklich.

Erinnerungen an meine Liebe und an mein altes Leben sind für mich wie Spritzen, die mich anfixen. Ich will dieses Gefühl zurück, das ich vor dem Tod meines Mannes hatte. Dieses Glück, diese Unbeschwertheit und Leichtigkeit. Diese großartige Normalität.

Sie sind für mich wie eine Droge, nach der ich lechze. Doch diese Droge kann mir kein Dealer der Welt besorgen.

Erkenntnis des Tages: Normalität ist die beste Droge der Welt.

Ja, ich glaube, so ist es: Ich bin auf kaltem Entzug von meinem Mann, meinem Leben, meinem alten Ich. Ich habe nie Drogen genommen, doch jetzt habe ich die klassischen Entzugserscheinungen: Schweißausbrüche, Herzrasen, Gliederschmerzen, Schüttelfrost, Konzentrationsstörungen, Übelkeit, Kopfweh, Schwindel, Appetit- und Lustlosigkeit und dazu unkontrollierbare Gefühlsausbrüche. Und Gefühlsschwankungen.

Momentan bin ich oft von meiner Familie genervt (obwohl ich in Wahrheit natürlich von mir selbst genervt bin). Ihre Nähe beseelt mich und belastet mich zugleich, doch allein möchte ich auch nicht sein. Ich bin im totalen Gefühlschaos. Manchmal tun Konversationen gut, an anderen Tagen könnte ich ausflippen, weil mir die Gespräche völlig auf den Zeiger gehen. Ich erkenne mich selbst nicht mehr. So kann es nicht weitergehen.

Also, was tun? Ich google wie eine Verrückte los – alles zum Thema Trauer, Schmerz, körperliche Folgen der Trauer (ich habe so ziemlich alle – Trauer ist körperliche Schwerstarbeit), die verschiedenen Phasen der Trauer, Trauerbewältigung und Zitterattacken (die Wissenschaftlern zufolge sehr, sehr gut sind und niemals unterdrückt werden sollten).

Peter A. Levine, Koryphäe in Sachen Traumaverarbeitung, ist der Meinung, dass das Zittern eine Selbstheilungsreaktion des Körpers sei. Durch das Zittern werde das Nervensystem wieder heruntergefahren und die Psyche stabilisiert. Andere begeben sich in Therapie, um dieses Zittern hervorzurufen, ich habe es selbst geschafft.

Zum ersten Mal begreife ich meinen Zusammenbruch nicht als Schwäche, sondern als Stärke – als fabelhafte Reaktion meines Körpers. Ich kann stolz auf mich sein, dass Geist und Körper so gut zusammenarbeiten. Ich wäre auch stolz, wäre es nicht so unheimlich gewesen.

Ich möchte das, wenn es nur irgendwie geht, nie wieder erleben.

Ich bestelle mir viele Bücher von Peter A. Levine und noch ein paar andere Trauerbücher auf Amazon per Expressversand.

Ich muss den Tatsachen ins Gesicht sehen: Ich bin in einem emotionalen Trainingslager, im Glamour-Garten meiner Eltern.

Wie Pfarrer Schießler sagte: Ich muss trainieren, mit dem Schmerz zu leben. Okay. Hier bin ich. Ich stelle mich dem wohl härtesten Bootcamp – meiner Trauer.

Ich möchte keine Therapie machen, weil ich nicht mit einem Fremden alles durchkauen mag, was ich eh schon weiß (außerdem verlasse ich das Haus gerade nicht). Ich weiß haargenau, was passiert ist. Ich möchte nur lernen, wie ich damit umgehen kann. Also versuche ich ab sofort, mich selbst zu therapieren.

6. August, mittags

»Mäuschen, magst du heute einen doppelten Espresso?«

»Danke, Mami, bitte lieber Tee.«

Unglaublich, dass ich so einen Satz mal sage. Ich habe gestern meinen Koffeinkonsum von einer Sekunde auf die andere komplett eingestellt. Denn ich habe erfahren, dass

Koffein das Stresshormon Nummer 1 – Cortisol – zusätzlich pusht.

Mein Gehirn und mein Nervensystem sind ohnehin voll mit Cortisol, wie bei allen Trauernden oder Menschen, die eine schlimme Krise erleben.

Ich muss irgendwie runter von diesem viel zu hohen Cortisol-Level, dann im- und explodiere und zittere ich weniger (HOFFENTLICH!). Also verzichte ich auf meinen geliebten Kaffee und meine geliebte Cola Zero und trinke das Zeug, wofür ich früher alle belächelt habe: Glückstee.

Schmeckt aber gar nicht so schlecht wie befürchtet.

Meine Schwester stellt mir pausenlos Cashewnüsse hin und Bananen, beides hebt den Serotoninpegel. Ich muss Stresshormone abbauen und Glücksgefühle aufbauen.

Dazu trinke ich Magnesiumdrinks (auch gut gegen Stress und zur Entspannung) und abends keinen Wein mehr, sondern Bier. Hopfen, so las ich, ist superberuhigend und angstlösend. Und das einzig legale Aphrodisiakum, das es gibt. Na, dann: Prost.

Sex haben inklusive Orgasmus ist außerdem unbedingt empfehlenswert, weil es Stress wunderbar abbaut, aber das ist für mich gerade zu weit weg. Mit wem soll ich auch Sex haben? Mit mir selbst? Da fehlt mir völlig die Lust, zumal ich mich gerade alles andere als sexy fühle.

Ich muss plötzlich kurz grinsen. Viel Bier trinken und viel Sex haben – eine ungewöhnliche Therapie.

7. August, sunny day...

...as every day (Petrus meint es gut mit mir, er kämpft hartnäckig gegen die Dunkelheit in mir an).

Zehn Stunden habe ich geschlafen, so lange wie seit Monaten nicht. Ich wache auf und fühle mich wie erschlagen. Mein Oberteil ist total durchgeschwitzt, aber ich kann mich an keinen Traum erinnern.

Als ich im Glamour-Garten einen Glückstee trinke, bin ich immer noch total platt. So, als hätte ich eine Ewigkeit durchgearbeitet. Hab ich ja auch. Nur anders als sonst. An mir selbst.

Nachmittags kommt Maria vorbei, die Friseurin meiner Mutter. Sie hat Gurken eingelegt, die sie uns bringen möchte. Polnische Spezialität. Bezaubernde Idee, dennoch habe ich vor ihrem Besuch Angst. Angst vor ihrem traurig-mitleidigen Gesicht, der Umarmung, den Fragen. Als es klingelt, gehe ich schnell nach oben. Ich spüre eine innere Hemmschwelle anderen Menschen und neuen Situationen gegenüber. Blöd, dass für mich alles neu ist.

Aber ich muss es zulassen. Das neue Leben, Schritt für Schritt. Also gehe ich nach einigen Minuten mit mulmigem Gefühl runter auf die Terrasse, wo Maria schon mit meiner Familie sitzt.

»Kimbyyy!«, ruft sie, springt auf und drückt mich lange und fest an sich.

Puh, ich merke, wie meine Augen feucht werden.

»Du weißt, warum ich dich besonders lange drücke«, sagt sie. »Schön, dich zu sehen.«

Ich kann nicht anders – als zu weinen. Ich habe auch keine Kraft mehr, mich zusammenzureißen. Meine neue Rolle: Ich bin das Dauerhäufchen Elend.

Maria erzählt mir vom Tod ihres Vaters vor sechs Jahren. »Ich weiß, durch welche harte Phase du gerade gehst. Die härteste«, sagt sie. An das erste Jahr nach dem Tod ihres Vaters hat sie fast keine Erinnerung mehr. »Ich bin nicht Auto gefahren, ein Jahr lang, habe die ersten Wochen nichts gegessen außer ein paar Kirschen, habe die ganze Zeit Schwarz getragen, um den Zustand meiner Seele zu zeigen. Ich habe damals mein Kurzzeitgedächtnis verloren, weil alles unwichtig wurde, ich habe keine Fröhlichkeit ertragen, keine lachenden Menschen, nichts. Ich bekam Panikattacken, habe ständig geweint. Irgendwann musste ich wieder arbeiten, um Geld zu verdienen. Im Salon sind dann unkontrolliert die Tränen geflossen, bis eine Kundin vorwurfsvoll zu mir meinte: Jetzt reicht's doch mal mit der Trauer!«

Es tut so gut, mit jemandem zu sprechen, der diesen ganzen Wahnsinn kennt. »Wer das nicht durchgemacht hat, hat wirklich keine Ahnung«, sage ich. »Als ob Trauer nach ein paar Wochen vorbei ist. Da geht es ja erst richtig los. Mich fragen auch alle, ob es mir inzwischen besser geht und wann ich wieder arbeite. Nur wenige Menschen haben Respekt vor der Trauer. Es ist irre, die Erde auf dem Grab meines Mannes muss ein halbes Jahr sacken, bis dort was gepflanzt werden darf. Niemand gibt trauernden Menschen ein halbes Jahr Zeit, damit sie alles sacken lassen können.«

Maria erzählt, dass sie nach dem Tod ihres Vaters nach drei Monaten erstmals eine Kartoffel gegessen habe: »Und die hat so gut geschmeckt. Kimby, gib dir alle Zeit der Welt. Ich finde es so toll, dass du keine Tabletten nimmst. Habe ich auch nie genommen. Die machen die Trauer eh nicht weg, sie verschieben sie nur, und dann brichst du in ein paar Jahren zusammen. Zum Psychologen bin ich auch nie, obwohl mir das viele rieten. Was mir half: Ich war richtig wütend auf meinen Vater, dass er mich verlassen hat. Ich hab täglich mit ihm geredet und ihn auch oft beschimpft.«

»Die Gefühle müssen raus«, antworte ich. »Egal welche. Das trainiere ich momentan.«

Erst im fünften Jahr hatte Maria genug Kraft, zum Grab ihres Vaters zu gehen. Das Wort Friedhof vermeidet sie. Maria sagt: »Ich gehe zu Papa.« Und in ihrem Friseursalon zündet sie bis heute jeden Tag eine Kerze für ihn an.

Als Maria weg ist, rede ich mit meinen Eltern und meiner Schwester noch lange über das, was sie gesagt hat. Es

Waldbaden – ein Naturwunder der anderen Art: Die Stunden im zauberhaften Zauberwald sind die besten Therapiestunden meines Lebens gewesen.

ist hilfreich und auch befreiend zu hören, dass es nicht nur mir so geht. Dass es für viele so irrsinnig schwer ist.

Ich glaube, auch meine Familie atmet ein bisschen auf, dass es auch anderen so ergeht. Dass nicht nur ich so bin. Dass es normal ist, die Normalität plötzlich nicht mehr zu ertragen. Weil es keine Normalität mehr gibt.

Das ist kein Exklusivproblem von mir. Nur redet kaum jemand darüber. Obwohl es irgendwann jeden betrifft, der geliebt hat.

Trauer – da denken viele, die Zeit heilt die Wunden. Bullshit. Man kann das nicht der Zeit überlassen, man muss das selber in die Hand nehmen. Trauer mit all ihren Folgen ist ein Tabu. In der Gesellschaft sollen und wollen alle stark sein. Schwäche zeigt niemand. Doch ich merke: Schwäche zuzulassen, darüber zu reden, sich nicht zu schämen, das ist in Wahrheit auch Stärke. Daran wächst man – glaube und hoffe ich.

Aber. Es. Dauert.

8. August,
der erste Walk

Seit meinem Breaking Point, wie ich meinen schlimmsten Zusammenbruch am 29. Juli nenne, bin ich bei meiner Familie. Seit meinem Breaking Point habe ich das Haus und den Glamour-Garten nicht verlassen. Heute schlägt meine Schwester vor, im Zauberwald (heißt wirklich so) in der Nähe spazieren zu gehen. Das würde mir guttun.

»Die Natur schenkt Kraft«, meint Jillian, die mal nach einer Trennung Trost in der Natur gefunden hat.

Ich bin da skeptisch. Oder vielmehr: ängstlich. Ich möchte nicht wieder, wie auf dem Weg zum Supermarkt, das schreckliche Gefühl bekommen, dass mich der Himmel erdrückt oder die Straße mich verschluckt.

Es ist absurd: Ich habe Angst, das Haus zu verlassen und die wenigen Meter zum Auto meiner Schwester zu gehen.

Jillian weiß und spürt das und sagt: »Ich bin bei dir.«

Ich mache die Haustür auf, atme tief ein und aus und gehe mit meinen Wackelpudding-Knien los. Es fühlt sich surreal an. Ich kenne hier jede Ecke, jedes Haus, jeden Stein, die ganze Umgebung. Gleichzeitig ist alles so ungewohnt, als würde ich neu laufen lernen. In kleinen, vorsichtigen Schritten gehe ich Richtung Auto. Mein Herz zieht sich zusammen, mein Puls rast. Ich glaube, mir wird gleich schwarz vor Augen.

»Hey, du da«, schreit eine fröhliche Mädchenstimme. Es ist die vierjährige Nachbarstochter Sophie, die für ihr Alter sehr keck ist.

Ich erschrecke kurz, mein Herz schlägt schneller, alles ist gerade aufregend und überfordernd, ich kann jetzt wirklich kein Kind um mich gebrauchen. Ich bin selbst eins geworden. Nur bin ich noch nicht annähernd so weit wie die vierjährige Sophie. Irgendwie schaffe ich es, Hallo zu sagen. Ich zwinge mich zu lächeln.

»Was machst du?«

»In den Wald gehen.«

»Warum?«

»Weil es da schön ist.«

»Hier doch auch.«

»Na ja. Geht grad so.«

»Was machst du im Wald?«

»Laufen.«

»Sonst nichts?«

»Laufen und laufen. Und die Natur anschauen.«

»Bäume anschauen?«

»Genau.«

»Aber die stehen doch nur rum und machen nichts.«

»Das ist ja das Gute. Sie machen nichts, sie fragen nichts.«

»Häh? Versteh ich nicht. Na ja, ich muss jetzt pieseln, Tschüss.«

Jillian kommt dazu und sagt lachend: »Schau, du stehst hier draußen vorm Haus und machst gleich Konversation. Sophie wollte dich einfach ablenken, damit du nicht gleich zusammenklappst.« »Stimmt«, sage ich. »Wir glauben ja nicht mehr an Zufälle.«

Ich merke, wie sich mein Herz langsam beruhigt. Nicht mehr so wild schlägt wie in dem Moment, als ich die Haustür aufgemacht und geglaubt habe, dass mich die Welt da draußen einfach überrollt.

Danke, Sophie, du kleine Retterin.

Die kurze Autofahrt in den Wald fühlt sich an, als würde ich fernschauen. Als wäre ich gar nicht dabei. Jillian dreht im Wagen türkische Musik auf (liebt sie, ich eigentlich nicht so, aber ich nehme es nicht wirklich wahr).

Ich bin beschäftigt, die Welt anzuschauen. Wie normal sie wirkt. Wie sehr der Schein trügt. Damit komme ich noch nicht klar.

Im Zauberwald ist es in der Tat zauberhaft. Keine Menschen, nur Natur. »Ich hoffe, ich schaffe das«, sage ich zu Jillian. »Wenn nicht, musst du mich bitte heimtragen.«

»Natürlich packst du das.«

Wir gehen los. An Sonnenblumenfeldern vorbei, rein in den Wald.

»Offroad ist am besten«, meint meine Schwester und biegt vom Weg ab. Meine Wackelpudding-Knie sind erstaunlich stabil, ich wackle plötzlich nicht mehr.

Der Wald, dieses Grün, der Geruch, ein leichter Wind in den Blättern. Ich atme ganz tief ein und nehme zum ersten Mal in meinem Leben einen Wald bewusst wahr. Mit seiner ganzen Schönheit. Mit seiner beschützenden und umarmenden Atmosphäre. Waldbaden nennt sich das heutzutage – worüber ich mich früher lustig gemacht habe. Da war ich total ahnungslos, jetzt merke ich: Es fühlt sich tatsächlich alles etwas leichter an. In mir drinnen. In meinem Herzen, in meinem Kopf. Der Wald ist wie eine übergroße Stütze für mich. Klingt komisch, ist aber so.

Ein Naturwunder der anderen Art.

Ich berühre die Baumstämme, das Moos, streichele die Gräser, hebe einen hellgrünen Tannenzapfen auf und stecke ihn in meine Tasche. Als Andenken an diesen ersten Tag draußen, zurück in der Welt.

Wir balancieren über umgefallene Baumstämme, werfen mit Ästen, bestaunen ein riesiges Spinnennetz, pflücken Sonnenblumen und laufen wie kleine Kinder durch ein Maisfeld-Labyrinth.

Es ist ruhig und entspannend. Nur die Natur, meine Schwester und ich. Nach drei Stunden fahren wir nach Hause. Es war eine hervorragende Idee, in den Wald zu gehen.

Das waren die drei besten Therapiestunden meines Lebens.

9. August, immer noch kein Koffein

Ich muss das Leben neu lernen, die neue Normalität. Die ersten Schritte darin machen, die ersten Eindrücke aufsaugen, die ersten Dinge wahrnehmen. Und das mit 41. Für Außenstehende ist das sicher schwer zu begreifen. Aber für mich ist alles neu.

Wirklich alles.

Das ist äußerst befremdlich. Ich hatte keinen Unfall, bin nach außen unversehrt und braun wie nie in meinem Leben. Als käme ich aus einem langen Urlaub. Dabei bin ich alles andere als erholt, ich bin ein emotionales Wrack, hilfloser als ein Neugeborenes, das sich auf seine Instinkte verlassen kann und neugierig auf die Welt ist. Das bin ich nicht, ich wurde in ein neues Leben katapultiert, das ich nie wollte.

Wie ein Fisch, der in die Wüste geworfen wird und hier schwimmen soll. Viel Erfolg. Das klappt niemals. Es fühlt sich permanent nur falsch an. Grausam falsch. Ich will weg aus dieser Wüste.

Mein Mann ist gestorben. Ich bin Witwe. Ständig kriege ich Nachrichten – wie gerade von einer alten Kindergartenfreundin, die schreibt: »Kimby, habe es jetzt erst erfahren. Oh Gott, wie schrecklich. Scheiße. Wie du dich fühlen musst... Ich denke täglich an dich.«

Andere schicken Fotos von Kerzen, die sie für meinen Mann anzünden. Das ist alles so lieb. Das wirft mich alles so zurück. Ich würde am liebsten für ein paar Minuten vergessen, was passiert ist. Aber das geht nicht. Ich kann es nicht ausblenden. Ich muss lernen, damit umzugehen.

Aber wie soll das jemals klappen?

Vielleicht mit einem weiteren Walk in der spooky Welt da draußen, diesmal an einem Bach im Münchner Umland. Mami hat ihn vorgeschlagen, weil sie da gern mit Leo Gassi geht, bei den heißen Temperaturen kann er sich im Bach abkühlen.

Alles Fließende soll beruhigend und irgendwie heilend sein, habe ich in einem meiner vielen neuen Bücher gelesen. Also los. Wieder öffne ich die Haustür, wieder rechne ich damit, dass mich eine unsichtbare Keule trifft und umhaut. Aber da ist keine Keule.

Da ist wieder die vierjährige Sophie, die ruft: »Hey, du! Wieder Wald?«

»Hi, Sophie, nee, heute Bach.«

»Zum Schwimmen?«

»Zum Laufen.«

»Warum läufst du immer?«

»Weil ich es lernen muss.«

141

Wie unheimlich gut das tut, etwas zu spüren (nämlich kaltes, klares Wasser), das nicht nur Schmerz ist.

»Aber du kannst doch laufen!«

»Na ja. Ich muss das Laufen neu lernen.«

Wieder schreit sie ihr typisches »Häh?!«. Sagt dann aber noch: »Ich find dich cool, weil du so anders bist.«

Ich bin wirklich sehr anders geworden. Das durchschauen selbst kleine Kinder sofort.

»Magst du mal zu unserer Pizza-Party kommen?«

»Pizza-Party klingt toll, irgendwann gerne.«

»Wann ist irgendwann? Morgen?«

Ich überlege: »Wenn ich besser laufen kann.«

Am Bach, umgeben von wunderschönen Blumen und Gräsern, walken Mami, Leo, Jillian und ich der Sonne entgegen. Es ist ein Naturschutzgebiet, es ist wunderschön. »Da!«, rufe ich. Und zeige auf eine rote Libelle, die mich in Schulterhöhe über eine lange Wegstrecke begleitet.

»Clemens weicht dir nicht von der Seite«, meint Jillian, und ich kämpfe mal wieder mit den Tränen.

Dazu flattern überall blaue, weiße, gelbe Schmetterlinge. Die Seelen der Verstorbenen, wie ich gelesen habe. Überall Zeichen, man muss sie nur sehen und verstehen.

Ich berühre Gräser, werfe Leckerlis in den Bach, denen Leo sofort hinterherspringt, um sie wegzumampfen. »Ich hüpfe auch rein«, sage ich. Ich habe eine Jeans-Hotpants und ein Spaghettitop an, ziehe meine Turnschuhe und die kurzen Socken aus und gehe ins kalte Wasser. Ich stelle mich einfach in den klaren Bach und lasse das Wasser um mich fließen.

Jillian macht es mir nach, wir stehen da minutenlang im Wasser und freuen uns.

Wie unheimlich gut das tut – etwas zu spüren, das nicht nur Schmerz ist.

10. August, spicy day

Immer noch kein Koffein, immer noch Glückstee. Hätte ich nie gedacht, dass ich ohne Kaffee und Cola auskomme. Aber was soll ich sagen? Es tut mir gut. Ich brauche keine Adrenalinkicks, mein Leben ist ein einziger Adrenalinkick, also muss ich mich weiter beruhigen und mein Nervensystem runterfahren.

Die erste »Wie geht's dir inzwischen?«-WhatsApp des Tages kommt von einer Freundin aus Argentinien. Mir fällt dazu nix ein. Muss ich mich entschuldigen, weil es mir inzwischen noch nicht besser, sondern schlechter geht? Versteht das überhaupt irgendjemand? Trauern soll offenbar bitte nicht zu lange dauern. Vor allem in den Augen von Menschen, die das noch nicht durchmachen mussten. Sie wollen durch mich vielleicht eine Vorahnung bekommen, nach dem Motto: Ach, Gott sei Dank, nach vier Monaten war bei der Kimberly wieder alles halbwegs gut.

Eine lange Trauerdauer passt niemandem. Niemand will vorab wissen, was ihr oder ihm Schreckliches blüht, wenn sie wahre Liebe zulassen, finden und dann plötzlich verlieren.

Wie gerne würde ich allen antworten: »Ja, danke, mir geht's wieder besser.« Aber das wäre eine fette Lüge. Dass ausgerechnet ich, die sonst immer die Powerfrau war, zur Trauerfrau geworden bin und heftigst damit zu kämpfen habe, ist nun wirklich kein schönes Thema. Aber es ist die Wahrheit.

Hier also die Info an alle Menschen, die noch nie mit Trauer zu tun hatten: Trauer ist nicht nach ein paar Wochen weg. Trauer bäumt sich auf, wächst, nährt sich aus dir und deinem Schmerz, zerfrisst und zerbeißt dich. Aber sie hilft dir auch. Irgendwann. Wie der größte Feind, der dir plötzlich überraschend die Hand reicht. Du weißt nur nicht, ob du ihm vertrauen kannst.

Das Blöde: Du weißt überhaupt nicht mehr, wem du vertrauen kannst. Aber du musst lernen, dir selbst wieder zu vertrauen und auch dem Leben. Leider dauert das, weil dich dein Körper, deine Gefühle immer wieder austricksen. Fühlst du dich für einen Moment einigermaßen okay, haut dir die Trauer im nächsten Moment voll in die Fresse.

Was ich in meinem Dasein als Trauerfrau leicht vergesse – abgesehen davon, welcher Tag heute ist, welche Uhrzeit, was ich gestern getan habe oder gegessen habe (so ziemlich nichts) –, ist die Tatsache, dass auch andere Menschen so ihre Probleme haben. Liebeskummer, weil er sich einen Tag mal nicht gemeldet hat, oder Finanzsorgen. Haushaltsdinge gehen kaputt, und Rauchmelder piepen los, weil sie ausgetauscht werden wollen.

Doch das interessiert mich alles nicht die Bohne. Ich erkenne die Relevanz dieser Probleme nicht. Das ist furchtbar ungerecht, ich weiß, aber es ist so. Wenn der Nachbar beim Telefonat im Garten laut klagt, dass er bei dem schwülheißen Wetter Kopfschmerzen hat, tut mir das sicher irgendwo leid, aber es ist mir so was von egal. Es macht mich fast wütend, dass er sich über so etwas beschwert.

Ich bin vom Empathie-Sonnenschein zum Egoismus-monster geworden. Mit meiner Witwenkarte schlage ich jeden. Am liebsten würde ich es in die Welt hinausbrüllen: Euer Scheiß interessiert mich nicht mehr.

Ich bin zu einer verzickten, desinteressierten, unfreund-lichen, launischen Superdiva geworden. Zu einem Ego-zombie. Bei den meisten Gesprächen schalte ich nach zwei Sekunden ab, weil sie mich nerven oder langweilen (meis-tens beides). Meine Superpower, die Überempathie, beißt mir gerade in den Arsch und tritt mich mit Füßen.

Ich will nicht so sein.

Also helfe ich meiner Mami, eine neue Batterie für den Rauchmelder zu kaufen. Allein fahren lassen möchte sie mich nicht. Sicher klug. Allein traue ich mich auch nicht vor die Tür und in die Welt. Also bin ich zur Beifahrerin geworden – im Auto und in meinem Leben.

Auf dem Rückweg vom Baumarkt fährt sie an einem kleinen Gemüsestand vorbei. Ich habe einen Geistesblitz, schreie: »Stopp!« Sie erschrickt, drückt auf die Bremse. »Entschuldige, Mami, aber ich habe spontan große Lust auf irgendetwas mit Geschmack. Lass mich dort kurz was kaufen, okay?«

Nach dem ersten Schreck freut sie sich, glaube ich. Meine Aktivität geht ansonsten gegen null. Ich bin erschreckend passiv, starre vor mich hin, bin eine katastrophale Zuhöre-rin, siehe oben. Ich lese, schreibe, versuche zu schlafen, zu weinen und jeden Tag zu überstehen. That's it.

Doch in diesem Moment spüre ich tatsächlich erstmals nach sehr langer Zeit Lust auf Geschmack. Oder aufs Le-ben? In dem kleinen Laden kaufe ich einen Bund extra-scharfe Chilis, frischen Knoblauch, Petersilie.

Zurück im Auto frage ich meine Mutter: »Darf ich euch heute Abend bekochen? Mit Pasta aglio e olio, scharf, mit Petersilie?« Sie sieht mich überrascht an und strahlt wie lange nicht. »Mäuschen, wirklich? Das ist ja eine wunderschöne Nachricht.«

Auf den Tag genau habe ich seit vier Monaten nicht gekocht (und ich koche eigentlich gerne) und sehr wenig gegessen. Und jetzt möchte ich kochen (und kann mir selbst nicht erklären, woher dieser Impuls gerade kommt).

Wir deuten das beide als gutes Zeichen.

Wir müssen beide weinen.

Ich habe anfangs beim Schnippeln des Knoblauchs noch Angst, dass ich mir mit meiner zitternden Hand einen Finger abschneide, aber es klappt. Ich überwürze alles komplett – mit Absicht. Extra viel Knobi, extra viel Chili, extra viel Öl, extra viel Parmesan, extra viel Salz, extra viel Petersilie, extra viele Nudeln, extra viel alles. Ich habe ein unfassbares Nachholbedürfnis, was Geschmack betrifft.

Die Pombären und Bonsaibrote in den letzten Monaten waren lebensrettend. Aber heute habe ich die beste Pasta meines Lebens gekocht.

12. August,
Tag der Supermarkt-Challenge

Es hilft ja alles nichts. Ich muss mir selbst irgendwie helfen. Nur wie? Ich lese viel über Hormonmangel, der zu unguten Gefühlen führen kann. Meinen Serotoninmangel gleiche ich durch Sonne aus – und Nüsse. Auch mein vegetatives Nervensystem ist total im Ungleichgewicht. Körper und Geist bei Trauernden sind ständig im Alarmzustand, sagen Experten. Jetzt verstehe ich langsam, warum ich schon Herzrasen kriege, wenn mich wieder jemand anschreibt und fragt: »Wollen wir ans Grab von Clemens fahren und in Ruhe über alles reden?«

Nein. Nein.

Nein!

Mein Unterwelt-Informant ist für seine Verhältnisse poetisch wie nie und schreibt Sätze wie: »Du bist in meinem Herzen ganz oben.«

Punkt, Ende. Kein Pflasterherz-Emoji. Find ich gut. Und doch setzt mich die tägliche Anteilnahme weiter unter Druck. Ich will mir gerade Zeit geben, zu mir und meinem neuen Ich finden, da empfinde ich jede Nachfrage als Stress. Alles ist mir too much. Jede Lunch-Einladung, jede noch so nett gemeinte Biergarten-Verabredung sage ich ab, weil ich allein bei dem Gedanken an ein Treffen mit einem lieben Menschen momentan nervös werde. Ein nie da gewesenes Unbehagen spüre.

So will ich nicht sein und so will ich nicht bleiben.

Ich muss den Stress runterfahren und Platz für neue, gute und im besten Fall leichte Gefühle machen. Ich muss im wahrsten Sinne in meinem neuen Leben Fuß fassen. Also laufe ich. Die Sprache der Natur mag ich sehr. Sie entspannt mich. Die Natur fragt mich nicht, ob es mir inzwischen besser geht. Sie schweigt und schenkt mir mit ihrer Ruhe Kraft.

Ich laufe barfuß durch den Bach, der mir zuflüstert: Alles ist im Fluss. Das Leben geht weiter. Im Kopf weiß ich das natürlich, im Herzen sorgt es noch immer für Verwirrung. Wie kann das Leben einfach so weitergehen, als wäre nichts passiert? Das ist nach wie vor surreal. Neue Gefühle und neue Erinnerungen schaffen, raten Trauerpsychologen. In Bewegung zu sein ist in meinem jetzigen Zustand viel besser, als unbeweglich am See zu liegen. Kein Wunder, dass ich dort dachte, mir würde der Himmel auf den Kopf knallen. Das vermeintliche Entspannen, dieser Stillstand auf dem Handtuch war ein krasser Kontrast zu meiner inneren Unruhe. Das hat mir den Rest gegeben, denke ich rückblickend. Dann lieber loslaufen. Am Bach. Im Wald. Zum Gemüsestand. Schritt für Schritt ins neue Leben.

Und heute möchte ich es auch wieder in den Supermarkt schaffen. Beim letzten Mal bin ich auf dem Weg dahin zusammengebrochen. Jetzt möchte ich meine Angst vor einer Wiederholung besiegen. Das Tagesziel lautet: meinen zweithärtesten Endgegner, den Supermarkt, bezwingen.

Sweet Reminder an mich selbst: atmen. Keine Panik kriegen, wenn das Herz plötzlich loshämmert. Es ist nichts mehr normal, aber das ist jetzt eben so. Nicht dagegen ankämpfen, es akzeptieren. Auch wenn's wahnsinnig hart ist.

Tief und ruhig ein- und auszuatmen trägt tatsächlich dazu bei, das vegetative Nervensystem zu beruhigen. Was sonst nur Tabletten oder Drogen schaffen, kann man auch mit der Kraft des Atmens erreichen. Ich musste 41 werden und dieses ganze Grauen erleben, um zu begreifen: Die Kraft liegt wirklich in einem selbst. Das darf ich nur nicht wieder vergessen, auch nicht in den übelsten und heftigsten Momenten.

Nach dem Bach-Walk hält meine Schwester mit dem Auto vor dem großen Supermarkt, in dem ich in all den Jahren schon sicher tausend Mal eingekauft habe.

»Bereit für die Challenge?«, fragt sie.

Ich merke, wie mein Puls zu rasen beginnt.

»Logo«, antworte ich betont kämpferisch. In Wahrheit habe ich blanke Angst. Vor einem Supermarkt. Das darf doch nicht wahr sein. Das Alltägliche wirkt so einschüchternd, weil es keinen Alltag mehr für mich gibt. Ich kann mich selbst analysieren, das ist schon mal ein Anfang, hoffe ich.

Auf dem Weg zum Eingang ermahne ich mich selbst, mir keinen Druck zu machen. Einatmen, ausatmen. Oder wie Jillian vorschlug: »Wenn wieder eine Angstattacke kommt, begrüße sie, sag: Hallo, liebe Angst. Schön, dass du da bist. Ich weiß, du meinst es nur gut mit mir.«

Im Supermarkt kaufe ich drei Flaschen Bier, die ich vor
mir hertrage und umklammere, als wären sie mein Schutzschild. Meine Schwester steht beim Chipsregal und ruft
mir zu: »Hey, Diamond Sister, klappt doch super, das Einkaufen, oder?«

Ich merke, wie ich anfange zu schwitzen. Am liebsten
würde ich das Bier auf den Boden werfen und rauslaufen.
Aber ich will es schaffen. Meine Angst besiegen. Ich atme
und atme und atme.

Wir stellen uns an die viel zu lange Schlange vor der
Kasse. Auch das noch. Es dauert alles ewig. Kurz bevor wir
dran sind, meint Jillian: »Ich brauch noch ein Shampoo,
bin gleich wieder da.« Weg ist sie.

Ich bin allein in einer Supermarktschlange und fange
an zu zittern. Ich ahne, dass ich es nicht schaffe, das Bier
auf das Band zu legen, weil ich keine Kraft dafür habe. Ich
drehe mich um. Wo bleibt meine Schwester, verflucht? Es
ist der reinste Horror. Da sehe ich, dass ein Zwei-Meter-
Mann hinter mir steht und mich anlächelt.

Erleichtert und dankbar lächle ich zurück. Wenn ich um-
kippe, fängt er mich auf. Da bin ich sicher. Der Zwei-Meter-
Mann beruhigt mich etwas. Mit zitternden Fingern gelingt
es mir, die Flaschen nicht fallen zu lassen. Sie liegen auf
dem Band, Jillian ist zurück und streichelt meine Schulter.
Sie spürt, dass es mir nicht gut geht. »Du machst das soooo
toll«, sagt sie aufmunternd. Die Supermarkt-Kassiererin
schaut mich verwirrt an.

»Mein erster Einkauf«, sage ich.

Sie lacht.

War kein Witz, aber egal. Ich könnte sie spontan umarmen, denn jetzt merke ich, wie sich mein Körper beruhigt.
Mein Herz, die Hände, kein Zittern mehr. Ich schaffe es
sogar, Bier, Chips und Shampoo (was braucht frau mehr?)
mit meiner Karte zu bezahlen und die vierstellige PIN-

Nummer auf der winzigen Tastatur zu tippen. Vor ein paar Sekunden wäre das noch unmöglich gewesen.

Ich fühle mich auf einmal wie eine Superheldin. Wie Iron Woman. Bin im totalen Adrenalinrausch, weil ich es geschafft habe, in einem Supermarkt einzukaufen. Als wir draußen sind, schreie ich laut: »Yeeeeahhh!«

Umstehende Menschen zucken zusammen und sehen mich fragend an.

»Yeahhh!«, rufe ich immer wieder, klopfe mir auf die Brust und mache das Victoryzeichen.

Was sich da für ein fantastisches Glücksgefühl in mir breitmacht! Wie unfassbar gut sich das anfühlt! Ich war einkaufen, ohne zu kollabieren. Jillian fällt mir stolz um den Hals, als hätte ich den härtesten Wettkampf meines Lebens gewonnen.

Vielleicht war er das auch.

13. August, Tage wie dieser

Die halbe Welt betäubt sich, wenn was wehtut.

Kopfweh? Aspirin. Übelkeit? Magentropfen.

Schlafprobleme? Schlaftabletten.

Ängste? Antidepressiva.

Stell dir vor, du hast alle Schmerzen, die es gibt, die volle Palette: Herzrasen, Atemnot, Schmerzen in der Brust, den größten Liebeskummer, Gelenkschmerzen, Übelkeit, Wackelpudding-Knie, Appetitlosigkeit, Lustlosigkeit, Angst, Übernervosität, unkontrollierbare Gefühlsausbrüche, Schlaflosigkeit, Zitterattacken – und du nimmst nichts.

Du hältst das aus. Tage, Wochen, Monate.

Das ist Trauer.

Stell dir vor, dieser Mensch bist du.

Sei stolz auf dich.

Denn du bist stark. Du bist stark!

Und wenn du mal schwach bist, bist du in Wahrheit noch viel stärker.

14. August,
Super-Dessous zum Super-Vollmond

Beim heutigen Bach-Walk ist Leo davongelaufen, weil er wohl was Essbares gerochen hat. Ich bin hinterhergerannt (die Knie wackelten plötzlich nicht mehr), damit er nicht auf die Straße und vor ein Auto flitzt – und was passiert mir im Laufen?

Mein Slip unter meinem Sommerkleid ist heruntergerutscht. Ich hatte es nicht schwarz auf weiß, sondern rot (Slip) auf grün (Wiese): Ich habe abgenommen. Deutlich.

Und: Ich brauche dringend neue Unterwäsche, da ich die Natur nicht mit meinen Dessous zupflastern will.

Also starte ich eine etwas bizarre Aktion: Ich bestelle mir im Internet die schönste, edelste Unterwäsche, die ich finden kann. Vielleicht wird sie nie ein Mann zu sehen bekommen. Dann die Erkenntnis: wurscht. Ich habe sie für mich bestellt. Damit ich mich in meiner neuen Haut wohlfühle.

Weil ich es mir wert bin, yes.

Welcher Mann will schon künftig etwas mit mir zu tun haben? Ich glaube, sie werden alle einen riesigen Bogen um mich machen.

Oh shit, werden sie denken, die ist Witwe, weint ständig, ist voll depri, so eine Psycho-Lady, die nur von ihrem verstorbenen Mann labert, der der tollste von allen war.

Ich werde für immer allein sein. Umso mehr muss ich mich neu lieben lernen. Und umso mehr muss ich mich um mich kümmern. Eigentlich müsste ich mich wie eine Profisportlerin ernähren, denn mein Körper arbeitet permanent auf Hochtouren – gegen den Schmerz.

Deshalb koche ich abends wieder überwürzte Pasta für meine Eltern und meine Schwester (die sie jedes Mal aufs Neue so überschwänglich in den höchsten Tönen loben, dass ich etwas skeptisch werde).

Heute gibt es tatsächlich etwas zu feiern – es ist Super-Vollmond.

Nachdem mich der Neumond literally umgehauen hat, vertraue ich auch dem Super-Vollmond und seinen Superkräften. Auf der Terrasse strahlt er uns abends an, und ich schreibe meine Wünsche auf.

Was ich mir vom Super-Vollmond wünsche:

Wachsende Stärke

Wachsende Liebe (für mein neues Ich und mein neues Leben)

Nach dem Mondritual und einem heiteren Family-Abend liege ich im Bett meiner Eltern (sie schlafen rücksichtsvollerweise nach wie vor im Wohnzimmer auf den Sofas; Jillian pennt in ihrem alten Kinderzimmer, mein Kinderzimmer ist ein Arbeitszimmer geworden) und stelle überrascht fest: Heute ist der erste Tag nach vier Monaten und vier Tagen, an dem ich nicht geweint habe.

Ich. Habe. Nicht. Geweint.

Ich weiß nicht, ob das gut ist oder schlecht, aber es fühlt sich sehr ungewohnt an: 24 Stunden ohne Tränen.

15. August, mittags in der Sonne im Glamour-Garten

Ich lese gerade das Buch »Du bleibst in meinem Herzen – Wie Sie Trauer verstehen und bewältigen«, meine Füße baumeln im Hunde-Pool, den ich Leo mal geschenkt habe, den aber bei dieser Hitze die ganze Familie für Fußbäder oder Gartenschlauch-Duschen nutzt. Am Ende des Buches gibt es einen Fragenkatalog, über einen Monat verteilt soll man pro Tag drei Fragen beantworten. Aber ich mache gleich den gesamten Fragenwumms. Ich will ja schließlich vorankommen mit meiner Selbsttherapie, obwohl das schon hartes Zeug ist.

Da tauchen Fragen auf wie: Was mache ich, um nicht an den Tod zu denken? Warum will ich meine Gefühlsausbrüche beenden? Was heißt es für mich, weiterzuleben? Welcher traurige Gedanke geht mir täglich durch den Kopf? Durch welchen schönen Gedanken möchte ich ihn ersetzen? Warum möchte ich mich wieder glücklich fühlen?

Während ich vor mich hin schreibe – Schreiben soll ja helfen (mit meinem Tagebuch habe ich also intuitiv alles richtig gemacht) –, bekomme ich eine WhatsApp von Michael.

Er berichtet, dass mir der Verleger vor ein paar Tagen geschrieben hat. Per Mail. Ich checke meine Mails seit Wochen nicht, weil mein Postfach eh voll ist. Jetzt tue ich es doch. Lösche Mails, lese Mails. Weitere Beileidsbekundungen und dazwischen tatsächlich die Verleger-Mail. Ich mag ihn sehr für seinen Humor, seine Schlagfertigkeit und Empathie, und er meint es sicher gut. Aber seine Zeilen sorgen bei mir für Gänsehaut, Übelkeit und Herzrasen.

Der Verleger fragt, ob wir uns nicht mal zum Frühstück in einem netten Café treffen könnten. Mein Leben ginge doch weiter. Ob ich nicht wieder – in kleinen Schritten – in den Beruf zurückkehren möchte?

Das ist definitiv zu viel für mich. Ich finde gerade in kleinen Schritten in mein neues Leben zurück. In kleinen Schritten in die Arbeit? Verkrafte ich noch nicht. Nicht mal den Gedanken daran. Dass mich dann alle täglich fragen, wie es mir geht, allein die Vorstellung ist furchtbar. Diese Mail setzt mich so doll unter Druck, dass ich gleich wieder Angst habe, zu implodieren.

Ja, es ist mein Leben, das weitergeht. Das spüre ich jede Sekunde schmerzlich. In ein Café zu gehen, ist bestimmt nett, aber für mich noch völlig unmöglich. Ich habe gerade meinen ersten Supermarkt-Besuch halbwegs hingekriegt. Unter Leuten zu sitzen, zu reden, womöglich jemanden zufällig zu treffen, der mich kennt und mit Beileid überschüttet, nein, bloß nicht, davon bin ich noch gefühlte Lichtjahre entfernt.

Ich arbeite an mir, dass ich wieder arbeiten kann. Doch das checkt kein Mensch. Alle denken, ich hätte die schlimmste Zeit hinter mir. Dabei bin ich mittendrin.

Dieser Druck von außen engt mich zusätzlich ein – und ich fühle mich eh schon von meinem Schmerz zerquetscht. Warum gibt mir niemand Zeit? Warum muss ich sofort weiterfunktionieren?

Alles soll heiter weitergehen. Vier Monate hatte ich Zeit, das mag in den Augen anderer eine unglaublich lange Zeit sein. Für mich ist das nicht so. Tag für Tag kämpfe ich mich langsam aus meinem Loch. Das geht leider nicht schneller. Warum erwarten das alle? Hat niemand von ihnen geliebt, niemand gelitten? Dann müssten sie es doch wissen.

Ich werde richtig wütend, merke, wie wieder dieses diffuse Gefühl hochkommt, das meinen Körper zittern lässt. Ich muss weinen, würde gerne schreien, aber die Nachbarskinder spielen gerade im Sandkasten. Also reiße ich mich zusammen, obwohl ich das nicht soll, wie ich zigfach gelesen habe. Ich soll alles rauslassen, sonst wird es mir nie besser gehen.

Ich rufe Michael an und lade meinen Frust, meine Ängste, alles auf ihm ab. Der Arme. Ich will ihn mit meinem Gefühlsscheiß nicht belasten, er hat wirklich andere Dinge im Kopf. »Kimberly, du belastest mich null«, sagt er sanft.

Ich muss wieder weinen, bin völlig durcheinander, will nicht so sein, wie ich bin.

Trauerfrau statt Powerfrau. Verflucht. Wann hört das endlich auf?

Michael meint, er würde mit dem Verleger reden. »Nein, ich schreib ihm schon«, antworte ich. »Aber ich brauche einfach Zeit. Keine Ahnung, wie lange, ich weiß, das ist völlig blöd für euch alle, aber wie soll ich wieder arbeiten, wenn ich schon auf dem Weg zum Supermarkt Herzrasen kriege?«

Michael leidet mit mir, das merke ich. Obwohl er selbst glücklicherweise noch keinen Trauerfall in seiner Familie hatte, ist er empathisch und versteht mich. Einer der sehr, sehr wenigen Menschen auf der Welt.

Er schlägt vor, seine Freundin Sigi mal zu fragen, ob sie mit mir reden mag. Ich kenne sie von ein, zwei Treffen, fand sie auf Anhieb ganz großartig. Sigi ist Coach, spezialisiert auf Trauma. Sie ist eine zierliche blonde Frau voller Kraft und Liebe.

»Irgendwie bist du ja traumatisiert«, sagt Michael.

»Trauer ist was anderes als ein Trauma«, sage ich. »Hab ich in einem der Bücher gelesen. Aber schaden kann es sicher nicht. Also frag Sigi gerne, vielen Dank.«

»Sitzt du im Hunde-Pool?«, will Michael noch wissen, der sich oft amüsiert hat, dass es so etwas überhaupt gibt.

»Nach der Verleger-Mail fülle ich den Hunde-Pool mit Wodka auf und leere ihn auf ex«, sage ich.

Wir lachen. Ach, wie befreiend es ist, mal kurz zu lachen in diesem stockfinsteren Wahnsinn.

Ich schreibe dem Verleger: »Danke für Ihre Zeilen. Lassen Sie uns sehr gerne mal sprechen. Allerdings brauche ich noch ein bisserl Zeit, bitte. Gerade brechen alle Emotionen, die ich in den letzten Wochen verdrängt habe, aus mir raus. Das ist anstrengend, aber anders geht es wohl nicht. Ich muss mich dieser Trauer stellen und sie verarbeiten, um sie zu bewältigen. Genießen Sie den Sommer. Liebe Grüße!«

Prompt antwortet er: »Alles klar. Passen Sie gut auf sich auf, freue mich auf ein Wiedersehen.«

Uff. Diese winzige Baustelle wäre erledigt, fehlt nur der ganze Rest: mein zerbrochenes Herz, meine verwundete Seele, mein unzuverlässiger Körper.

16. August, Zeit zu reden

Coach klingt so viel sympathischer als Therapeut. Ich muss ja auch nicht wirklich therapiert werden, ich bin nicht krank, nur unendlich traurig und seelisch verletzt. Ich muss gecoacht werden. Wie ich mein neues Leben packe, ohne ständig die Nerven zu verlieren. Wie ich von der Trauerfrau wieder zur Powerfrau werde.

Ich schreibe also Sigi, Michaels Freundin: »Ich dachte, das Schlimmste sei bereits passiert, aber es fühlt sich so an, als sei ich gerade am Tiefpunkt. Alle Emotionen und Schmerzen brechen aus mir heraus, sodass ich bei den banalsten Alltagsdingen denke, der Himmel fällt mir auf den Kopf oder mein Herz zerspringt. Ich will keine Psychopillen einwerfen, sondern es so schaffen, auch wenn es körperliche und emotionale Schwerstarbeit ist. Die Frage ist eben nur: wie? Falls Du einen Tipp hast, wäre ich Dir unendlich dankbar.«

Kurz darauf erreicht mich eine Sprachnachricht von Sigi. Darin sagt sie mit ihrer unglaublich warmherzigen Sonnenschein-Stimme: »Meine liebste Kimberly, es freut mich sehr, von dir zu hören. Vorweg möchte ich sagen, dass mit dir alles in Ordnung ist. Das ist dir hoffentlich klar, oder? So wie dein Nervensystem auf Verlust reagiert, ist ganz normal.«

Sofort kullern die Tränen. Ich bin dankbar für ihre Worte, die mir bestätigen, dass ich normal bin. Denn seit Monaten denke ich, dass ich nicht mehr normal bin, weil ich eben keine Normalität mehr habe. Ich weiß nicht mehr, was überhaupt normal ist.

Weiter sagt Sigi: »Du bist auf einem krassen Entzug. Wenn du jetzt das Gefühl hast, dass die Dinge Fahrt aufnehmen, in eine negative Richtung, dann ist auch das ein sensationelles Signal. Denn wir können das umdrehen, das geht wirklich. Die Sache ist nur, ich habe da nicht einen einzelnen Tipp. Von deiner jetzigen Position aus kannst du nicht cold Turkey ins Glück gehen. Das ist eine Reise, das wird ein Prozess sein. Es kann in zehn Tagen, in 28 Tagen schon viel besser sein. In neunzig Tagen sehr, sehr viel besser. 55 Tage – da ist oft so ein Break möglich. Aber ich denke, wir sollten mal telefonieren. Eine Stunde reden, schauen, ob du durch unser Sprechen ein bisschen Erleichterung spürst. Und ich überlege mal, welche Tools ich dir mitgeben kann, um dir zu helfen. Ein wenig zumindest, und dann vielleicht ein wenig mehr. Und noch ein bisschen mehr, in deinem Timing. Du bist eine Powerfrau, das ist deine Grundeinstellung, und die geht nicht weg. Egal wie sich das jetzt im Außen äußert. Fuck that. In dir drin geht's trotzdem ab wie in einem Kraftwerk. Wir schauen mal, in welche Richtung das alles will.«

Abends um 18 Uhr sind wir zum Telefonat verabredet. Ich sitze in dem Arbeitszimmer meiner Eltern, das früher mein Kinderzimmer war. Hier, wo ich mich einst so behütet gefühlt habe, führe ich jetzt ein Gespräch mit Coach Sigi, weil mein Mann gestorben ist und ich mich überhaupt nicht mehr behütet fühle. Wir reden eine Stunde, und ich bekomme von Sigi die Bestätigung, dass ich mein Nervensystem umschreiben sollte. Dass ich zuvor im Überlebensmodus war und nun nur noch aus Schmerz, Angst und schlechten Gefühlen bestehe. Nun darf ich die Gefühle umprogrammieren. Aus Angst darf Neugierde werden. Und ich soll mit mir selbst geduldig sein. Mich nicht selbst unter Druck setzen – sei es auf dem Weg zum Supermarkt oder in Hinblick auf meine Arbeit.

Present Moment: Wenn ich im Bach liege, spüre ich endlich wieder Leichtigkeit. Mein Schmerz ist für Sekunden wie ausgelöscht. Wie befreiend und heilsam das ist.

Sigi meint, dass mein Körper sensationell funktioniere, Körper und Geist hervorragend zusammenarbeiteten. Das Zittern sei ein Signal des Körpers, jetzt etwas zu ändern.

»Du bist inmitten einer Heldenreise«, sagt sie. »Vor dir liegt die Katharsis. Du bist die Storytellerin, du kannst deine Geschichte neu schreiben. Wie soll es nach dem allerdramatischsten Ende dieser Staffel, mit Clemens' Tod, in der nächsten Staffel weitergehen?«

Sigi möchte, dass ich mich selbst lobe, das auch aufschreibe: »Ich, Kimberly, funktioniere wie im Bilderbuch, auch wenn sich das gerade scheiße anfühlt. Ich, Kimberly, bin stolz auf mich. Ich, Kimberly, vertraue mir. Ich, Kimberly, fange an, meine Story neu zu erzählen.«

Sie fragt, was mir gerade guttut. Ich sage: Tee, Nüsse, Bier, Natur, erzähle ihr vom Bach, in dem ich gern barfuß spaziere.

Sigi: »Bier ist wirklich gut, weil Hopfen beruhigt. Wissen all die Wein- und Champagnertrinker gar nicht. Bach auch, leg dich doch mal rein, am besten nackt, tauche unter. Versuche, zwanzig Sekunden im kalten, fließenden Wasser auszuhalten, das ist der sogenannte Present Moment. Dann vergisst du alles in dir und um dich herum. In diesem Moment bist du ganz bei dir.«

Klingt perfekt, genau das brauche ich. Alles vergessen. Ich werde morgen im Bach baden, das verspreche ich Sigi, die mir in dieser einen Stunde so viel Bestätigung, Zuversicht, Zuspruch und Perspektive schenkt, dass ich erstmals spüre: Ich werde das schaffen.

Zum Einschlafen schreibe ich auch zum ersten Mal auf, wie ich mich morgen fühlen will (diese Übung, die positive Gefühle manifestieren soll, hat mir auch Michael empfohlen, und Sigi hat es bestätigt):

leicht
stark
lebensfroh
neugierig
optimistisch
entspannt
befreit in der Natur
gelassen
geborgen
geliebt

17. August, Abtauch-Premiere

Der Bikini sitzt, der Plan steht: abtauchen im Bach. In meiner Tasche habe ich ein Handtuch dabei und einen Wechselbikini. Ebenfalls im Gepäck sind meine Schwester, unsere Mami und Leo.

Jillian fand Sigis Idee mit dem Present Moment ebenfalls auf Anhieb verlockend. Ein Freund von ihr macht regelmäßig Eisbaden, sogar im Winter, fürs Immunsystem, und schwärmt stets davon.

Dann mal los. Am Bach angekommen, laufen wir im Sonnenschein erst mal dreißig Minuten durch das paradiesische Naturschutzgebiet, bis wir eine Stelle an einem prächtigen, rot blühenden Baum finden, die zum Abtauchen geradezu einlädt. Ich ziehe meine kurze Jeans, Shirt und Schuhe aus und gehe barfuß in den fröhlich plätschernden Bach, bis zu einem Punkt, der tief genug ist, um völlig unterzutauchen. Libellen umschwirren mich, als seien sie meine Bodyguards. Sind sie auch – für meine Seele.

»Waaaahhh, bist du krass«, ruft Jillian, als sie sieht, wie ich mich rücklings gegen die Wasserströmung erst in den Bach setze, dann alle Gliedmaßen von mir strecke und mich reinlege, die Nase mit einer Hand zuhalte und auch mit dem Kopf unter Wasser tauche. Ich fange innerlich an, die Sekunden zu zählen: 1, 2, 3, 4 ... Es mag kalt sein, aber ich spüre die Kälte nicht.

Was ich spüre: diese wunderbare Schwerelosigkeit im Wasser. Diese großartige Leichtigkeit. Die beruhigenden Geräusche des Wassers. Obwohl ich meine Augen geschlossen habe, kann ich das Funkeln und Reflektieren der Sonne auf der Wasseroberfläche sehen. Ich glaube, ein Fisch ist soeben gegen meinen kleinen Zeh geschwommen, es hat leicht gekitzelt. Ich muss Luft holen, tauche kurz hoch.

Jillian und Mami applaudieren, Leo läuft vor mir neugierig durchs Wasser und fragt sich wohl, was ich treibe. Ich lasse mich treiben. Beim nächsten Abtauchen halte ich mich nicht mit einer Hand an einem größeren Stein fest, sondern lasse mich von der leichten Strömung ein paar Meter forttragen.

Es ist traumhaft. Befreiend. Heilend. Ich denke wirklich an nichts. Bin ganz im Moment, lasse ihn geschehen. Mein Schmerz ist für Sekunden wie wegradiert. Meine Ängste und Sorgen – alles ausgelöscht.

Ich bin nur hier. Mit mir. Bei mir.

Was für ein ungeahnt fantastischer Zustand. Wie leicht und schön sich das Leben anfühlen kann. Ich hatte das total vergessen. Die Kraft des Baches packt mich sofort, macht mich süchtig. Ich fühle mich berauscht. Bach-berauscht.

Noch ein weiteres Mal hole ich tief Luft für einen erneuten Tauchgang. Insgesamt habe ich die zwanzig Sekunden unter Wasser locker erfüllt, es waren sicher mehr, aber am Schluss habe ich nicht mehr gezählt, sondern nur das Sein ausgekostet.

Als ich auftauche, tanzen Libellen um meinen Kopf, ich sehe Schmetterlinge auf dem Schilf, Leo, der mich euphorisch wedelnd begrüßt, als wäre ich drei Tage weg gewesen. Ungefähr so hat es sich auch angefühlt. Völlig high und seit viel zu langer Zeit mal wieder mit einem leichten Gefühl in mir gehe ich zurück zum Baum, wo Jillian und Mami auf mich warten. Gerade als ich mein Handtuch aus der Tasche fummele, sagt eine angenehme Männerstimme: »Servus, magst du mal etwas Bachkresse probieren? Ich habe sie gerade hier gepflückt. Schmeckt toll und gibt Superpower.«

Superpower?

Überrascht schaue ich hoch und sehe in bachblaue Augen in einem durch und durch heiteren, gebräunten Männergesicht mit kurzen hellen Haaren.

»Ich bin Mats, kenn deine Mama schon lange vom Hunde-Walk – und das ist Lino.« Er zeigt auf seinen kuscheligen Hund, der neben dem Baum im Schatten liegt.

»Ich bin Kimberly«, sage ich. »Bachkresse? Kann man die wirklich essen?«

»Klar, du musst nur gut kauen. Wenn sie dir zu bitter ist, spuck sie aus.«

»Du willst mich nicht vergiften?«

Er lacht und meint: »Warum sollte ich? Das mit uns geht ja gerade erst los.«

Ich stehe triefend nass im Bikini vor einem wildfremden Mann, nehme ein Blatt der Bachkresse und kaue es.

»Herrlich im Bach, gell?«, fragt er. »Ich mach das auch immer. Aber nackt. An einer anderen Stelle, wo man ganz sicher keine Leute trifft.«

»Ah ja«, sage ich kauend. Die Bachkresse schmeckt gut, bitter, aber nicht zu sehr. Ein bisschen wie Rucola – und doch anders. »Bachkresse ist eines der gesündesten Lebensmittel. Und schau hier, die wilde Minze, wie sie so schön lila blüht, wie sie riecht, wenn du sie zwischen den Fingern reibst«, erklärt Mats und drückt mir einen Stängel in die Hand.

Ich schnuppere daran. Mmmh! »Wie unfassbar frisch«, sage ich und wickle mir ein Handtuch um.

Zusammen gehen wir mit Jillian und Mami, Leo und Lino zurück zu unseren Autos.

Dabei erfahre ich, dass Barfuß-Mann Mats (er hat keine Schuhe an, trägt nur ein dunkles Shirt und kurze blaue Hosen) keinen Job hat, weil er keinen Bock mehr auf Stress und Arbeit hat. Er hat seit drei Jahren seinen Computer nicht mehr eingeschaltet, weil er – genau: keinen Bock auf Stress und Arbeit hat. »Das brauch ich alles nimmer«, meint er. »Ich arbeite nicht mehr und hab trotzdem nie Langeweile.«

»Hört sich perfekt an«, kommentiere ich.

»Und du so?«, fragt er. Tja. Und ich so. Ich überlege, was ich sagen soll. Seit dem Tod meines Mannes ist es das erste Mal, dass ich mit jemandem spreche, der nicht weiß, wer ich bin und was passiert ist.

Schreib deine Story neu, meinte Coach Sigi. Ja, aber wie? Es wird sich alles fügen, meinte sie.

Ich antworte Mats: »Ich arbeite gerade auch nicht. Ich tauche lieber ab.«

»Isst du noch Fleisch?«

Gerade esse ich nur Pasta, aber ich sage: »Logisch! Ich liebe Fleisch.«

»Ich grill nämlich gern bei mir im Garten und trinke Bier, das sind so meine Beschäftigungen.«

Wäre ich nicht Witwe, würde ich glauben, ich hätte meinen Traummann getroffen.

»Ich liebe Bier«, sage ich – und meine Schwester, die mit Mami vorgeht, dreht sich zu mir um und schaut mich so speziell an, wie sie mich im Teenie-Alter immer angesehen hat, wenn ich auf einer Party mit einem Jungen geflirtet habe, den auch sie ganz gut für mich fand.

18. August, ich lass mich nadeln

Ich habe die letzten PKs (Pink-Kitchen-Stammtische) abgesagt, weil mir gerade liebste Freunde und meine Stadtwohnung nicht nur räumlich gesehen zu weit weg sind. Meine Freunde machen sich natürlich Sorgen um mich, fragen oft und lieb nach, wie es mir im emotionalen Trainingslager bei meinen Eltern so geht.

Schorschi schreibt: »Wir schicken Dir Kraft. Du packst das. Nicht unterkriegen lassen. Heulen und weitermachen. Schließt sich nicht aus. Wirst geliebt. Vermisse(n) Dich.«

Wolfi kam mal vorbei, um Rosen (keine weißen!) für meine Mami einzubeeten (bei 34 Grad Mittagshitze), Frank schickt täglich Sprachnachrichten, und Doc Holiday hat angeboten, dass ich mal Akupunktur bei ihm in der Praxis probieren kann. Ich hab mich noch nie nadeln lassen. Ist das gut? Bringt das was?

Sigi meinte, schaden könne das auf keinen Fall: »Mach's, Mädel! Wenn dir das Leben so etwas schenkt, nimm es an.«

Mami fährt mich zur Praxis von Doc Holiday, die nur zehn Autominuten entfernt ist. Sie fragt: »Mäuschen, soll ich dich da vorn an der Ampel rauslassen?«

Oh shit. Sofort steigt Panik auf. Über eine Ampel gehen, eine große Kreuzung – ich glaub, dass ich das noch nicht schaffe. Wald, Natur, okay, aber das urban life ist mir noch total suspekt. Und es flößt mir Angst ein. Ich bin sauer auf mich, dass ich noch nicht so weit bin. Dann erinnere ich mich: niemals sauer auf mich selbst sein. Geduld haben. Stolz sein auf alles, was ich schon erreicht habe.

Ich sage: »Sorry, Mami, aber diese Kreuzung ist mir noch zu heftig.«

»Entschuldige, ja, klar. Hatte ich vergessen.«

Netterweise fährt sie mich direkt vor die Praxis.

Es ist kein Supermarkt, trotzdem macht auch dieser Ort mir zunächst Angst. Weil mir alles Angst macht.

Ich atme. Die Sprechstundenhilfe lächelt und hilft mir damit sehr.

Ich werde in einen kleinen Raum geführt, soll mich auf die Bank legen. Doc Holiday kommt, er fragt, wie es mir im Gefühls-Bootcamp so geht. Ich erzähle ihm die Kurzfassung, wie ich versuche, mein Nervensystem umzuschreiben, welche Bücher ich gelesen habe, was ich über meinen Körper gelernt habe, dass ich jetzt ständig Nüsse esse, Tee statt Kaffee trinke und Bier statt Wein, dass ich in der Natur spazieren gehe.

»Du musst dein Wissen teilen, Kimberly«, meint er und wirkt beeindruckt. »Welches Ziel soll die Akupunktur haben?«

Ich muss nicht lange überlegen. »Stress und Schmerz abbauen, ich spüre immer noch zu viel davon in mir. Und bitte Glücksgefühle aufbauen. Und ganz viel positive Lebensenergie.«

Er pikst mir vorsichtig zwei Nadeln ins Ohr, in beide Daumen, links in den Hals, rechts in die Schulter, in die Hände, und die letzte Nadel sticht er mir mitten auf den Kopf (sie tut am meisten weh). Zwanzig Minuten soll ich liegen, die Augen schließen und entspannen. Leichter gesagt als getan.

Er zieht den Vorhang zu, Musik gibt es nicht. Nur mich und die Nadeln – und meine Gefühle und Gedanken. Oje. Ich versuche, an etwas Schönes zu denken. Aber an was? Dass ich es in den Supermarkt schaffe, in eine Praxis. Atmen nicht vergessen.

Ich weiß nicht, nach wie vielen Minuten es passiert, aber in meinem Kopf fährt plötzlich eine Achterbahn. Mein Herz beginnt zu rasen. Was ist los mit mir? Keine Sorge, beruhige ich mich. Alles ist gut. Tausend Gedanken schießen durch meinen Kopf, dazu meine Aufregung. Ich habe das Gefühl, im Weltall zu sein. Dunkelheit und Sterne, bunte Lichter, hui.

Auf einmal spüre ich, wie ich aus meinem Körper heraustrete. Als würde ich nach oben schweben und über mir liegen. Ganz schön verrückt, diese Akupunktur. Ich fühle mich benebelt.

Und dann: unendlich müde. Ich habe das starke Bedürfnis, in einen tiefen Dornröschenschlaf zu fallen. Ich bin tatsächlich entspannt wie lange nicht.

Irgendwann geht das Licht wieder an. Eine Mitarbeiterin entfernt sanft die Nadeln. Sie sagt, ich solle nicht gleich aufstehen, erst in zwei, drei Minuten. Ich nicke, gehe anschließend wie in Trance aus der Praxis.

Meine Mami hat netterweise auf mich gewartet, empfängt mich und schaut mich neugierig an. »Wie war's, Mäuschen?«

»Gut. Verrückt. Entspannend. Aufregend. Irgendwie alles auf einmal. Ich habe einen Termin für nächste Woche ausgemacht.«

20. August, atemlos durch den Wald

Heute scheint keine Sonne. Völlig ungewohnt, ich glaube, seit dem Tod meines Mannes war es jeden Tag sonnig. Meine Schwester und ich haben am frühen Abend die Idee, noch mal Waldbaden zu machen. Gerade als wir aus dem Auto steigen, fängt es an zu regnen. Wir haben weder Schirm noch Regenjacke dabei.

»Spür den Regen auf deiner Haut«, meint Jillian. »Das ist auch schön. Regen bringt Segen.«

Wir walken offroad im Zauberwald, nach ein paar Minuten schüttet es richtig. Nach zwei Kilometern geht ein heftiges Gewitter los, dazu hören wir den Sound und die Stimme von Helene Fischer, die nicht weit entfernt ein Open-Air-Konzert gibt. »Atemlos durch die Nacht«, singen Jillian und ich mit. Wir sind beide komplett durchweicht, aber fröhlich.

»Hier riecht es nach Feuer«, stelle ich irgendwann fest. Tatsächlich. Nach ein paar Schritten sehen wir in der Entfernung einen brennenden Baum.

»Hat hier der Blitz eingeschlagen?«, fragt meine Schwester. »Oh no, im Gewitter im Wald – das ist keine so gute Idee«, fällt mir ein. Es blitzt und donnert fast sekündlich.

»Ich glaube, das Gewitter ist jetzt genau über uns«, sagt Jillian.

Wir schauen uns an, keine will die Erste sein, die Panik bekommt.

»Was tun?«, meint sie.

»Laufen. Ganz schnell laufen. Zurück zum Auto.«

»Okay.«

Wir rennen los, so schnell wie vielleicht noch nie in unserem Leben. Selbst mein neuer eleganter Slip ist klitschnass. Wir rennen über die Wurzeln, das Moos, durch die vielen Pfützen.

*Schritt für Schritt
ins neue Leben: Ich
balanciere, um wieder
Balance zu finden.*

Dazu Helene Fischers »Herzbeben« und mein Herzrasen.

Warum habe ich gerade Angst? Die Antwort lässt mein Herz wirklich beben: Weil ich hier und jetzt nicht von einem Blitz getroffen werden möchte. Vor ein paar Wochen hätte mir das überhaupt nichts ausgemacht, da war mir alles komplett egal, mein Leben eh zu Ende.

Jetzt spüre ich: Ich will leben, weil ich das Leben doch irgendwie mag. Sehr sogar.

Was für eine fantastische Erkenntnis. Im Rennen freue ich mich und spüre mich lebendig wie lange nicht.

Als wir durchnässt und atemlos beim Auto ankommen, wringen wir erst mal unsere Klamotten aus. In dem Moment landet ein gelber Marienkäfer auf meinem Daumen.

»Selbst im schlimmsten Gewitter wirst du von der Natur beschützt«, sagt meine Schwester erstaunt.

»Was für ein Abenteuer. Ich hatte gerade echt Angst«, antworte ich. »Aber es war eine gute Angst.«

23. August, erstes Frosch-Date

Katharsis-Feeling. Ich bin mitten im Trichter, wo es noch eng ist, aber danach wunderbar weit wird. Ich bin kurz vor der riesigen Weite, ja, das spüre ich immer mehr, ich muss alles nur weiter aushalten und geduldig sein. Stolz sein. Alle Gefühle feiern.

Mein Körper und meine Seele sind meine Therapeuten, wie ich gelernt habe. Meine Heilung beginnt in mir drin, ich muss sie nur zulassen. Das verstehen nicht viele Menschen. Aber die, die es tun, sind so viel weiter.

Was wirklich therapeutisch wirkt: Waldbaden oder Abtauchen. Ich war die letzten zwei Tage immer am und im Bach. Aus den zwanzig Sekunden Present Moment sind längst zwei bis drei Minuten geworden. Es tut so irre gut, das ist gar nicht zu beschreiben, es ist nur zu spüren.

Dazu die Natur. Jedes Mal nehme ich mir wilde Minze mit, streiche über die vielen Gräser, bestaune die Blütenpracht, freu mich über jede Libelle und jeden Schmetterling, kaue Bachkresse, gestern habe ich sogar kleine Äpfel (sauer, aber macht ja lustig) geerntet.

Heute ist beim Abtauchen ein Frosch auf meinen Zeh gehüpft und hat ihn geküsst. Ich, wir alle konnten es kaum glauben. Vielleicht ist es das umgedrehte Märchen. Die moderne Trauerversion. Nicht ich küsse einen Frosch, damit er sich in einen Prinzen verwandelt, sondern ein Frosch küsst mich, damit ich mich in mein neues Ich verwandle.

Frage an mich selbst: Warum habe ich das Leben früher nicht so intensiv wahrgenommen?

Feststellung: Meine Wackelpudding-Knie sind gar nicht mehr wackelig, sondern vom vielen Walken fester und stärker denn je. Ich dachte, ich sei schwach. Dabei entwickle ich neue Stärke. Und dazu täglich: Barfuß-Mann Mats. Obwohl wir uns zeitlich nie absprechen, treffen wir uns immer irgendwie irgendwann am Bach.

Heute ist so ein Moment nach dem Abtauchen und Zurücklaufen, da denke ich kurz, jetzt kommt ein Flashback. Zittern, Enge, Herzrasen, dazu ein Himmel, der mich erdrückt. Ich zwinge mich nicht, weiterzulaufen, sondern setze mich sofort auf die Wiese und weine los.

Mami macht sich Sorgen, denkt, es sei das Wetter.

»Nein, Mami«, sage ich. »Es ist der Schmerz, der rausmuss. Das dauert eben noch. Da muss ich noch ein paarmal abtauchen.«

»Sei stolz auf jede Träne, die du weinst«, meint Jillian. Wichtig: sich selbst nicht unter Druck setzen. Das sage ich mir jeden Tag, bei jedem Schritt. Es geht alles nicht über Nacht. Aber es geht.

Ab und zu wird es immer mal ein tiefes Trauerloch geben, in das ich falle. Aber ich komme da wieder raus. Ich darf nur keine Angst davor haben.

Zulassen, rauslassen. Stolz sein. Mein neues Mantra.

Als ich da also weinend in der Wiese hocke, kommt Barfuß-Mann Mats und meint zu mir: »Ich hab in meinem Auto Ohrringe aus Portugal gefunden. Da überwintere ich immer in einer Höhle. Die sind noch ganz neu. Magst du sie haben?«

Perplex sehe ich ihn und die Ohrringe an. Nach meinen Tränen fragt er gar nicht. Auch nicht, ob es mir gut geht. Okay, er sieht, dass es mir nicht gut geht. Aber er thematisiert es nicht, ignoriert es komplett. Er sagt einfach nur: Magst du Ohrringe haben? Ich bin so überrascht, dass ich sofort mit dem Weinen aufhöre und lächle.

»Wie lieb von dir! Die sind echt schön, aber leider nicht so mein Stil«, antworte ich und bereue es zugleich. Wie unfreundlich von mir. So kenne ich mich gar nicht. Aber vielleicht ist das auch mein neues Ich: direkter, ehrlicher, weniger diplomatisch, ich will niemandem mehr gefallen müssen.

»Zu orientalisch?«, hakt Mats nach. Ich nicke. Dann gibt er sie meiner Schwester, die sie zum Glück gerne annimmt.

»Was ist denn dein Stil?«, will Mats wissen.

»Mein Stil? Ich bin eher spießig.«

Er lacht, begutachtet meine kleinen Diamantohrringe, mustert mich von oben bis unten und sagt: »Du bist spießig? Haha! Schon klar. Du trägst immer diese kurzen Jeans-Hotpants und tauchst im Bach ab. Du bist nicht spießig, du bist sehr anders.« Er grinst mich an.

Ja, ich bin sehr anders – geworden. Mats kennt mich nicht, aber er hat mich durchschaut.

Was ich verrückt finde: Immer, wenn es mir in der Öffentlichkeit superschlecht geht, ob im Supermarkt oder am Bach, ich kurz vor einem Zusammenbruch bin, dann tauchen ganz zufällig Männer oder kleine Mädchen aus dem Off auf, die mir so wunderbar helfen, ohne dass sie es auch nur ansatzweise ahnen.

Aber wir glauben ja nicht mehr an Zufälle. Oder?

24. August, nachmittags, Glückstee trinkend

Nach Millionen von Tränen, unzähligen Kilometern, die ich in der Natur gelaufen bin, Hunderten von Briefen und WhatsApps, die ich beantwortet habe, zig Telefonaten mit der Pathologie und dem Deutschen Rentenbund Berlin, einer radikalen Ernährungs- und vor allem Trinkumstellung, nach dem Tiefstpunkt, der so erschreckend und angsteinflößend war, ist jetzt ein Wunder geschehen.

Ich bin keine Superdiva und kein Egozombie mehr. Ich unterhalte mich wieder mit meiner Familie, ohne dass es mich irre viel Kraft kostet, so wie in den Monaten davor.

Plötzlich sitze ich im Glamour-Garten meiner Eltern und sage Sachen wie: »Der Garten sieht echt schön aus, wie heißt noch mal diese tolle gelbe Pflanze da hinten links am Zaun?«

Meine Eltern haben mich angeschaut, als sei ein grünes Marsmännchen vor ihnen gelandet. Nach einem kurzen Schreck haben sie sich sehr gefreut. Was muss ich die letzte Zeit furchtbar gewesen sein.

Plötzlich also das:

Ich bin kein Trauer-Freak mehr.

Ich bin kein hilfloses Opfer mehr.

Ich bin kein ohnmächtiges Häufchen Elend mehr.

Ich bin neu geboren.

Ich bin die neue Kimberly.

29. August, Transformation in the making

Zeichen oder Fügung? Mein Handy hat plötzlich keinen Ton mehr. Wenn mich jemand anruft oder mir schreibt, passiert alles lautlos.

»Das ist Clemens«, meint meine Schwester, »er will, dass du endlich Ruhe findest.«

Was ich stattdessen finde, ist Ungeduld. Heute spüre ich so eine Unruhe in mir, dass ich durchdrehen könnte. Ab wann soll man sich noch mal etwas besser fühlen?

Ich habe das Gefühl, ich mache streberhaft-brav meine Hausaufgaben (alle Treffen absagen, zurückziehen, die Natur spüren, Tränen und positive Gefühle zulassen und genießen, Koffein weglassen, etc.) und komme nicht wirklich ans Ziel. Dann fällt es mir wieder ein, was ich mir gegenüber vor allem haben soll: Geduld.

Auch das noch. Geduld war noch nie meine Stärke. Ich hasse es zu warten, bin immer pünktlich, zuverlässig, zielorientiert, jetzt muss ich Geduld lernen.

Um mich zu beruhigen, gehe ich heute mit meiner Schwester mal wieder Waldbaden. Gleich zum Start laufe ich aus Versehen mit meinen nackten Beinen in Brennnesseln, was mich total freut, weil ich ihr Brennen spüre – und das Brennen übertüncht sogar meinen inneren Schmerz ein bisschen. Wie wohltuend. Ich sollte Brennnesselbaden machen, denke ich.

Neue Therapieform, aber vielleicht doch zu heftig.

Mitten im tiefsten Zauberwald, ohne Wasserquelle weit und breit, fliegt eine knallgrüne Libelle auf mich zu und umschwirrt mich. »Das ist so crazy mit dir und den Libellen«, ruft Jillian. »Da krieg ich echt immer Gänsehaut.«

»Ich auch«, sage ich leise.

Und zur Libelle: »Danke dir.«

Krafttier Libelle. Es wirkt. Die Libelle hat mir wieder Kraft geschenkt. Sie will mir Liebe geben. Andere Menschen mögen mich für verrückt halten, bitte schön. Aber ich glaube an die Kraft der Libelle. Ich muss über mich selbst schmunzeln. Wahrscheinlich werde ich im Alter keine dieser Katzenfrauen werden, die ohne Mann, aber mit etlichen Katzen lebt, sondern eine Libellenfrau, die lauter Libellen in ihrer Bude hat. Und in Brennnesseln badet.

Ich werde eine komplett durchgeknallte Dame sein, aber irgendwie auf verrückte Weise geheilt. Was Besseres kann ich mir im Moment kaum erträumen. Aber was interessiert mich derzeit die Zukunft? Ich weiß ja nicht mal, wie ich mich in fünf Sekunden fühlen werde.

»Neue Challenge?«, fragt Jillian im Auto auf dem Nachhauseweg.

»Okay, ich bin bereit.«

»Für was?«

»Fürs Alleine-Einkaufen im Supermarkt.«

»Waaasss?« Sie schaut mich irritiert an.

»Doch, wirklich. Ich probier's mal.«

»Sicher?«

Nichts ist mehr sicher. Aber ich sage: »Total sicher.«

»Wenn was ist, ich bin hier auf dem Parkplatz, nur ein paar Meter entfernt.«

Ich umarme sie, sie klopft auf meine Schultern wie ein Boxtrainer seinem Schützling vor dem nächsten Fight. Wer wird gleich k. o. gehen? Ich nicht. Ich bin kampfbereit. Motiviere mich innerlich.

Supermarkt, take this! Take me! Ich komme! Attacke!

Ach ja, und atmen. Betont tief und ruhig atmend gehe ich zu den Einkaufswagen, suche nach einem Euro in meiner kleinen Umhängetasche. Zittern meine Finger? Nein. Nein? Oh yeah! Oh Wunder!

Allerdings spüre ich bei jedem Schritt, den ich mich dem Supermarkt mit dem Einkaufswagen nähere, eine sich ausbreitende Übelkeit in mir. Ich versuche sie zu ignorieren und wegzuatmen. Ich wollte die Mutprobe, ich bestehe sie.

Eine Frau mit Kleinkind steht mir im Weg, entschuldigt sich und lächelt. Würden die Menschen nur ahnen, wie sehr sie mir mit einem kleinen Lächeln in solchen schwierigen Momenten helfen.

Ich fühle mich wie ein Gladiator auf dem Weg ins Amphitheater. Statt Löwen gibt's hier Tomaten und Grünzeug. Mein erster Fight.

Ich möchte ein paar Cherrytomaten in den Wagen legen, merke aber, wie mein Herz schneller schlägt und sich wieder diese bescheuerte diffuse Angst in mir breitmacht. Shit. Vielleicht wollte ich zu viel zu früh. Ich umklammere den Griff des Einkaufswagens, merke aber, dass es nichts bringt. Das Zittern ist zurück. Ich lasse den Wagen stehen, renne zum Ausgang. Auf dem Weg sehe ich einen Zeitungsständer. Mit leeren Händen will ich auch nicht rausgehen, das wäre eine zu große Niederlage.

Ich greife nach der *Abendzeitung* (die meine Eltern eh im Abo haben, wurscht, ich brauche nur eine Trophäe) und gehe den kurzen Weg zur Kasse.

Der bärtige südländische Kassierer lächelt mich an, ich zahle die Zeitung und merke, wie ich mich beruhige. Mein Puls, mein Herzschlag – alles normalisiert sich. Spontan sage ich zum Kassierer: »Moment, kann ich die bezahlte Zeitung bitte kurz hierlassen? Ich hab doch noch was vergessen.«

»Klar, gar kein Problem«, sagt er wieder so nett lächelnd.

Ich fühle mich auf einmal groß, stark, mächtig. Beflügelt von meiner eigenen Stärke eile ich zu meinem stehen gelassenen Einkaufswagen zurück – und kaufe so viel ein wie noch nie in meinem Leben. Massen an Wasser, Wein, Bier, Nudeln, Gemüse, Reis, Berge an Pombären, Nüssen und Oliven, Käse, Salami, Brot, Eier, Obst, Joghurt, Milch, Müsli, einfach alles, was meine Familie gerne isst und trinkt. Sogar für Leo kaufe ich etliche Rinti-Dosen und Leckerlitüten. Ich bin im totalen Supermarkt-Shopping-Rausch – und spüre meine Transformation. Da ich keine Furcht empfinde und mich darüber so freue, muss ich mich belohnen.

Der Tag der Ungeduld wird zum Tag des Genusses. Weil ich es kann. Tschakalaka.

Als ich mit meinem übervollen Einkaufswagen erneut beim Kassierer aufschlage, schaut der mich ungläubig, aber belustigt an. »Das war es, was Sie vergessen haben?«

»Ja.«

»Sie haben eine Zeitung gekauft und das alles vergessen? Den halben Supermarkt? Sonst kenne ich das nur andersherum.«

Er kann es offenbar nicht glauben. Ich irgendwie auch nicht, aber ich bin so stolz auf mich, dass ich ihm um den Hals fallen möchte.

»Ja, genau, ich hatte den halben Supermarkt vergessen. Zum Glück ist es mir noch eingefallen.«

Ich greife nach der Zeitung, grinse ihn an, und er sagt zum Abschied:»Lady, Sie sind ein Unikat.«

Ich nehme es als Kompliment, antworte:»Danke für Ihr Lächeln, das hat mir sehr geholfen.«

Er wird es nicht ganz verstehen, freut sich aber sichtlich und zwinkert mir zu:»Bis morgen hoffentlich!«

Über den Satz, der zunächst so banal klingt, denke ich lange nach. Bis morgen hoffentlich. Vielleicht ist das die Lösung. Ich brauche mehr Routine in meinem neuen Leben, mehr Übung. Denn das schenkt Sicherheit. Ich werde jetzt jeden Tag im Supermarkt einkaufen gehen – und sei es nur für eine Zeitung.

Als ich den Supermarkt mit zehn Einkaufstüten verlasse, läuft mir meine Schwester freudig strahlend entgegen.»Ich hatte mir Sorgen gemacht, dass du umgekippt bist.«

»Die Sorgen hab ich mir auch gemacht.«

»Aber wow, das ist ja der Hammer. Du bist der Hammer.«

Ich falle ihr in die Arme, fühle mich nicht ohnmächtig, sondern stark. Ich habe allein in einem Supermarkt eingekauft. Wie geil ist das denn, bitte schön? Die Welt mag mich dafür belächeln, aber ich habe die schlimmste Arena überlebt. Das Leben kann doch gut sein, nicht nur böse, schlecht und ungerecht. Und vielleicht bringt dieses ganze Glückssteeschlürfen, Naturbaden, Abtauchen ja doch etwas.

Zum ersten Mal nach sehr langer Zeit empfinde ich ein Gefühl in mir, das wie ausgelöscht war: Zuversicht.

31. August, Tag der Fleischeslust

Aufgewacht und völlig am Ende. Schweißgebadet, mal wieder. Ich spüre, wie mein Körper in der Nacht alles raushaut. Das Unterbewusstsein transformiert sich ebenfalls.

175

Ich finde das auf bizarre Weise interessant: Ich bin meine eigene Laborratte. Leider finden alle Versuche ungeplant und völlig ohne Vorankündigung statt. Ist es Trauer? Ist es Entzug? Es ist alles auf einmal. Und dann gibt es wieder Momente, in denen ich mich gestärkt fühle.

Ich muss an Michaels Worte denken: »Kündige Netflix, dein Leben ist spannender.«

Und tatsächlich: Es ist so spannend, dass es nicht zum Aushalten ist. Aber es macht sich auch immer mehr eine neue, mysteriöse und dabei magische Faszination in mir breit. Ich bin so gespannt auf alles, was noch kommt. Die einstige Angst verwandelt sich langsam in Neugierde. Halleluja!

Ich befinde mich in der aufregendsten Phase meiner Heldinnenreise. An einem Tag wie heute, an dem ich mich nicht ausschließlich grauenhaft fühle, habe ich gleich das Gefühl, da wächst eine Superkraft heran. Das soll nicht überheblich oder eingebildet klingen, aber dieser verdammte Schmerz ist so heavy, da ist jedes bisschen weniger an Schmerz so unglaublich gut. Das setzt erstaunlich viel Energie frei. Ich bin stolz auf meinen Geist und meinen Körper, dass alles so tipptopp miteinander funktioniert.

»Wie im Bilderbuch«, wie Sigi meinte.

OMG, wo soll das noch hinführen?

Es ist Zeit für eine neue Challenge: Ich gehe allein mit Leo spazieren.

»Sicher, Mäuschen?«, fragt Mami.

Eh klar: Nichts ist sicher. Trotzdem sage ich wieder: »Total sicher.«

Beim Schließen der Haustür hüpft mir Nachbars-Girl Sophie mit ihrem Springseil entgegen: »Hast du das Laufen jetzt gelernt?«

»Es wird langsam besser. Danke, wie geht's dir?«

»Ich habe mein Oktopus-Shirt in der Garage vergessen.«

»Oje, aber es ist wenigstens nicht weg.«

»Wann willst du denn jetzt endlich mein Kinderzimmer anschauen?«

»Wenn ich...«

»...besser laufen kann, ich weiß. Aber du kannst das doch voll gut. Häääähhh, ich check das immer noch nicht.«

»Ist auch eine komplizierte Geschichte.«

Leo und ich walken zum Park in der Nähe. Es tut gut, ihn an der Leine zu spüren. Etwas zum Festhalten zu haben. Nicht ganz allein zu sein.

Mitten auf der Wiese steht ein Rollstuhl, der leer ist. Was für ein tolles Zeichen, denke ich. Plötzlich konnte jemand wieder gehen und hat seinen Rollstuhl nicht mehr gebraucht.

Ich überlege: Alles in meinem neuen Leben ist logischerweise neu, eine Premiere. Also sollte ich diese Premieren feiern – wie Filmemacher, die ihren neuen Streifen im Kino vorstellen. Zugegeben, ich brauche keinen roten Teppich und das ganze Tamtam (bloß nicht!), aber ich könnte meine Premieren trotzdem mehr würdigen und zelebrieren. Welche Premiere, abgesehen vom Gassigehen, steht heute noch an? Worauf habe ich Lust?

Ich blicke in Leos Augen, wir beide denken das Gleiche: Fleisch.

Au ja, ich habe richtig Lust auf Fleisch. Ich werde erstmals das Feuer entfachen (und damit auch ein bisschen das Feuer in mir, hoffe ich) und den Grill meiner Eltern anschmeißen. Ich habe in den letzten Jahren oft und gern gegrillt, Steaks, Würstchen und Zucchinischeiben gewendet, aber das Feuer entfacht, das habe ich noch nie. Das war irgendwie immer Männersache.

Mein neues Ich hat großen Bock auf diese Herausforderung.

Nachtrag, nachts im Bett liegend

Der Tag der Fleischeslust war der Knaller. Ich habe es wirklich geschafft, den Grill mit der Holzkohle anzuzünden. Warum ich das früher nie getan habe, weiß ich nicht. Weil ich es nie musste. Weil immer ein Mann da war. Komisch, dass manche Rollenmuster noch so mittelalterlich sind. Frauen, die den Grill anzünden, gibt es nicht. Zumindest kenn ich keine. Abgesehen von mir – seit heute.

Fleisch zu essen tat so gut. Hat mich geerdet. Und trotzdem pocht mein Bauch gerade total komisch, nicht vom Lamm, sondern so, als sei mein Herz nach unten gerutscht und würde dort schlagen. Ich habe das Gefühl, mein ganzer Körper stellt sich irgendwie um.

An jedem Tag fühlt sich etwas anderes komisch an (gestern war meine rechte Gesichtshälfte geschwollen, irgendeine Entzündung, die aber von allein wieder wegging, vorgestern hatte ich grundlos starke Kopfschmerzen, zuvor hatte ich ein Ohrrauschen). Als würde mein Trauerschmerz jeden Zentimeter abwandern. Als würde sich auch mein Körper – parallel zur Seele – Stück für Stück neu definieren. Ein Restart der ungewöhnlichen Art. Ist das die Transformation? Keine Ahnung, aber ich war noch nie so sehr bei mir. Habe mich selbst und meinen Körper noch nie so bewusst wahrgenommen. Ich bin gespannt, wie meine Verwandlung weitergeht. Nur zur Veganerin werde ich nicht, das steht fest.

Beim Einschlafen habe ich mein neues Ziel im Kopf: aus Present Moments ein Present Life zu machen.

Ich finde, das hört sich ziemlich geil an.

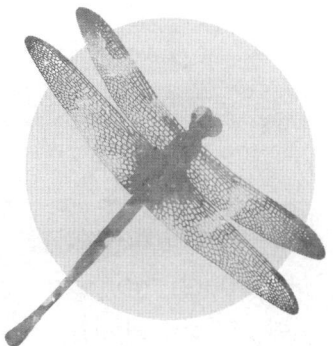

»Dir geht's
bestimmt besser.
Ich mach morgen
eine Botox-Party,
magst kommen?
Lenkt dich
sicher ab.«

Ein Schönheitschirurg, den ich
durch meinen Job kenne

September

1. September, Trauer trifft Trauer

Meine Güte, schon September.

Nach meinem Abtauchen am Bach: Zufallstreffen mit Barfuß-Mann Mats, was natürlich wieder überhaupt kein Zufall ist.

Er sagt Sachen wie: »Meine Haare sind so widerspenstig wie ich.«

»Gut zu wissen«, antworte ich lachend. Ich mag ihn. Er ist so angenehm unaufdringlich.

Nachmittags kommt eine gute Langzeitfreundin meiner Mutter zu Kaffee und Kuchen. Ich kenne Sylvie seit meiner Geburt, hab sie aber lange nicht gesehen. Vor sechs Jahren ist ihr Mann gestorben, mit dem sie nicht verheiratet, aber tief verbunden war. Vielleicht hat sie ja noch einen Tipp für mich. Obendrein war sie vor ihrem Ruhestand Ärztin.

Als das mit meinem Mann passiert ist, hat sie mir oft Fotos geschickt: Sonnenuntergang, Sonnenaufgang, blühende Blumen. Fand ich sehr nett. Bilder sagen in manchen Situationen wirklich mehr als Worte.

Wie auch immer, jetzt sitzt sie bei uns im Glamour-Garten. Zur Begrüßung drückt auch sie mich fest an sich, ist aber eher sprachlos. Was mich null stört. Ich habe ein bisschen Sorge, dass durch meine Trauer ihre Trauer wieder hochschießt. Aber alles zu tabuisieren, wäre ja auch größter Quatsch.

Zunächst reden wir über die Blumen im Glamour-Garten und den Hunde-Pool (sie hat ihre kleine Hündin Jackie dabei). Dann sagt sie irgendwann: »Geht es dir etwas besser?«

Die Frage aller Fragen.

Ich gebe ihr ein Selbstheilungs-Best-of, erzähle vom Rastplatz-Moment, vom Supermarkt-Breaking-Point, dem Beerdigungs- und Behördenirrsinn, von meiner Ernährungs- und Trinkumstellung, spreche über mein explodiertes Nervensystem, Adrenalin- und Cortisol-Overload, darüber, wie Nüsse helfen, Serotonin zu erhöhen, was sonst noch zum Aufbau von Glücksgefühlen beiträgt, wie gut mir die Natur tut, das Abtauchen, Waldbaden und Laufen.

Irgendwann schaut sie mich mit großen Augen an und meint: »Wahnsinn, Kimby, woher weißt du das alles?«

Interessant, eigentlich ist sie ja die Medizinerin. Ich sage wahrheitsgemäß: »Angelesen, ausprobiert und antrainiert.«

Sie nimmt gleich eine extragroße Portion von den Nüssen auf dem Tisch und isst sie. »Wir waren ja nicht verheiratet«, meint Sylvie schließlich. »Die Beerdigung, der Behördenkram, darum hat sich seine Tochter gekümmert. Witwenrente musste ich auch nie beantragen, weil ich keine Witwe bin.«

Hmm. Würde ich mir nachträglich wünschen, meinen Mann nie geheiratet zu haben? Macht eine Ehe den Tod noch komplizierter? Nein. Das Schlimmste ist der Schmerz, da kann einen auch keine Behörde mehr schocken.

Ich frage: »Hast du noch einen Tipp für mich, Sylvie? Was hat dir damals geholfen?«

»Wandern und Kontakte«, meint sie knapp. »Wenn ich allein bin, kriege ich die Krise. Deshalb plane ich meine Tage und Abende mit Freunden und Unternehmungen komplett durch.«

Also Hardcore-Ablenkung als Therapie.

Ich glaube, Sylvie hat sich in den letzten sechs Jahren ihrem Schmerz und ihrer Trauer nicht gestellt. Einfach weitergemacht. Dafür habe ich großes Verständnis. Und größten Respekt. Aber bei mir ging es nicht. Schmerz und Trauer haben mich eingeholt und umgehauen. Ich konnte nicht anders, als mich dem ganzen shit zu stellen.

Später, als Sylvie weg ist und wir alles bei Bier (ich) und Wein (restliche Family) besprechen, sagt Mami was Schlaues: »Weißt du, Mäuschen, Sylvie ist auch eine andere Generation als du. Selbstheilung war und ist da kein Thema.«

»Ich weiß. Es ist nur erstaunlich anders, wie sie es macht. Ich möchte gerne von tollen Menschen umgeben sein. Aber ich möchte die nächsten Jahre nicht permanent von Menschen umgeben sein müssen, nur weil ich sonst die Krise kriege.«

Es dämmert mir: Momentan bin auch ich nie allein. Aber irgendwann will ich das hinkriegen – ich muss das Alleinsein trainieren.

3. September,
Stadtausflug mit Striptease

Heftiger Tränen-Rückfall gestern beim Einschlafen. Moment. Das ist kein Rückfall. Es ist ein Fortschritt.

Heute steht ein nächstes Abenteuer an. Wir fahren in meine Wohnung in München, wo ich seit über einem Monat, aber gefühlt ewig nicht mehr war. Um Post (oh no) und Pflanzen (oje) zu checken. Die Pflanzen werden hin sein aufgrund des Hitzesommers und fehlender Gießerei, der Briefkasten wird überquellen von Rechnungen und Rentenzeug. Aber es gibt auch was Schönes, auf das ich mich freue.

Michael kommt abends zur Bierapie, das Wetter ist herrlich, immer noch sehr warm. Er wollte, dass wir uns bei seinem Griechen Zeus treffen, aber ich sagte meine Standardantwort: »Sorry, das ist mir gerade noch zu krass. Ich komme aus einem emotionalen Trainingslager und der Natur, für eine Bar brauche ich noch etwas Zeit.«

Er hat es zum Glück gleich verstanden und sitzt nun mit meiner Schwester und mir auf meinem Balkon. Umgeben von verwelkten, verbrannten und verdursteten Tomatenpflanzen und Blumen.

»Dein grüner Daumen ist echt beeindruckend«, sagt er frech. Ich muss grinsen. Früher hätte mich das geärgert, denn ich gartel gern. Heute muss ich Prioritäten setzen, sorry. Egoistisch sein. Lieber mich gießen und pflegen als die Pflanzen.

»Die schauen aus, wie ich mich die letzten Monate gefühlt habe«, sage ich.

Michael stößt mit mir an, drückt meine Hand.

»Die berappeln sich schon von wieder«, meint Jillian. Es ist so übertrieben optimistisch von ihr, dass wir inmitten des Pflanzenfriedhofs laut lachen müssen.

Wir sprechen über das vegetative Nervensystem und das zentrale, das fürs Kognitive zuständig ist. Warum es Menschen gibt wie mich, die immer funktionieren, aber ausgerechnet beim Autofahren oder auf dem Weg zum Supermarkt zusammenbrechen. Eine spannende Diskussion. Dazu berichte ich, wie wunderbar das Abtauchen im Bach ist. Wie unendlich viele Libellen es dort gibt.

Meine Schwester war anfangs skeptisch, was Michael angeht. Ob es so gut ist, dass ich meinen Chef treffe, fragte sie mich auf der Autofahrt in die Stadt. Sie ist Sternzeichen Löwe, Aszendent Löwe und als Doppellöwin will sie mich auch doppelt löwenhaft beschützen.

»Ich hab immer diesen Traum, Kimberly, dass alle Männer in deine Pink Kitchen kommen und nie wieder weggehen wollen. Alle verlieben sich in dich und ziehen bei dir ein.«

»Ach, Quatsch«, meinte ich nur. »Wer verliebt sich schon in eine Frau, die gerade ihren Mann verloren hat?«

»Alle!«

»Niemand!«

»Doch, jeder will deine neue Nummer eins sein. Jeder will dich beschützen und für dich da sein.«

»Ich erzähle jedem, wie schlecht es mir geht. Dass ich alles neu lernen muss. Die Liebe ist noch weit weg.«

»Ja, eben, das triggert alle noch mehr. Wenn du Schwäche zugibst, verlieben sich alle noch mehr in dich.«

Jetzt fragt Michael: »Stört es euch, wenn ich mein Hemd ausziehe?«

Jillian (konservativer als ich, besonders in Männerdingen) schaut irritiert und fühlt sich in ihrer These wohl prompt bestätigt.

Michael ergänzt: »Es ist wirklich unfassbar heiß auf diesem Balkon.«

Ich – die ihn ja schon in Badehose vom See kennt – sage grinsend: »Ich mach die ganze Zeit Seelenstriptease, über echten Striptease freuen wir uns noch mehr.«

Drei Minuten später zieht Michael auch noch seine Jeans aus, sitzt in Unterhose zwischen uns auf dem Balkon.

Jillian bringt es schmunzelnd auf den Punkt: »Es ist alles einfach nur noch verrückt.«

4. September, DJ-Ötzi-Time

Wir haben in meiner Wohnung übernachtet (Michael natürlich nicht). Jillian und ich saßen noch bis vier Uhr morgens auf dem Pflanzenfriedhof, quatschten über Männer. Es war schön, mal wieder in meinem Bett zu liegen, aber auch höchst emotional. Alles in meiner Wohnung erinnert mich an meinen Mann. Schon hart. Das schnürt mir in vielen Momenten die Kehle zu. Ich kämpfe seit Monaten gegen den Schmerz an, aber hier ist das Schmerz-Epizentrum. Das Trauer-Headquarter.

Hier ist alles mein Mann.

Neben meinem Bett steht noch immer der kleine oliv-farbene Koffer, den er damals für seine OP ins Kranken-haus mitgenommen hat. Ich habe es noch nicht geschafft, ihn zu öffnen. Allein die Vorstellung: seine Klamotten, sein Deo, sein Geruch, die letzte Zeitung, die er gelesen hat, der Brief, den ich ihm geschrieben und als Überraschung zwi-schen seinen Sachen versteckt habe. Nein. Das ist zu krass. Das packe ich nicht. Ich schiebe den Koffer unter den Ses-sel, damit ich ihn nicht sehen muss.

Wenn nur alles so einfach wäre.

Ich spüre, ich muss weg aus meiner Wohnung. Zurück zu meinen Eltern, zum Bach. Jillian versteht das und holt das Auto. Ich packe noch einen Pulli und ein T-Shirt mei-nes Mannes ein und nehme die ganzen Briefe mit, die ich heut nach dem Aufwachen geschrieben habe (Ren-tenzeug, Rechnungen für die Krankenkasse, Kondolenz-Danksschreiben).

Ich habe ein bisschen Angst, die Wohnung zu verlas-sen, weil mich die quirlige Stadt einschüchtert. Als ich die Treppen hinunterlaufe, spüre ich, wie meine Knie wieder zu Wackelpudding werden. Mist. Natur kann ich, Stadt nicht.

Unten vor der Tür wartet meine Schwester im Auto. Ich schaue auf die Straße, das Leben, die vielen Menschen. Spontan sage ich: »Lass mich noch kurz die Briefe einwer-fen, okay?«

»Klaro.«

Ich gehe die fünfzig Meter zum Briefkasten um die Ecke, es ist genau derselbe Weg wie zum Supermarkt. Meinem Breaking-Point-Supermarkt am 29. Juli. Ich atme tief durch, schaffe es bis zum Briefkasten und werfe alles ein. Ein paar Meter weiter auf der anderen Straßenseite steht die mit Aufklebern vollgepflasterte Straßenlaterne, bei der ich damals dachte, ich würde sterben – und umgedreht bin. Eingeschüchtert sehe ich zu ihr hinüber. Eine Straßenlaterne.

»Ich schaffe das«, sage ich laut. Todesmutig gehe ich zu der Laterne und klatsche sie ab. Halte mich an ihr fest, stehe da und schaue sie an. Ich glaube, ich streichle sie sogar. So viele Gedanken gehen mir durch den Kopf, schlimme Erinnerungen, aber da ist auch ein neues Gefühl des Triumphs. Hier und heute breche ich nicht zusammen. Ich bekomme nicht mal Angst. Aktuell glaube ich nicht, dass ich jetzt sterben werde.

Was für ein Fortschritt, wie großartig. Glücksgefühle machen sich in mir breit. Selbstheilungsstolz. Kraft. Ich jubele vor mich hin und singe DJ Ötzis Hit »Anton aus Tirol«, nur abgewandelt (keine Ahnung, wie ich darauf komme): »Du bist so toll, du bist so stark, du bist die neue Kimberly.«

Passanten sehen mich ungläubig an. Mögen sie alle glauben, dass ich spinne. Aber nennt mich Kimberly Tyson. Ich habe diesen Kampf eindeutig gewonnen.

Ich schreibe Sigi eine Nachricht. Dass ich meine Breaking-Point-Straßenlaterne besiegt habe. Sie antwortet sofort: »OMG! Das sind gute Nachrichten, Schatz! Der 29.7. is the f*** past. Denk immer daran: Jede neue Lebensphase kommt mit einem neuen Set an Gefühlen – positiven und negativen. Sei einfach neugierig und überlege weiter, wer du sein möchtest. Du bist der Hammer! Und vergiss nicht: Dein Ziel ist es nicht, Panikattacken zu vermeiden, sondern Glücksattacken und Zuversichtsattacken zu bekommen. Sei bitte einfach maximal lieb zu dir! Zu DIR!«

Ich versuche es. Try hard, live harder.

7. September, neues Image

Ich habe erstmals von einem Mann geträumt, der nicht mein Mann war. Ich weiß nicht mehr, wie er aussah. Ich weiß nur, dass er engelsgleich war mit wehendem Haar und mich sehr nett und höflich gefragt hat, ob ich meine Hand auf seinen Bauch legen mag. Ob ich schon bereit dazu bin. Ich weiß leider nicht, was ich geantwortet habe, denn gerade, als er mich so sanft und erwartungsfroh ansah, bin ich aufgewacht. Meiner Schwester erzähle ich von diesem Traum lieber nicht.

Mir fällt ein, dass ich viel Sex haben soll. Das habe ich in zahlreichen Büchern gelesen. Auch, dass Frauen meist ein schlechtes Gewissen quält, wenn sie das erste Mal nach dem Tod ihres Mannes Sex haben. Und dass sie meist hemmungslos weinen müssen, nachdem sie gekommen sind. Hmm, also ich weiß ja nicht.

Ich trinke lieber noch mehr Hopfen-Glückstee (Teespruch des Tages: Du lächelst, und die Welt verändert sich) und Bier und schaufle Nüsse in mich hinein.

Als ich im Bach abtauche (bin total süchtig nach dieser herrlichen Schwerelosigkeit geworden, liebe es, wie heimelig sich die Welt anfühlen kann, wenn die Natur einen umarmt!), landet danach beim Abtrocknen eine Libelle auf meinem Kopf. Als ich ins Wasser gegangen bin, sind gleich drei Frösche über meine Füße gehüpft. In meinem Krafttier-Buch, das mir Michael zur letzten Bierapie mitgebracht und geschenkt hat (echt bezaubernd!), steht zum Thema Frosch: »Es ist jetzt Zeit, loszulassen! Was immer du brauchst, wird sich zur rechten Zeit einfinden, also trenne dich von all dem Plunder, der dich nur belastet und bedrängt. Der Geist des Frosches möchte, dass du dir deinen Raum zurückeroberst und nicht darüber grübelst, was ›sein sollte‹, ›sein müsste‹ oder ›hätte sein können‹. Lass los und spring in die Freiheit – ohne das alte Zeug! Hältst du an Dingen fest aus Angst, deine energetische Vergangenheit zu verlieren, die Verbindung zu Menschen, die nicht mehr zu deinem Leben gehören? Oder bist du von all diesen Dingen umgeben, weil du dich schuldig fühlen würdest, wenn du dich von ihnen trennst?«

Ich bin mal wieder baff und berührt. Die Botschaft ist klar: Den Sprung ins neue Leben wagen. Und: Ich werde meine Wohnung entrümpeln. Alle Fotos und Hardcore-Erinnerungsstücke an meinen Mann müssen weg. Nicht weil ich ihn ausradieren will, im Gegenteil. Er ist ja eh nicht weg. Sondern weil ich nicht nach vorn schauen kann, wenn mich alles an die Vergangenheit erinnert. Mein Plan dank der Frösche steht: Sobald das Wetter nicht mehr so toll ist, es vielleicht sogar mal wieder regnen sollte, werde ich in meiner Wohnung loslegen.

Auf dem Weg zum Auto haben wir wieder Barfuß-Mann Mats getroffen. Wieder zufällig, wieder in Wahrheit nicht zufällig. Oder? Warum treffe ich immer diesen einen Mann?

Diesmal hat er einen Salat in der Hand, erzählt, dass ihm den eine Frau von den Feldparzellen geschenkt hat: »Zusammen mit meinen Gartentomaten wird das ein toller Salat.«

Ich stimme zu, erzähle von meinem Homefarming-Hobby. Dass in meiner Abwesenheit alle meine Tomaten verdurstet sind und mein Balkon ausschaut nach wie einem Blumenmassaker, verschweige ich lieber.

Was ich Mats nachgemacht habe: Ich gehe den Bachweg jetzt auch immer barfuß. Spüre die Gräser und die Erde. Es ist ein völlig anderes Gefühl, barfuß durch die Welt zu laufen. Ich fühle mich noch mehr eins mit der Natur.

Mats sagt beim Walken: »Der Bach hat übrigens dreizehn Grad. Und es gibt auch Schlangen darin.«

»Echt? Sind die giftig?« Gerne würde ich mal eine treffen. Vielleicht sind Schlangen auch Krafttiere, überlege ich.

»Nein, die sind nicht giftig. Aber keine Sorge, ich beschütze dich vor den Schlangen. Wenn ich an deiner Seite bin, wird dir nichts passieren.«

Jillian schaut mich wieder mit ihrem Alle-Männer-wollen-dich-beschützen-und-verlieben-sich-deshalb-in-dich-Blick an.

Ich sage amüsiert: »Du bist mein Bach-Bodyguard?«

Mats grinst lässig und meint nur: »Genau.«

Am späten Nachmittag habe ich den nächsten Nadeltermin: Akupunktur Teil 2. Doc Holiday ist – Überraschung – im Urlaub, aber eine nette Kollegin ist da und nadelt mich. Sie fragt: »Was ist Ihr Ziel? Entspannung?«

»Oh ja, bitte. Unbedingt.«

Elf Nadeln pikst sie mir in den Körper. Je zwei in die Schultern, in die Ohren, die Knie (bitte alles gegen dieses Wackelpudding-Feeling, damit es nie wieder zurückkommt), die Hände und in die kleinen Finger. Zum Schluss die Nadel mitten auf den Kopf.

Ich liege da und spüre erst mal: nix.

Plötzlich schlägt mein Herz wieder schneller, ich bin etwas aufgeregt und habe wieder das Gefühl, aus meinem Körper herauszutreten und zu schweben. Kurz darauf macht sich eine unglaubliche Ruhe in mir breit. Wie beim Bachbaden fühle ich mich leicht und schwerelos, aber es dauert länger als ein paar Present-Moment-Sekunden. Ich könnte auf der Stelle einschlafen. Leider ist die Zeit schon wieder rum, draußen vor der Praxis wartet meine Mami mit Zeitung in der Hand auf mich.

»Und, Mäuschen, wie war's?«

Irgendwie dreht sich alles, ich bin völlig high.

»Ganz gut. Ich bin nur unglaublich müde.«

»Das ist doch schön.«

Ich nicke nur, weil das Sprechen zu anstrengend ist. Auf der Heimfahrt kommt es mir vor, als wäre meine Mutter Formel-1-Pilotin und würde mit 400 Sachen heimdüsen. Alles fühlt sich anders an. Wenn mir gleich ein rosa Elefant begegnete, ich wäre nicht sonderlich überrascht.

Vor der Haustür malt Sophie mit Kreide.

»Kannst du besser laufen?«

»Ich glaub, ich lerne gerade fliegen.«

»Häh!? Echt jetzt?«

»Ja.«

»Ich will auch fliegen. Kannst du es mir beibringen?«

Das Sprechen ist so anstrengend. Meine Zunge fühlt sich wie betäubt an. Ich winke ihr selig lächelnd zu, will gehen, doch da kommt Sophies Mama, die ich außer vom Hallosagen kaum kenne.

Sie sagt: »Du bist Kimberly, oder? Sophie schwärmt ständig von dir.«

Ich muss mich echt zusammenreißen, nicht dass die Mama denkt, ich nähme Drogen oder sei zugedröhnt. Wir reden über Kinder, Leo, dies und das. Nach etwa zehn Minuten sagt sie: »Und wenn ich das noch loswerden darf, du hast echt tolle Beine. So braun, so lang, so schlank, so makellos, nicht ein Kratzer oder blauer Fleck. Ich schwöre, würde ich deine Beine haben, ich würde nie wieder Hosen tragen.«

Die Trauerdiät verschweige ich natürlich. Stattdessen sage ich: »Oh, wie lieb. Vielen Dank. Na ja, ich laufe gerade viel.« »Das hat Sophie auch erzählt.«

Was wünsche ich mir derzeit mehr als tolle Beine? Ich beschließe, nicht weiter darüber nachzudenken, wie unterschiedlich die Sehnsüchte der Menschen sind, sondern freue mich einfach über das nette Kompliment.

Die Sophie-Mama erzählt mir von den Schlafproblemen ihres Mannes. Dass er immer diagonal im Bett liege. Wie sehr sie das störe. Aha. Ich sage irgendwas Lustiges, das sie zum Lachen bringt. Keine Ahnung, ich bin voll beduselt. Ich merke, wie gern sie mit mir über ihre Beziehungsprobleme spricht. Mein Beziehungsproblem ist leider nicht so leicht wegzulachen. Mein Mann ist gestorben. Ob sie das überhaupt weiß?

Ich glaube nicht, dann würde sie nicht so locker-flockig mit mir reden. Dann käme die ganze Beileidskeule.

Schließlich sagt die Sophie-Mama: »Wir machen morgen ein Gartenfest. Magst du kommen? Ich würde mich freuen. Mein Mann hat Geburtstag, aber er mag seinen Geburtstag nicht, weil wir da immer streiten. Also verschweigen wir das mit dem Geburtstag und feiern einfach ein Gartenfest.«

Ich bin der Stadt entflohen, habe alle Einladungen und Treffen mit Freunden abgesagt und werde nach einem Zehn-Minuten-Talk von einer Frau, die ich nicht kenne, zu einer Party eingeladen. Ich kann allem entfliehen, zwei Meter von der Haustür entfernt holt es mich trotzdem ein, das soziale Leben.

Das Gartenfest wird bestimmt lustig, aber lauter Mütter mit kleinen Kindern, oje. Die jungen Mütter würden sicher fragen, ob ich einen Mann oder Freund habe. Und wenn ja, wo er ist. Was soll ich antworten? Ja, ich bin verheiratet. Aber mein Mann ist vor fast fünf Monaten gestorben. Dann kommen noch mehr Fragen. Will ich diese ganzen Antworten geben müssen? Nein. Natürlich nicht. Würde ich sagen, ich bin Single, würde irgendeine junge Mutter mich mit irgendeinem Bekannten verkuppeln wollen.

Ich sehe das alles kommen: Lügen, Chaos, Drama.

Daher sage ich: »Du, das ist echt lieb. Kann aber sein, dass wir morgen noch mal in die Stadt fahren, um meine Pflanzen zu gießen. Ist ja die ganze Zeit so heiß.«

»Versteh ich total. Ich liebe meine Pflanzen auch. Wenn du Zeit hast, komm einfach vorbei. Um 18 Uhr geht's los, und du würdest sicher super Stimmung reinbringen.«

Der Witz des Tages! Wenn sie wüsste. Ich bin der totale Partyschreck und Stimmungs-Downer. Und gerade völlig platt von der Akupunktur und dem vielen Reden. Ich verabschiede mich freundlich und schwebe wie eine Schlafwandlerin Richtung Glamour-Garten. Völlig erschöpft und high lege ich mich mitten auf die Wiese und schlafe in einer Nanosekunde ein.

Viel später – irgendjemand hat mich netterweise mit Decken und Handtüchern zugedeckt – komme ich im Gras zu mir. Meine Eltern und Jillian sitzen auf der Terrasse beim Aperitivo.

Jetzt ein Bier.

Beste Idee.

»Dornröschen ist zurück«, sagt mein Dad fröhlich.

»Ich glaube, ich hab in meinem Leben noch nie so tief geschlafen.«

»Diese Akupunktur ist schon auch spooky«, meint meine Schwester. Ob ich noch mal hingehe?

»Hmm«, sage ich. »Es war eine tolle, intensive Erfahrung. Aber ich denke, ich habe mein Ziel mit der Entspannung zu tausend Prozent erreicht. Jetzt ist es an der Zeit für neue Energie. Glücksgefühle zulassen – und vielleicht irgendwann auch ein Gartenfest.«

Ich erzähle von der Partyeinladung und meinem fatalen Image als Stimmungskanone.

Jillian sagt: »Du bist total die Stimmungskanone, du kriegst es nur nicht mit, weil dein Schmerz noch so viel überlagert.« »Besonders lustig und unterhaltsam bin ich gerade nun wirklich nicht. Andere Menschen und andere Probleme interessieren mich null. Ich tue nur so. Wenn ich mit Menschen reden muss, bin ich übertrieben fröhlich, damit sie gar nicht auf die Idee kommen, dass es mir nicht gut gehen könnte, und nicht nachfragen.«

»Wie ein Clown«, meint Dad.

»Du überspielst es zu gut«, meint Mami. »Niemand würde glauben, was dir passiert ist.«

»Die würden alle umfallen«, ergänzt Jillian. »Also geh zum Gartenfest, erzähl deine Story, und alle kippen um. Das ist auch eine Art von Stimmung.«

»Ich bin keine Stimmungskanone, ich bin die Stimmungsabrissbirne.«

Es ist alles absurd, dennoch müssen wir lachen.

Ich kapiere immer mehr: Es liegt an mir, wie ich mich morgen oder übermorgen fühlen werde. Ich entscheide, ob ich schauspielere oder tatsächlich unterhaltsam bin. Jeden Tag aufs Neue. Mein neues Ich is in the making, und ich habe es in der Hand. Wie soll mein neues Leben sein? Wie soll mein neues Ich sein?

Bis in die Nacht sitzen wir draußen, reden, lachen, diskutieren. Ich merke, dass es mich mittlerweile weniger Überwindung und Energie kostet, heiter zu sein. Schauspielere ich also gar nicht mehr, sondern bin ich so? Ich habe das Gefühl, dass ich mir selbst immer weniger im Weg stehe.

Ich werde es machen wie der Frosch. Ich wage den Sprung in meine neue Freiheit.

8. September, Gong zur Pause

Glückstee (Teespruch des Tages: Sieh das Licht in anderen) und Nüsse stehen auf der Wiese im Glamour-Garten neben mir. Da landet ein weißer Schmetterling (Seele der Verstorbenen) auf meinem Handtuch. Ständig bekomme ich Zeichen aus der Natur. Frösche, die meine Zehen küssen und eine Botschaft für mich haben, Libellen, die mir Liebe und Leichtigkeit schenken wollen und ständig auf meinem Kopf landen. Vielleicht werde ich auch einfach verrückt. Wie Brigitte Bardot, die heute nur noch mit Tieren redet. Obwohl ich sie aktuell sehr gut verstehen kann.

Wie auch immer: Ich glaube fest an meine kleine Krafttier-Farm.

Ich lehne mich zurück und schaue den Wolken zu, wie sie vorbeiziehen. Fühle mich geerdet, frei und leicht. Es ist unbeschreiblich, sich auch nur halbwegs gut zu fühlen. Für Sekunden und vielleicht sogar Minuten mal keine Ohnmacht zu spüren.

Pausen sind das Allerbeste. Früher in der Schule, mittags in der Arbeit und heute in meinem Leben. Ich habe eine Schmerzpause und genieße sie sehr. Wie schön es wäre, wenn sie nie enden würde.

Beim Blick in die Wolken kommt die Erkenntnis: Ich gehe nicht zum Gartenfest. Warum soll ich mit meinem Schicksal alle entertainen? Gesunder Egoismus ist momentan das Beste für mich. Ich grenze mich so lange ab und tauche so lange unter, bis ich mich zu hundert Prozent bereit und fit für die Welt da draußen fühle. Wann das sein wird, weiß ich nicht. Glücklicherweise spüre ich aber immer mehr, dass dieser Zeitpunkt kommen wird.

Nachtrag, kurz nach zwei Uhr nachts

Nachts im Bett höre ich die aufgekratzten Stimmen vom Gartenfest nebenan. Die Sophie-Mama und ihre Freundinnen singen Karaoke, gerade grölen sie ziemlich betrunken »Angels« von Robbie Williams. Auch das noch. Das Lied hat Wolfi auf der Trauerfeier für meinen Mann auf dem Klavier gespielt.

Ich liebe das Lied, aber ich kann es nicht mehr hören, ohne unkontrolliert emotional zu werden. Tränen laufen mir die Wangen hinunter. Ich habe wieder den Sarg vor Augen und dazu den tiefen Schmerz in mir. Tja, und ein paar Meter entfernt amüsieren sich Menschen zu diesem Lied wie Bolle.

Ich könnte mich an ihrer Lebensfreude stören oder neidisch sein. Bin ich aber nicht. Im Gegenteil. Ich freue mich über feiernde, lachende, lebensfrohe Menschen, weil sie mich daran erinnern, wie mein Leben mal war. Wie es wieder sein kann. Hoffentlich. Auch wenn es mir noch endlos weit weg scheint.

Nur manchmal ertappe ich mich bei dem Gedanken, dass ich den feiernden Menschen gerne etwas zurufen würde. Und zwar das: Genießt eure Glücksmomente noch viel, viel mehr! Es kann alles so schnell vorbei sein. Das Leben ist leider immer viel zu kurz.

9. September, God save the Queen

Zuletzt habe ich oft und stark daran gezweifelt, jemals wieder in meinen Job zurückzukehren. Dann passierte das: Die Queen starb. Und ich hatte einen Impuls.

Es gibt wohl keine Person, über die ich in meinem Berufsleben so oft geschrieben und geredet habe wie die britische Königin Elizabeth II. Gestern ist sie mit 96 Jahren gestorben, heute ist ein großer Nachruf über sie in der *Abendzeitung* erschienen. Geschrieben von mir.

Als ich gestern Nachmittag von ihrem Tod erfuhr, rief ich spontan Michael an. »Es ist mir ein Bedürfnis, den Nachruf zu schreiben. Eine Herzensangelegenheit. Darf ich?«

Er zögerte kurz. Wann immer ich früher mal in den Urlaub gegangen bin, war mein Standardsatz zu meinen Chefs: »Falls die Queen stirbt, ruft mich an, ich schreibe den Nachruf, egal wo ich bin.«

Michael gab mir dann grünes Licht, ich setzte mich an den Computer in meinem ehemaligen Kinderzimmer und tippte den Text runter. Vielmehr hämmerte ich ihn rein – so als wollte der Text aus mir raus. In vierzig Minuten war ich fertig. Und siehe da: Bis gestern wusste ich nicht, ob die *Abendzeitung* überhaupt noch meine Welt ist. Und plötzlich hatte ich diesen Text fertig. Zumindest das Schreiben habe ich nach fast fünf Monaten nicht verlernt.

Mein Queen-Nachruf geht so los: »Wenn der geliebte Ehemann stirbt, ist das Leben ein anderes, düsteres, leeres. Ganz egal, ob man sich in fröhlichen Farben mit einem noch fröhlicheren Lächeln zeigt. Ganz egal, ob man die britische Königin ist oder nicht. Und doch konnte man nur staunen, mit welcher Stärke, Kraft und Konsequenz Queen Elizabeth II. ihr Leben weiter bestritten hat – nach diesem 9. April 2021, dem Tag, als Prinz Philip sie nach 73 Ehejahren für immer verlassen hat.«

Mein Nachruf war wohl sehr persönlich, jedenfalls schreiben mir das heute am Tag der Veröffentlichung viele Menschen. Freunde, Kollegen, Promis. Viele glauben, dass ich jetzt wieder zurück bin. Dass ich nicht mehr trauere. Dass ich mit ihnen aufs Oktoberfest gehe oder mal einen Kaffee trinke. Alles falsch. Offiziell bin ich eh noch krankgeschrieben. PTBS – Posttraumatische Belastungsstörung (wie seltsam und lebensfremd, dass es Trauer nicht als Krankheitsgrund gibt).

Sigi meldet sich: »Ich feiere deinen Queen-Nachruf. Was für ein Comeback. Meine Meinung: hundert Prozent Fügung. Weil es dein absolutes Calling war, darüber zu schreiben. Du warst einfach so weit, weiter als du dachtest, und das Leben so: ›Och, dann mach ich ihr doch einfach mal das Angebot mit der Queen, dann muss die Süße nicht so lange nachdenken, wie und ob sie wieder zur *AZ* zurückkommt.‹ Ist das nicht toll? Welche Storys das Leben schreibt, wenn man es zulässt? Unerwartete Wendung zum Happy End. The Queen saves the Queen.«

Eine Leserin schreibt mir: »Die Queen brachte uns Lesern Kimberly zurück. God save the Queen und God save Kimberly.«

Eine Freundin schickt mir nur diesen Satz per Whats-App: »Du bist zurück!!«

So viel Liebe tut natürlich gut.

Ein Wiesnwirt ruft an, ich drücke ihn weg. Ich hab meine eigene Wies(e)n.

Mein Dad hat es am besten durchschaut, er meint: »Dieses Meisterwerk besteht nicht aus Zeilen, sondern aus Herzschlägen aus deiner Brust, aus deinem Überleben. Der Artikel führt dich wieder zurück in deinen Beruf. Was hat sich das Schicksal Raffiniertes ausgedacht. Wahnsinn happens. Ein welthistorischer Weckruf für dich.«

10. September, Wünsche wünschen

Was ich mir heute vom Vollmond wünsche: wachsende Liebe für mich und mein neues Leben.

11. September, süßes Gift

»Warst du gerade abtauchen?«, fragt mich Barfuß-Mann Mats, der auf der anderen Bachseite auftaucht.

»Jaaa«, rufe ich rüber. »Es war herrlich. Ich fühle mich wie neugeboren.«

»Das hat schon was mit Heilung zu tun, gell?«, antwortet er fröhlich.

»Und wie.«

Er kommt zu meiner Schwester, unserer Mami, Leo und mir rüber, wir laufen zusammen weiter. Walk & talk. Mats fragt, ob er ihn zu einem Mundharmonika-Musikfestival begleiten will. »Da geh ich von Kneipe zu Kneipe, überall Bier und entspannte Stimmung.«

Jillian und Mami schauen mich neugierig an, ich sage: »Klingt gut. Mal schauen.«

Er nickt, fragt nicht nach. Angenehmer Typ.

»Falls ich nicht mitkomme, schick gern ein Foto.«

»Darf ich deine Nummer haben? Oh, ich hab mein Handy nie dabei. Hast du einen Stift?«

»Nö. Mats, dann sag mir deine Nummer, und ich speichere sie ein.«

»Ich weiß meine Nummer nicht.«

Mami kramt in ihrer Bauchtasche, gibt mir ihren Lippenstift, den sie witzigerweise auch beim Hunde-Walk immer dabeihat. Da niemand einen Zettel hat, schreibe ich ihm meine Handynummer mit dem roten Lippenstift auf seinen Unterarm.

Auf einmal habe ich das Gefühl, einen Stromschlag zu bekommen. Mein rechter Fuß tut höllisch weh. Ich schreie laut auf, die anderen zucken zusammen.

»Mäuschen, was ist?«, fragt Mami, die sicher eine Trauerattacke befürchtet.

»Mäuschen?«, fragt Mats und lächelt. »Passt so gar nicht zu dir.«

Ich kann ihm nicht antworten, weil ich meinen rechten Knöchel checke. »Ein Stich«, sage ich. »Ich spüre, wie sich Gift in mir verteilt.«

Mats checkt die Lage und erklärt: »Eine Erdbiene war das. Schau, hier ist ein Loch, wo sie alle rein- und rausfliegen.« Tatsächlich. Seltsamerweise fühlt sich das Gift süß an – oder ist alles, was nicht schlimmer als mein Schmerz ist, automatisch wohltuend?

Die Natur beschützt mich seit Wochen, es kann gar kein Gift aus der Natur geben, höchstens Superpower. Ich sage also: »Es brennt zwar höllisch, doch es tut total gut.«

Ich folge dem Rat der Biene – und pflücke spontan Löwenzahn am Bach für die Löwin-Pasta, die ich heute Abend freestyle kochen werde.

Mats meint: »Ich sag doch, du bist wirklich kein Mäuschen. Du bist halt anders.«

Mein Knöchel brennt, schwillt an und pocht etwas.

»Die Biene hat mich geküsst«, interpretiere ich den Stich.

Jillian ergänzt: »Erst der Frosch, dann die Biene. Warte, ich google schnell, ob die Biene auch ein Krafttier ist und eine Botschaft hat.«

»Ein Kraft-was?«, fragt Mats.

»Krafttier, lange Geschichte.«

Jillian liest vor: »Wenn du mit der Biene in Kontakt trittst, wird sich gerade in Zeiten großer Unruhe der richtige Weg zeigen, da du nun für diesen offen bist und ihn klar siehst. Zudem ermuntert dich die Biene, das Leben mit all seiner Süße zu genießen. Und sie erinnert dich daran, dass das Leben gefeiert werden will. Wunder und Magie existieren. So ist es nun an der Zeit, dass du dich selbst mit Gutem beschenkst.«

»Wow, alles klar«, sage ich nur. Mats fragt glücklicher-weise wieder nicht nach, er sagt stattdessen: »Weißt du, ich will keinen Stress mehr im Leben haben. Das ist mein Geschenk an mich. Und jetzt muss ich auch noch einen neuen Pass beantragen, weil mein alter abgelaufen ist. Ich arbeite nicht und habe doch immer Stress.«

Ich muss grinsen, könnte ihm erzählen, was ich alles noch erledigen und beantragen muss (Erbschein, Witwen-rente, Obduktionsergebnis), lass es aber lieber. Die Biene hat mir klargemacht, dass ich an das Süße denken soll.

In dem Moment trete ich barfuß in Hundescheiße. »Oh shit«, rufe ich. »Im wahrsten Sinne! Gibt's auch Kraftkot? Bitte check das mal, Jillian.« Ich muss furchtbar über mei-nen Witz lachen, alles ist nur noch absonderlich.

Vielleicht ist es aber auch das süße Gift der Biene, das aus mir spricht.

»Bei dir ist ja heute viel los. Bringt sicher noch mehr Glück, als wenn dich ein Vogel vollkackt«, sagt Mats auf-munternd.

Er schenkt mir auf seine spezielle Weise Leichtigkeit, ist das genaue Gegenteil von vielen Menschen, die ich kenne. Völlig entspannt, total uneitel und unaufgeregt, bei sich, natürlich im besten Sinne. Er kommt mir vor wie ein Schutzengel. »Hoffentlich«, rufe ich beim Abwaschen im Bach.

Beim Rausklettern sehe ich, dass unglaublich viel Löwen-zahn an dieser Stelle wächst. Spontan sage ich: »Habt ihr Lust auf Löwenzahn-Pasta?«

Mami und Jillian jubeln, Mats sagt: »Hast du das schon mal gekocht?«

»Noch nie.«

»Gegessen?«

»Auch nicht. Ich folge einfach dem Rat der Biene.«

»Na, dann ... soll ich helfen?«

Gemeinsam pflücken wir etliche Blätter und packen sie in die Hundekot-Tüten (unbenutzt, versteht sich). Jillian ist völlig euphorisch und meint: »Kimberly, du machst Löwin-Pasta, wie geil. Ich bin echt gespannt.«

Löwin-Pasta klingt noch besser.

Ich habe keine Ahnung, was ich tue, aber ich tu's einfach. Stehe abends in der Küche und koche die Nudeln, schnipple den gewaschenen Löwenzahn, haue ihn in die Pfanne mit heißem Öl, dazu Knoblauch, Chili, Salz und später gehobelten Parmesan.

Dad schaut mir interessiert zu und fragt, ob ich eigentlich in letzter Zeit mal wieder was von Clemens' Überenergie mitgekriegt habe. Gerade als er die Frage formuliert hat, geht die Küchenlampe überm Herd aus. Mir fällt der Kochlöffel aus der Hand, weil ich mich so erschrecke.

»Huuuiiii«, sagt er. »Jetzt krieg ich aber Gänsehaut.«

Clemens ist immer da. Das ist wirklich unbeschreiblich.

P. S.: Die Löwin-Pasta war der Knaller. So frisch, so anders. Gibt viel Kraft, schmeckt fabelhaft und ist dabei kinderleicht zuzubereiten. Egal, ob ich jetzt jeden Tag von Bienen gestochen werde und in Hundescheiße trete oder nicht – ich werde das jetzt öfter kochen.

Neues Leben, neues Essen.

13. September, zurück in der Stadt

Jillian hat mich in meine Wohnung gefahren, weil ich abends Michael zur Bierapie auf Balkonien treffe und davor ein neues Projekt habe: aussortieren. Nicht ausmisten, weil es kein Mist ist, den ich entferne. Im Gegenteil: Es sind die wertvollsten und wunderschönsten Dinge, von denen ich mich trenne. Aber es sind gleichzeitig auch die Sachen, die mein Herz bei jedem Anblick aufs Neue quälen und durchlöchern.

Bezaubernde Fotos von meinem Mann, von uns, unser fabelhaftes Hochzeitsbild, Liebesbotschaften von ihm, Mitbringsel aus gemeinsamen Urlauben, seine Anziehsachen, die gigantische Turnschuhsammlung und etliche Schallplatten – es ist auf jeden Fall viel Zeug.

Wenn ich weiter in unserer, äh, meiner Wohnung sein will (ich benutze ständig noch den Plural und vor allem das Wörtchen »wir«) und nicht am herumhängenden und -stehenden Erinnerungsschmerz ersticken will, muss ich einige Dinge aussortieren. Auch wenn es verdammt viel Kraft kostet, Symbole des Glücks und der großen Liebe abzuhängen und in Kisten zu packen.

Jedes Foto ein Stich ins Herz.

»Soll ich das lieber machen?«, fragt meine Schwester.

»Danke, aber ich muss da durch. Ist auch ein wichtiger Teil der Trauerverarbeitung, wie ich gelesen habe.« Außerdem haben mir dazu auch alle Freunde geraten.

Mal schauen, wie es ist, meinen Mann nicht überall herumhängen und lächeln zu sehen. Ich kann die vielen Sachen ja auch jederzeit wieder auspacken. Ich lege los und merke bei jedem Handgriff, so weh er tut, dass er meine Seele ein klitzekleines bisschen leichter macht.

Eine Veränderung in der Wohnung passt zu meiner Transformation. Ich muss das alte Leben loslassen. Anders geht es nicht, sonst würde ich zwischen altem und neuem Ich herumpendeln, was mich zerreißen würde.

Wir arbeiten bei lauter Musik. »Ach, wie schön dieses Bild ist«, sagt Jillian. Ich muss schlucken. Es ist echt hart. Irgendwann sind wir fertig – mit der Arbeit und den Nerven (ich). Wir tragen die Sachen in den Keller, beim Gang nach unten habe ich Sorge, dass mir der Keller zu eng ist und mich stresst. Aber ich schaffe es.

»Nächste Challenge bestanden«, gratuliert mir meine Schwester.

Während der Bierapie mit Michael (er hat mich sehr für meine Entrümpelungsaktion gelobt) ändere ich auch mein Handy-Profilfoto, das meinen Mann lässig-strahlend auf einem alten Balkon in Rom zeigt. Als ich nach einem neuen Bild in meinem Handy suche (irgendwas mit Bach oder Wald), erschrecke ich.

Ich bin in der Fotoleiste vor dem 10. April, dem Todestag, gelandet, und sehe Selfies von mir. Ich erkenne diese Person kaum wieder. Das soll ich sein? Das gibt's doch nicht! Ich komme mir selbst seltsam fremd vor. Optisch und überhaupt. Ungläubig starre ich aufs Handy. Wie unschuldig ich damals war, wie wenig ich vom richtigen Leben wusste, zu dem leider auch der Tod gehört. Diese Bilder sind nur ein paar Monate alt, doch sie kommen mir vor wie aus einem anderen Leben.

»Genau so ist es auch«, sagt Michael, als ich ihm meine Gedanken mitteile. Dann fragt er: »Welches Ich magst du lieber? Dein altes oder dein neues?«

Sehr gute Frage. »Mein neues Ich. Weil ich eh weiß, dass es mein altes Ich nie wieder geben wird.«

»Wenn du dein altes Ich zurückholen könntest, würdest du es tun?«, bohrt Michael journalistisch nach.

»Ich würde Clemens für alles auf dieser Welt und darüber hinaus zurückholen wollen. Aber dann gäbe es mich so wie heute nicht. Der Schmerz und die Trauer sind ein Teil von mir geworden. Ich dachte, sie würden mich vernichten. Aber sie haben mich stärker gemacht.«

Wir prosten uns zu. »Kimberly, darauf kannst du stolz sein. Hast du dir schon auf die Schulter geklopft?«

»Nee.«

»Dann mach das. Jeden Tag. Sei stolz auf dich und zeig es dir.«

Vor seinen Augen klopfe ich mir besonders kräftig auf beide Schultern.

Ich überlege. Die Trauer hat mich in die Knie gezwungen, immer und immer wieder. Aber ich bin daran tatsächlich nicht zerbrochen. Ich bin daran gewachsen und werde daran noch weiterwachsen.

Michael sagt: »Die nächste Herausforderung für dich sollte sein, mal wieder mit mir in meine Lieblingsbar zu gehen. Zu Zeus. Der hat schon oft nach dir gefragt.«

»Was hast du gesagt, was mit mir ist?«

»Die Wahrheit. Dass du im Trauer-Trainingslager bei deiner Familie bist.«

»Was hat er dazu gesagt?«

»Respekt.«

»Gute Antwort. Also abgemacht, nächste Bierapie bei Zeus.«

Ob ich dazu wirklich schon bereit bin?

Beim Einschlafen im Bett habe ich eine heftige Zitterattacke. Ich kann den Stift fürs Tagebuchschreiben kaum halten. Meine Gliedmaßen zittern nach einem heiteren Abend einfach los. Dazu ist mir schrecklich kalt. Was ist das?

Die Nachwirkung des Entrümpelns, glaube ich. Das geht nicht spurlos an mir vorbei. Das hat mich emotional viel mehr mitgenommen als befürchtet. Mein Mann fehlt mir so sehr. Und auch wenn ich viele Sachen abgehängt habe, ist er deshalb nicht weg. Meine Oberarme zittern immer heftiger. Wie gerne hätte ich Urlaub von mir selbst. Von meiner Trauer. Aber Trauer hat kein Verfallsdatum. Ich entkomme der Trauer nicht.

Also versuche ich, ruhig zu atmen. Und mich daran zu erinnern, dass Zitterattacken gut und wichtig und richtig und heilsam sind. Dass man sie niemals unterdrücken soll. Dass sie die Selbstheilung des Körpers anzeigen. Dass man stolz auf sie sein sollte. Meine Oberarme zittern als Antwort aufs Entrümpeln der Wohnung. Sweet Reminder: Ich muss mich auch weiter selbst entrümpeln und grundreinigen. Das genau macht mein Körper gerade.

Irgendwann wird es besser.

Aber jetzt will ich nur noch schlafen.

15. September,
Sonne-Wolken-Mix

Teespruch des Tages: Achtsamkeit heißt, den Weg, den man geht, im Auge zu behalten.

WhatsApp des Tages von einer Freundin: »Wir reden oft von dir und denken an dich, du süße Maus. Geht es dir schon besser?«

Streit des Tages: Meine Schwester und ich haben uns nachts fürchterlich gestritten.

Sie sagte, dass sie nicht in eine bestimmte Stadt reisen könne, weil da ein Freund lebte, der gestorben ist und sie in dieser Stadt alles an ihn erinnert.

Hm, was soll ich da sagen? Muss ich aus München auswandern?

Darf man überhaupt mit einer Witwe streiten? Ihr böse Dinge an den Kopf werfen? Darf eine Witwe böse sein? Erstaunlicherweise: ja. Witwen wird alles verziehen, für mich derzeit toll, aber an sich ungerecht. Ich war in der Tat noch viel gemeiner, habe irgendwann geantwortet: »Du bist eifersüchtig auf meinen Schmerz.«

Zack. Boom. Harter Vorwurf, ich weiß. Dann ist Jillian stocksauer auf den Balkon gerannt, ich ins Bett. Sie hat geweint, ich hab geweint. Irgendwann bin ich zu ihr raus, nahm sie in den Arm, und sie sagte unter Tränen: »Ich habe so viel Wut in mir, weil Clemens gestorben ist. Es ist so ungerecht.«

Sie weinte und weinte an meiner Schulter. Komisch: Wut verspüre ich nicht, dafür unendlichen Schmerz.

Im Bett habe ich noch mal nachgedacht. Ich fürchte – und leider habe ich es ja auch ausgesprochen –, dass sie eifersüchtig sein könnte, weil sich alles um mich dreht. Alle sind um mich besorgt, alle kümmern sich um mich. Ich bin viel zu sehr im Fokus, obwohl ich da gar nicht sein will, und bekomme ein Übermaß an Aufmerksamkeit von allen Seiten. Dabei trauert Jillian ja auch.

Ich darf nicht nur mein Leid sehen. Sie hat ganz abgesehen davon auch ihre eigenen Probleme. Ich kann ihr nicht verbieten, Probleme zu haben, bloß weil ich negative Gefühle und Stress vermeiden soll.

Irritierenderweise fand ich den Streit ganz großartig. Er lenkt mich von meiner fürchterlichen Sonderstellung ab, holt mich von diesem Mitleidspodest runter und erdet mich. Ich will nicht permanent mit Samthandschuhen angefasst werden.

Es tat uns beiden mal richtig gut, uns lautstark auszukotzen, glaube ich. Wir waren füreinander emotionale Sandsäcke, auf die wir volle Kanne eingedroschen haben. Man muss auch mal die Fassung verlieren dürfen. Sich und seinen Gefühlen Luft machen – damit Platz für Neues ist und man nicht implodiert. Ich fühle mich tatsächlich befreit. Außerdem: Streit kommt bekanntlich in den besten Familien vor – und die habe ich definitiv.

Mein Handy piept. Erste Nachricht von Mats. Er schickt mir fröhliche Fotos und Videos vom Mundharmonika-Festival und schreibt: »Zur Einstimmung mal ein Anfang für dich. Hoffe, es gefällt. Vielleicht bist im nächsten Jahr dabei.«

Im nächsten Jahr? Wie ich da wohl drauf sein werde? Ich habe nicht die leiseste Ahnung. Diese Langzeitperspektive überfordert mich gerade.

Ich möchte erst mal den nächsten Tag halbwegs packen.

16. September, Kälteeinbruch,
11 Grad, Regen, grau

Franks Sprachnachricht am Morgen hat mich wie jeden Morgen gefreut, manchmal schickt er auch Videos, wenn er in der Waschanlage oder so ist. Total sweet. Unerschütterliche Präsenz, heißt es, sei für Trauernde überlebenswichtig. Sich nicht allein zu fühlen, obwohl sie es natürlich trotzdem tun. Merke ich an mir. Das Gefühl des Alleinseins, ohne allein zu sein, ist für mich neu.

Ich habe mehr Menschen (und viel mehr Männer!) um mich als zuvor. Es ist eine andere Art der Liebe, die ich spüre. Mein Mann hat alles in sich vereint, mir damit alles gegeben.

Jetzt ist die Liebe verteilt auf sehr viel mehr Schultern, dazu platonisch, aber es ist tatsächlich auch Liebe. Eine andere, gesplittete Form. Aber diese geballte Liebe meiner vielen Herzensmenschen ist mein Auffangnetz. Ohne meine Familie und Freunde würde ich das alles niemals schaffen. Irgendwann werde ich für all diese wunderbaren Menschen ein Dankesfest machen. Das nehme ich mir hiermit fest vor.

Apropos Feiern: Als ich nachmittags im Regen die Hecke meiner Eltern geschnitten habe, fiel es mir ein: Morgen geht das Oktoberfest los. Erstmals ohne mich – die Wiesn, auf der ich einst meinen Mann kennen- und sofort lieben gelernt habe. Ich habe alle Einladungen abgesagt und war ganz erstaunt, überhaupt so viele zu bekommen. Alle haben mit Verständnis reagiert, ich fand es nett und erstaunlich, dass sie mich als W-Frau dabeihaben wollen. Schließlich schwingt und schunkelt bei mir der Tod mit.

Fürs exzessive Biertrinken wäre ich ja an sich zu haben, aber das Feiern und diese Menschenmassen stehen noch im zu harten Kontrast zu meinem aktuellen Leben, das sich zu 99 Prozent daheim bei meiner Familie und in der Natur abspielt.

Ich ertappe mich vor allem dabei, dass ich Angst davor habe, was die Leute über mich denken. Was darf ich in der Öffentlichkeit und was nicht? Darf ich schon wieder feiern? Mich amüsieren? Lachen?

Das offizielle Trauerjahr ist lange noch nicht rum. Okay, in Schwarz hülle ich mich sowieso nie, die letzten Monate habe ich überwiegend im Bikini (knallgelb) verbracht.

Gerede und Getratsche gäbe es wohl immer, egal wie ich mich verhalten würde. Mit Klatsch kenn ich mich halt doch ein bisschen aus. Säße ich auf der Wiesn am Tisch und würde nur heulen, hieße es: Mei, die trauert ja immer noch. Ließe ich es krachen, würden die Leute lästern, so hart hätte mich der Tod meines Mannes wohl doch nicht getroffen. Ich will kein Tier im Zoo sein, das von allen begafft wird. Wie ich es mache, mache ich es eh falsch. Doch wenn ich es sowieso nicht allen recht machen kann, warum ist es mir dann überhaupt wichtig?

Über die Antwort muss ich noch nachdenken.

Dieser Entschluss fällt mir leichter: Ich werde mein eigenes O'zapft-is' machen. Abends werde ich für meine Familie und mich Oktoberfestbier kaufen. Oans, zwoa, yeah.

18. September,
Tag der Liebe und Stärke

Heute ist dieser Tag. Vor dreizehn Jahren habe ich am ersten Wiesnsonntag beim Almauftrieb meinen Mann getroffen. Heute habe ich das Gefühl, dass es so ein Tag sein könnte, an dem mich alles zurückwirft. Oder bringt es mich in Wahrheit nur weiter nach vorn? Ich spüre einen Mix aus Schmerz, schlimmster Sehnsucht, Liebe, aber auch Dankbarkeit.

Theresa schickt mir ein rotes Herz auf WhatsApp, sie weiß um die Bedeutung des heutigen Tages und fand es damals so witzig, dass ihr Papa seine neue Liebe ausgerechnet auf dem Oktoberfest kennengelernt hat.

Oder wie ein Freund es damals kommentierte: »Wer sich auf der Wiesn verliebt, bleibt entweder für eine Nacht zusammen – oder fürs ganze Leben.«

Ich schicke Theresa drei Herzen zurück. Und ein Naturbild. Das machen wir eh ständig. Weil wir uns gegenseitig mit Freude stärken und der anderen irgendwie ein positives Gefühl geben wollen. Der Worte bedarf es bei uns nicht immer. Sechs Wochen war Theresa nach dem Tod ihres Papas in München, jetzt ist sie zurück in Hamburg und arbeitet wieder. Der Abschied damals nach all dieser intensiven und heftigen Zeit tat mir weh.

»Ich vermisse dich schon jetzt«, sagte ich ihr zum Abschied. »Ich dich auch. Danke für alles, was du getan hast.«

»Wir werden das irgendwie hinkriegen«, meinte ich noch. Völlig ahnungslos, wie.

Der volltrunkene Wolfi ruft an, berichtet, dass er schon zum Frühstück auf der Wiesn war und nun gerade auf einem Champagnerempfang in einem Schmuckladen weiterfeiert: »Allein wegen des vielen Bieres habe ich heute bestimmt zwei Kilo zugenommen.«

Er schimpft über das schlechte und teure Essen auf der Wiesn. »Ich weiß schon, warum ich da heuer nicht hingehe«, sage ich amüsiert.

»Du hast so was von recht. Die Ente kommt aus der Mikrowelle, totale Frechheit«, motzt er und schickt ein Selfie von sich in Tracht.

Danach telefoniere ich zwei Stunden mit Thomas, dem stellvertretenden Chefredakteur. Michael hat ihm hin und wieder Updates von mir gegeben, doch jetzt will er nach über fünf Monaten mal hören, wie es mir so geht.

Tja, da ist sie wieder, die Frage aller Fragen.

Nachdem ich ihm alles über Rastplatz- und Supermarkt-Breaking-Point, Koffeinverzicht, Hopfenberuhigung, Libellen, Bach- und Waldbaden erzählt habe, meint er: »Das klingt fabelhaft! Ich glaube, du machst das alles ganz toll und richtig. Und du bist schon sehr gewachsen, auch wenn dir das vielleicht noch gar nicht so klar ist. Du bist echt eine starke Frau.«

Da war ich ganz gerührt. Gerühreiert, hätte mein Mann gesagt. Thomas findet's auch gut, dass ich keine Tabletten eingeworfen habe. »Du gehst den Bio-Weg«, sagt er. »Nachhaltig und gesünder.«

Dennoch hat mich unser Talk ziemlich aufgewühlt. Alles noch mal durchzugehen und durchzuleiden. Puh.

Ich dusche mich danach erst mal dreißig Sekunden lang kalt ab (wenn es für den Bach zu ungemütlich ist, erzeuge ich den Present Moment eben unter der Dusche). Trotzdem bekomme ich langsam Routine darin, zu erzählen, wie es mir so geht. Die Kurzform muss ich allerdings noch üben. Ich kann ja nicht jeden, der mich nach meinem Befinden fragt, zwei Stunden vollquatschen.

In dem Telefonat vorhin habe ich etwas beschlossen: Stand heute werde ich nach dem Oktoberfest wieder bei der *Abendzeitung* arbeiten. »Bevor alle Promis und Leser nach der Wiesn in ein Loch fallen, bin ich da, um sie aufzufangen und aufzuheitern«, sagte ich zu Thomas und fand es selbst etwas anmaßend und auch verrückt. Ich fange andere auf, ha. Ob das gut geht?

Thomas meinte: »Bist du sicher?«

Ich antwortete, wie immer, wenn überhaupt nichts sicher ist: »Total sicher.«

Meine Krankschreibung läuft aus, und ich habe keinen Bock, eine neue Krankheit zu erfinden, weil man nicht zwei Mal so lange hintereinander dieselbe Krankheit haben darf. Krank bin ich ja eh nicht. Trauer zählt halt leider nicht. Außerdem muss ich langsam auch mal wieder Geld verdienen.

Was kann ich also antworten, allen, die mich fragen werden, wie es mir geht? Vielleicht das: »Trauer ist das Härteste, Schrecklichste überhaupt. Aber man muss sich ihr stellen, muss sie aktiv angehen. Schritt für Schritt geht es für mich nach oben.« Nee, too much.

Besser: »Passt. Und dir?«

Zur Feier des besonderen Tages habe ich diese Idee: »Mami, darf ich heut mal wieder Auto fahren?«

»Sicher, Mäuschen?«

»Total sicher.«

»Dann sehr gerne.«

»Wenn ich nach ein paar Metern loszittere, kannst du ja netterweise weiterfahren.«

Als ich den Autoschlüssel umdrehe, schlägt mein Puls schneller. Ich fühle mich wie bei meiner ersten Fahrstunde. Aber hey, ich hab's nicht verlernt. Ich fahre erst die kleinen 30er-Zone-Straßen entlang, bevor ich mich auf die große Straße zum Bach traue. Es klappt tatsächlich. Ohne Zittern, ohne nichts.

Dafür das: Auf der großen Bachstraße fährt hinter mir ein hellblauer Mercedes-Oldtimer mit eierschalfarbenen Ledersitzen. Genau dieses Auto war der erste Wagen meines Mannes, von dem er so oft geschwärmt hat. Und sogar der Typ am Lenkrad hat erstaunliche Ähnlichkeit mit Clemens.

»Mami, dreh dich mal um und sag, was du siehst.«

»Das gibt's ja nicht. Das könnte Clemens sein!«, ruft sie erstaunt.

Ich bin also nicht verrückt geworden.

»In seinem ersten Auto«, ergänze ich und werfe immer wieder einen Blick in den Rückspiegel. Wie der Typ da einhändig fährt, dazu seine dunklen, längeren Haare, der lässige Bart – ein totaler Doppelgänger.

»Er beschützt dich auch beim Autofahren. Unheimlich, aber unheimlich schön.«

In der Sekunde, als wir mit Leo aussteigen, hört der Prasselregen auf, und die Sonne bricht hinter den dunklen Wolken hervor. Schon wieder ein Zeichen. Ganz klar. Oder sehe ich weiße Mäuse?

Nein, ich sehe das Leben intensiver denn je. Gerade wollte ich vor lauter Rührung, dass ich wieder Autofahren kann und einen Doppelgänger meines Mannes getroffen habe, weinen, doch die Sonne zaubert mir ein Lächeln aufs Gesicht.

Alles Gute, mein Schatz, denke ich mir. Zu unserem Liebesjubiläum. Ich bin unendlich froh und dankbar, dich vor dreizehn Jahren getroffen zu haben. Auch wenn ich dich jetzt noch viel unendlicher vermisse. Da hat Queen Elizabeth schon recht, die nach dem Tod ihres geliebten Mannes Prinz Philip sagte: »Trauer ist der Preis, den wir für Liebe zahlen.« Ich behaupte (und erfahre es am eigenen Körper): Je größer die Liebe, desto höher der Preis.

Beim Walken streichele ich die Gräser, stakse durch den Bach, freu mich über jedes Tier, das ich treffe, und über die Blätter der Bäume, die immer bunter werden. Traumhaft schön.

Auch die Rückfahrt läuft supergut, was für ein Erfolg. Ich spüre Energie in mir. Jeder Tag ist zum Glück ein neuer. Ich empfinde plötzlich auch Tatendrang. Lust zu lachen, mich zu amüsieren, mich gut und frei und leicht zu fühlen. Mich nach vorn und nach oben zu bewegen, voller Neugierde und Vorfreude. Es ist das Größte, sich in seinem Körper halbwegs wohl zu fühlen. Da können mir auch die fast schon winterliche Kälte und der Regen nichts anhaben (Temperaturen kriege ich eh noch nicht wirklich mit).

Ich spüre, dass meine No-Coffee-Daily-Nature-Therapie anschlägt und in mir ein Feuer entfacht, das mich wärmt und auch fasziniert. Dieses Feuer heißt Resilienz. Wie gigantisch schön das ist.

Abends zur Löwin-Pasta erzähle ich meiner Familie die Geschichte unserer Liebe, wie das mit Clemens und mir anfing. Sie können den Text sicher mitsprechen, tun aber netterweise so erstaunt und verzückt, als würden sie die Story zum allerersten Mal hören. Ich erzähle sie gerne, weil sie lustig und fabelhaft ist.

Jillian versteigert dazu auf ihrem Laptop Turnschuhe von meinem Mann auf eBay Kleinanzeigen, ist voll engagiert, hat sie alle abfotografiert und betextet. Zu später Stunde schreit sie irgendwann auf: »Erstes Paar verkauft! Für 80 Euro!«

Am Jubiläumstag unserer Liebe verkaufen wir die ersten Turnschuhe (Nike, hellgrün, limitiert, wie neu) meines verstorbenen Mannes und freuen uns sogar darüber. Crazy shit. Dennoch gewöhne ich mich Tag für Tag mehr an dieses äußerst durchgeknallte Leben.

23. September
fünf Frösche für ein Abschieds-Halleluja

Teespruch des Tages: Verleugne deine Gefühle nicht!

Til Schweiger sagt in einem Interview (ja, heute habe ich zur Einstimmung auf mein Job-Comeback mal wieder Zeitung gelesen), er beschäftige sich nicht mit den Themen Trauer und Tod. Er sei ein »Verdränger« und gehe auch nicht auf Beerdigungen. Ich erkenne mein früheres Ich in seinen Aussagen.

Irgendwann kann man aber nicht mehr alles verdrängen. Das habe ich überdeutlich gespürt. Spätestens dann, wenn man selbst eine Beerdigung schmeißen muss.

Es ist zwar frisch heute, doch ich habe XXXXL-Lust, noch mal richtig kopfunter im Bach abzutauchen.

Barfuß-Mann Mats stößt auf der Mitte der Strecke zu uns. »Dass wir uns immer treffen«, sage ich.

Er meint grinsend: »Das ist ja das Schöne am Bach, man sieht sich immer irgendwann.«

Ob ich ihm sagen soll, dass ich bald nicht mehr hier bin? Zurück in der Stadt, zurück im Job? Keine Ahnung. Was ich weiß: Ich werde den Bach, den Wald, auch Mats extrem vermissen.

Da sagt Mats: »Am 1. November fahre ich übrigens nach Portugal, in eine Höhle, zum Überwintern. Kommst mit?«

Äh. Bin kurz sprachlos.

Vor nicht allzu langer Zeit hätte ich mich sehr nach einer Höhle gesehnt und wäre liebend gern vor der Welt geflüchtet. Aber jetzt?

»Klingt spannend«, sage ich. »Aber ich muss mal wieder ein bisschen was arbeiten. Mich um mein Leben in der Stadt kümmern.« »Schade.«

»Ja.«

»Wir sehen uns aber eh.«

»Oder du kommst mal an die Isar zum Walken?«

»Nee, da ist mir zu viel los. Alles viel zu stressig in der Stadt.«

»Ich weiß genau, was du meinst.«

»Warum wohnst du dann da?«

»Weil ich mal anders war. Und das da gut fand. Mal schauen, ob ich mich wieder einleben kann.«

Bei den Worten merke ich, wie sehr ich mich verändert habe. »Tarzana«, nennt mich mein Dad neuerdings gern. Das passt ganz gut. Die Stadt ist weit weg von mir. Ich liebe es hier draußen in der Natur.

Drei Mal tauche ich nach dem Mats-Talk ab, liege gegen die Strömung im Wasser und spüre, wie eine Libelle auf meinem herausschauenden großen Zeh landet. Ich genieße es total, das Wasser fängt mich auf, reinigt mich, umarmt mich, beschützt mich.

Bin im Flow, mit mir und meinem neuen Leben, von dem ich mich anfangs so irre ausgeschlossen gefühlt habe.

Beim Rausgehen springen mir gleich fünf Frösche entgegen. Alles klaro, danke, Botschaft ist angekommen. Außerdem bin ich ja auch schon voll dabei, den Sprung ins neue Leben zu wagen. Und demnächst auch den Sprung in die Stadt.

Auf dem Rückweg pflücke ich Löwenzahn, sogar Leo buddelt mit aus. Danach klau(b)en wir Kartoffeln vom Feld. Es tut so gut, in der Erde zu wühlen und die Natur zu spüren. Das habe ich zuletzt als Kind gemacht. Passt perfekt. Denn irgendwie fühle ich mich derzeit eh wie ein kleines Kind, das das Leben neu entdeckt.

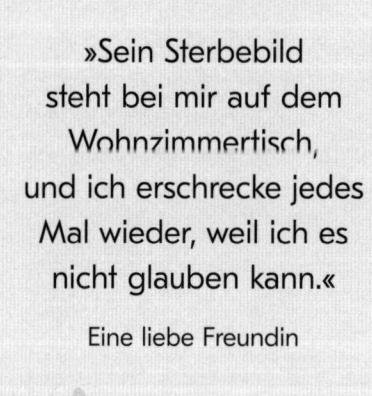

»Sein Sterbebild
steht bei mir auf dem
Wohnzimmertisch,
und ich erschrecke jedes
Mal wieder, weil ich es
nicht glauben kann.«

Eine liebe Freundin

Oktober

1. Oktober, Regen, 10 Grad, Samstag

Meine Mami bringt mir wie seit zwei Monaten Bonsaibrote ans Bett, dazu frisch gepressten Orangensaft und die Frage: »Konntest du ein bisschen schlafen, Mäuschen?«

Oft habe ich gelogen, um sie etwas zu beruhigen. Heute sage ich wahrheitsgemäß: »Ja, sehr gut. Zum Glück.«

Erstaunlich, wie sich mein Schlaf die letzten Monate verändert hat. Die ersten Wochen hatte ich irre Schlafstörungen, bin gar nicht richtig eingeschlafen. Wenn ich doch mal kurz weg war und wieder zu mir kam, wusste ich oft für eine Sekunde nicht mehr, was passiert war, und freute mich sogar kurz auf den Tag – bis zum Reality Check, der mich stets mit vollster Wucht traf.

Das Bett zu verlassen war emotional herausfordernd. In den neuen Tag zu starten war eine riesige Hürde. In dieser ganzen Zeit war ich komplett traumlos. Wahrscheinlich aus Selbstschutz. Oder mein Geist befand sich auch im Schlaf in Schockstarre. Überlebensmodus.

Dann der erste Traum, in dem mein Mann aufgetaucht ist. Er hat mir gesagt, dass er in sechs Tagen sterben wird. Ein unfassbar schrecklicher Traum. Als ich aufgewacht bin, war ich seltsam erleichtert, dass er tot ist. Erst erschrak ich fürchterlich vor diesem Gedanken. Wie kann ich froh sein, wo ich es doch überhaupt nicht bin? Dann ahnte ich: Es war eine Botschaft von meinem Mann. Nach dem Motto, sei froh, wie alles gekommen ist. Es hätte noch viel, viel schlimmer sein können.

Anschließend hatte ich die Phase der Betäubung. Ich trank an einem Abend extrem viel, um endlich mal schlafen und nicht nachdenken zu müssen. Ich merkte schnell: Betäuben bringt gar nichts. Dieser Schmerz ist nicht zu betäuben. Ich könnte das komplette Oktoberfest leer trinken, der Schmerz wäre trotzdem genauso erbarmungslos.

Danach fingen die Entzugsträume an. Mit heftigen Schweißausbrüchen und seltsamen Inhalten. Oft wusste ich in der Zeit nicht, was ich geträumt und was ich wirklich erlebt hatte. Alles vermischte sich.

Und heute? Habe ich mehr und mehr positiv verrückte Träume. Vorm Einschlafen schreibe ich täglich auf, wie ich mich morgen fühlen will. Dazu meine ganze Selbstheilungstherapie. All das scheint sich auch auf meinen Schlaf auszuwirken. Wie fantastisch das ist! Und ich wache morgens mit einem immer besseren Gefühl auf. Da ist nicht mehr nur die blanke Angst vor dem neuen Tag. Da ist plötzlich ein Flirren an Vorfreude und Neugierde. Auf mich. Den Tag. Das Leben.

Hammer, wie ich mich plötzlich fühle. Das emotionale Trainingslager und mein Dasein als Nature Girl waren das Beste, was ich tun konnte. Ich spüre Heilung in mir, Reinigung und Wachstum. Ich bin einfach nur geflasht, wie viel besser es mir geht. Wie viel sicherer ich mich täglich in meinem Körper und in meinem Leben fühle.

Da kann mir auch diese Nachricht einer Freundin nichts anhaben: »Ich denke viel an dich und überlege, was wäre, wenn alles anders gekommen wäre.«

Komisch. Das denke ich nie. Wozu auch? Um sich selbst zu quälen? Danke, nein. So ist es schon hart genug. Mein Mann ist tot. Was wäre, wenn er nicht tot wäre? Natürlich wäre alles anders.

Aber:

Er. Ist. Tot.

Vor ein paar Wochen wäre ich bei dieser Nachricht noch wütend geworden, weil mich all das Gutgemeinte foltert. Heute hake ich es als Zeichen des Mitgefühls ab (der Tod überfordert alle Menschen) und schicke wieder ein rotes Herz und ein Betende-Hände-Emoji zurück.

So, jetzt starte ich in den Tag, den Zauberwald, zum Supermarkt (nächsten Dienstag ist wieder Pink-Kitchen-Stammtisch) – und ich merke, ich freue mich.

Es ist das, was mir guttut: Ruhe. Natur. Atmen. Glückstee (Teespruch des Tages: Engel und Helfer werden dich immer beschützen, wenn du es zulässt). Magnesium. Kuscheltiere. Nüsse. Oliven. Pombären. Bier. Frösche. Libellen. Schmetterlinge. Abtauchen. Waldbaden.

Früher hätte ich nur die Augen verdreht. Früher hatte ich keine Ahnung vom Leben.

2. Oktober, 18 Grad, Wolken-Mix

Nach einem letzten Waldbaden-Walk mit Mami (ich habe mir viele grüne Tannenzapfen für die Stadt eingepackt, um dort ein bisschen Natur-Feeling zu haben; außerdem zwei Fliegenpilze entdeckt, kann nur Glück bringen) packe ich meinen nicht vorhandenen Koffer. Ein paar große Tüten tun's auch.

Wirklich viel hatte ich nicht dabei (drei Bikinis, ein, zwei Pullis, eine Jogginghose, eine Hotpants, ein paar T-Shirts), aber ich nehme auch die Bücherberge mit, die ich mir in letzter Zeit bestellt hatte.

Ich fühle mich stark, bereit und startklar fürs nächste Kapitel. Obendrein hab ich so viel Frosch-Power in mir: Ich wage den Sprung in mein neues altes Leben.

Eigentlich wollte mich Mami in die Stadt fahren, aber sie hat plötzlich Kreislaufprobleme.

»Ich habe Abschiedsschmerz«, sagt sie zu mir.

»Aber es ist doch kein Abschied«, antworte ich, »in ein paar Tagen sehen wir uns wieder. Und heute Abend machen wir Aperitivo-Call!«

So nennen meine Schwester und ich es, wenn wir zur Aperitif-Zeit miteinander telefonieren.

»Du bist jetzt ganz allein in deiner Wohnung«, meint Mami. »Das macht sogar mir etwas Angst.«

Wir müssen beide weinen.

Draußen fängt es an zu schütten.

»Der Himmel weint auch, weil du gehst«, sagt sie. »So schrecklich traurig das alles war und ist, sosehr habe ich es genossen, dich die ganze Zeit hier zu haben. Deine Verwandlung live mitzuerleben. Ich bin so stolz auf dich, Mäuschen.«

Ich bin ganz ergriffen. »Ohne dich und euch hätte ich das alles niemals geschafft. Ihr habt Außergewöhnliches geleistet, echt.«

Wir liegen uns in den Armen.

Meine Schwester wird mich in die Stadt fahren. Ich kann zwar wieder Auto fahren, aber diese lange Strecke flößt mir dann doch noch Respekt ein.

Gerade als ich ins Auto steigen will, kommt die kleine, aufgeweckte Sophie.

»Kannst du jetzt besser laufen?«

»Viiiel besser. Zum Glück.«

»Deshalb läufst du jetzt weg?«

Ich muss lachen. »Nein, ich laufe dem Leben entgegen. Immer noch eine komplizierte Geschichte.«

»Häh? Und wann machen wir Pizza-Party?«

»Beim nächsten Mal, wenn ich wieder zurück bin, okay?«

»Wann ist nächstes Mal? Um wie viel Uhr?«

»Mal schauen, aber wir sehen uns. Danke für dich, du kleiner Schutzengel.«

»Ich bin kein Engel.«

»Oh doch! Du hast mir sehr geholfen.«

»Häh? Wie denn? Ich hab doch nix gemacht.«

»Indem du da warst.«

Sie schaut mich fragend, aber fröhlich an und sagt selbstbewusst: »Gern geschehen.«

Um 18 Uhr bin ich in meiner Wohnung, schließe die Tür hinter mir, atme tief durch und bin erstmals nach sehr langer Zeit: allein.

Wenige Minuten später ruft Wolfi an: »Was machst du?«

»Allein sein.«

»Du!?! Du bist doch nie allein.«

»Genau deshalb muss ich es ja üben.«

»Wer ist bei dir?«

»Niemand. Sonst wär's ja witzlos.«

»Wo biste?«

»In meiner Wohnung.«

»Soll ich kommen? Wir können zusammen allein sein trainieren. Jeder in einem anderen Zimmer.«

»Danke, aber heute bin ich wirklich mal gern allein. Wir sehen uns eh übermorgen zur Pink Kitchen.«

»Stimmt, ich bring alles für die Nachspeise mit und mach Kaiserschmarrn. Viel Spaß beim Alleinsein. Wenn du zu allein bist, ruf an. Bussi.«

Ich bin allein und fühle mich überhaupt nicht so. Tolles Gefühl.

Zum Aperitivo-Call mit meiner Family bereite ich mir Pasta zu. Leider ohne Löwenzahn, der hat sich in der Natur ziemlich verabschiedet. Dafür mit Tomaten und Lauchzwiebeln. Ich habe keine Ahnung, wie viele Nudeln ich für mich allein brauche. Seit Jahrzehnten habe ich nie nur für mich allein gekocht. Weil ich nie allein war. Hundert Gramm? Zweihundert?

Jedenfalls mache ich viel zu viel und esse zum »Tatort« alles auf. Pasta ist das beste Essen für Hochleistungssportler – und zu denen zähle ich mich seit meinem Trauer-Bootcamp. Heute bin ich allerdings Alleinsein-Amateurin.

3. Oktober, Tag der Wiedervereinigung (auch mit meinem Job)

Michael hat heute frei, sein Stellvertreter Thomas ist da, aber er weiß natürlich von meinem Comeback und schreibt gleich morgens sehr süß: »Sogar die Sonne scheint heute für dich. Wow – nach Wochen endlich wieder. Ich wünsche dir ein gutes Comeback. Macht mich happy, dass ich dir das schreiben kann und darf. Hab einen guten Tag heute. Freu mich auf After-Wiesn demnächst!«

Dad schickt eine bezaubernde WhatsApp: »SchmAZ zum Comeback! Kein Bachplätschern mehr, dafür volle Story-Strömung. Ovations und Jubel. Alle Herzen schlagen höher!«

Zum Start in diesen besonderen Tag laufe ich einmal über die Isarbrücke, umarme einen Baum (ignoriere die verstörten Blicke zweier Jogger) und beobachte das fließende Wasser. Mir schießen die Tränen aus den Augen, keine Ahnung, warum. Ein bisschen fühle ich mich wie an meinem ersten Schultag (ein Mix aus Freude und Melancholie, weil ich den Kindergarten so liebte) – nur in der Erwachsenenversion.

Hey, ich sollte stolz ein, dass ich es so weit geschafft habe, erinnere ich mich. Nicht traurig. Aber weinen ist immer gut. Ich dachte, ich hätte keine Tränen mehr. Von wegen. Alles weiter rauslassen. Und: weiterlaufen, weiteratmen.

Daheim im Homeoffice (Büro mit all den Kollegen inklusive Fragen und Blicken wäre mir noch zu krass, die Chefs hatten zum Glück Verständnis) ruft Thomas an. »Kiiimberlyyy, was für ein Wahnsinn! Ich dachte, du kommst nie wieder zurück«, ruft er euphorisch.

»Das dachte ich sehr lange Zeit auch.«

Wir sind beide emotional angefasst.

Sehr touchy, sehr schön.

Als ich nachmittags die Themen-Mail für meine LEUTE-Seite innerhalb der Redaktion verschicke, melden sich prompt viele Kolleginnen und Kollegen: »Du bist zurück! Wie geht es dir?«

Das ist so lieb. Doch es ist zu viel. Ich merke, dass ich überfordert bin. Die letzten Monate war ich in der Anonymität, jetzt bin ich wieder da. Mit dieser Überaufmerksamkeit umzugehen, muss ich noch trainieren.

Fazit des ersten Arbeitstags in meinem neuen Leben: Mein Passwort hatte ich längst vergessen, ein paar Routine-Layout-Handgriffe auch. Insgesamt war es gut, intensiv, irgendwie neu. Hat Spaß gemacht und Ablenkung gebracht. Hab über einen prügelnden Wiesnwirt geschrieben (solche Geschichten liebe ich), der bei meinem Anruf sofort ranging. Aber mit Kollegen anderer Zeitungen nicht gesprochen hat. Ist das etwa der Witwenbonus, den ich nun habe (abgesehen vom Voyeurismus, zu erfahren, wie es mir geht)?

4. Oktober, what a day

»Du bist wieder daaa!!!«

»Kimberly, welcome back to life!«

»Frau Kimberly, schön, Sie wieder zu lesen. Auch ich vermisse Ihren Mann sehr.«

Es gibt Shitstorms, und es gibt Lovestorms. Der Liebestornado hat mich heute erfasst und umgehauen. Im total positiven Sinne. Doch zu viel Anerkennung, Wertschätzung und Liebe können einen auch irritieren und überwältigen.

Nachdem ich heute auf der LEUTE-Seite wieder mit meinem Kolumnenbild bei der Prügel-Wirt-Geschichte abgebildet war, ging schon frühmorgens die Lawine los. Mails, Anrufe, WhatsApps. Mir wurden von Freunden und Job-Menschen Blumen per Kurier geschickt (immerhin keine weißen Rosen, sondern Sträuße in fröhlichen Farben), wieder Marmelade wie kurz nach dem Tod, wieder Pralinen, wieder Schminkzeug (bin immer noch ungeschminkt, aber danke).

Und wieder fragt mich der Postbote, als er mir die Pakete in die Hand drückt und zwei abgestellte Blumensträuße vor der Tür erblickt: »Engel, bitte sag mir, dass es bei dir keine weiteren Toten gibt und du heute Geburtstag hast!?«

»Nein«, sage ich leicht lachend. »Kein Geburtstag, kein neuer Toter. Einfach nette Menschen.«

Nachmittags kommt noch mal eine neue Flut an lieben Nachrichten. Ich muss kurz vom Computer weg, es ist mir zu viel. Ich setze mich auf meine Wohnzimmercouch und heule zehn Minuten am Stück durch. Wie soll das weitergehen? Ich kann doch nicht hauptberuflich Witwe sein und immer nur Fragen nach meinem Gemütszustand beantworten.

Michael ruft an: »Alles okay? Du klingst so ...«

Schnell erzähle ich ihm, wie sehr mich die Anteilnahme Teil 2 umwirft. Sehnlichst hoffe ich, dass sie mich nicht zurückwirft. Niemals möchte ich wieder an diesem Punkt sein, als mir das Leben too much war.

»Das hätte ich auch nicht gedacht«, meint Michael. »Aber sieh es positiv! Versuche, dich einfach über diese große Liebe zu freuen.«

»Das tue ich auch. Ich weiß das sehr zu schätzen. Der Kontrast ist halt heftig. Eben noch abgeschieden in der Natur, jetzt zurück im Fokus. Aber das wird schon«, verspreche ich ihm – und mir.

Ich frage mich mittlerweile, wie mich die Arbeit ablenken soll, wenn sie mich zu hundert Prozent an meinen

Mann erinnert. Alle kannten ihn, alle mochten ihn. Aber ja: Ich versuche, mich über die Liebe zu freuen. Außerdem ist später Pink Kitchen, da will ich nicht komplett verheult ausschauen.

Nach Feierabend die nächste Challenge: einkaufen in meinem Breaking-Point-Supermarkt. Ich brauche dringend noch Chips, Nüsse, Oliven.

Ich stelle mich meinen zweithärtesten Endgegner, dem Supermarkt, der mich damals so sehr in die Knie gezwungen hat. Ich gehe los, Tüte in der einen, grünen Tannenzapfen vom Zauberwald in der anderen Hand. Der Weg ist manchmal wirklich schon das Ziel.

Stark und triumphierend gehe ich an der Aufkleber-Straßenlaterne vorbei, die im Juli mein Wendepunkt (literally!!) war. Ich klopfe auf sie, bin optimistisch. Keine Wackelpudding-Knie, kein Herzrasen. Wie geil sich das anfühlt. 25 Minuten später: Challenge gemeistert. Ich habe im Supermarkt eingekauft, ohne Zwischenfälle – natürlich klopfe ich mir danach auf die Schulter und spüre einen Siegesrausch, den andere empfinden mögen, wenn sie beispielsweise die Fußballweltmeisterschaft gewinnen.

Um 19 Uhr trudeln die Pink Angels ein. Nach den letzten Stammtisch-Absagen – ich war ja abgetaucht – freuen sich alle besonders aufs Wiedersehen. Sogar Ecki aus Brasilien ist heute mit am Start. Er ist vor wenigen Tagen in München gelandet, kannte meinen Mann schon als Kind, und ich weiß, dass er ihn bis zum Schluss geliebt hat. Jobbedingt konnte er nicht früher herkommen, weshalb es das erste Wiedersehen seit Clemens' Tod ist. Als Ecki vor mir in der Tür steht, sagt er: »Ich hatte etwas Angst, dich zu treffen. Weil du mich so an Clemens erinnerst. Aber schön, dich zu sehen.«

Wir liegen uns so lange in den Armen, bis der nächste Kumpel klingelt.

Als die zehn engen Freunde da sind, verkünde ich mein Vorhaben: Jeder, der mag, darf sich ein Kleidungsstück von Clemens aus dem Schrank nehmen – als Erinnerung. »Er hätte sich total gefreut«, sage ich.

Frank entscheidet sich für einen warmen Kurzmantel, Schorschi für eine Jacke. Wie die Männer die Sachen anprobieren und vor dem Spiegel stehen – da denke ich kurz, mir wird schwarz vor Augen. Mich haut's jetzt um. Weil ich meinen Mann sehe in diesen Sachen, die ihm so fabelhaft standen. Ich seh ihn lebendig vor mir.

Da fallen mir Sigis Worte ein: »Beschäftige dich nur maximal zehn Minuten am Tag mit Dingen deines Mannes, sonst wird es zu viel, Kimberly. Du musst negative Gefühle wie Erinnerungsschmerz abbauen und positive Gefühle aufbauen.«

Gar nicht so einfach. Ich brauche dringend ein Bier.

Als Wolfi leicht verspätet ankommt, drücke ich ihm den großen Flakon Hermès-Parfum in die Hand (hatte ich Clemens letztes Weihnachten geschenkt, ich weiß, dass Wolfi den Duft auch liebt). »Oh, danke schön«, sagt er freudig.

In der Sekunde rutscht Wolfi seine Hose runter, und er steht in Unterhosen vor mir. »Hab ich etwa abgenommen? Entschuldige bitte, das kann nicht sein!«, sagt er und prustet los. Genauso wie ich. Es ist zum Schreien komisch.

Um zwei Uhr nachts ist Wolfi auf meiner Couch weggeschnarcht, Ecki hilft mir netterweise beim Aufräumen, und der Rest hat sich verabschiedet. Es war ein wunderbar fröhlicher Abend.

Ecki meint plötzlich: »Kimberly, wollen wir uns kurz in die Pink Kitchen setzen und reden?«

Oh shit.

»Puh, Ecki, weil du es bist.«

Ich befürchte, dass er mich mit vielen Warum-Fragen löchert. Stattdessen sagt er: »Ich bin stolz auf dich, wie stark

Bussi hier, Bier da – und eine nette Karten-Nachricht. Die Stimmung im Laden von Zeus tut mir gut.

du bist. Dass du keine Tabletten genommen hast. So wie ich damals nach meiner Scheidung. Antidepressiva, Stimmungsaufheller, das ganze Zeug. Das hat mich betäubt, doch den Schmerz zaubert es ja nicht weg. Es macht alles nur schlimmer, man wird abhängig, und irgendwann haut es einen um. Du bist so viel stärker als ich damals – und meine Frau ist nicht mal gestorben.«

»Danke, Ecki.«

»Warum sitzt du so weit weg?«, meint er und zieht meinen Stuhl näher an seinen.

Er nimmt mich in den Arm, drückt mich fest an sich, und die Tränen schießen ihm aus den Augen. Ich weine mit. Eine halbe Stunde liegen wir uns heulend in den Armen und weinen gemeinsam. Um Clemens, unseren Schmerz, die Liebe. Es fühlt sich befreiend an. Wir können gar nicht mehr aufhören zu weinen.

»Oh Gott, was macht ihr denn hier?«, fragt Wolfi, der in Unterhosen die Küche betritt und uns ungläubig und schlaftrunken anstarrt.

Plötzlich hab ich wieder bessere Laune. Fühle mich wie ein Pingpongball zwischen Leid und Lachen. Ich bin emotional fix und fertig. Was für eine Gefühlsachterbahn dieser Tag war.

6. Oktober, Tag der Erdbeer-Pommes

Den halben Tag denke ich, es sei Freitag, bis ich feststelle, dass Donnerstag ist. Mei, so what. Etwas durcheinander bin ich halt manchmal noch. Ich fühle mich an sich gut – mit Schwankungen. Hab auch viele Krankenhausrechnungen (neverending Story!) mit dem Datum 2020 unterschrieben. Ist aber niemandem aufgefallen.

Michael macht heut Nägel mit Köpfen und Köpfchen: »Du musst mal raus, Kimberly. Nur Homeoffice und Isar-Walk reichen nicht. Lass uns nachher auf ein Feierabendbier bei Zeus treffen! Bierapie um 19 Uhr. Keine Wiederrede!«

Sofort spüre ich ein komisches Gefühl im Magen. Aufregung. Stress. Druck. Weil ich ausgehe. Mein halbes Leben bestand daraus, auszugehen, doch jetzt ist es komplett neu und anders für mich. Ich ziehe mir eine orangefarbene Hose an, rosa Pulli, die volle Anti-Witwen-Dresscode-Offensive. Nur das mit dem Schminken lasse ich noch. Wozu auch? Mein neues Ich schaut so aus, wie es ausschaut, da ändert auch keine Kosmetik was dran.

Beim Verlassen meiner Wohnung merke ich innere Unruhe, während ich zu Zeus laufe (sein Laden ist nur dreizehn Minuten entfernt), löst sich meine Nervosität etwas.

Michael ist zum Glück schon da, sitzt mit Jacke draußen auf einem dieser Winzhocker, der mal ein Bierkasten war.

»Oh, Miss Sunshine is back. Endlich geht die Sonne wieder auf«, begrüßt mich Zeus auch gleich euphorisch.

Bussi hier, Bier da.

»Du strahlst ja noch viel mehr! Wir haben uns echt ewig nicht mehr gesehen«, stelle ich fest.

»Viel länger als ewig«, meint Zeus. »Du schaust besser aus. Weniger traurig als beim letzten Mal.«

»Danke, ich fühl mich auch besser.«

Plötzlich geht mir diese Antwort so leicht über die Lippen. Es muss an Zeus liegen. Bei ihm habe ich nicht das Gefühl, dass er dramasüchtig oder voyeuristisch ist, sondern es ehrlich meint.

»Das freut mich. Schau, das ist Zoe, meine Tochter.«

Vor mir steht eine bezaubernde Vierjährige mit silberner Prinzessinnenkrone auf dem Kopf und rosa Tüllrock. Sie spricht einen Mix aus Griechisch und Deutsch, mag aber keine Erwachsenen, wie mir Michael erzählt. »Ich kenne sie, seit sie auf der Welt ist«, sagt er, »und seitdem ignoriert sie mich.«

Ich sage: »Hallo, Zoe, ich bin Kimberly. Wollen wir unsere Kleidung tauschen? Du kriegst meine orangefarbene Hose und ich deinen tollen rosa Rock?«

»Neeeeiiiinnnn!«, schreit sie lachend und rennt rein.

Zeus erklärt mir, dass er von Zoes Mama schon länger getrennt lebt und sie sich das Sorgerecht teilen. »Aber mit meinem Laden und kleiner Tochter ist das nicht so leicht.«

Da kommt Zoe wieder angerannt, greift nach meiner Hand und sagt irgendwas auf Griechisch.

»Baby, du musst mit Kim Deutsch reden, sie kann kein Griechisch und versteht sonst nichts«, mahnt Zeus.

»Was hat sie gesagt?«, frage ich.

»Ob du mit ihr Verstecken spielst.«

»Au ja! Verstecken ist mein Lieblingsspiel, Zoe! Am liebsten würde ich mich den ganzen Tag verstecken.«

Die Kleine hat keine Ahnung, wie ernst ich das meine. Aber sie strahlt mich an.

Wir verstecken uns in Hauseingängen oder hinter Autos, während die andere bis zehn zählt.

»Noch mal, noch mal«, sagt sie immer wieder.

Was für ein Spaß. Wir balancieren gemeinsam über Fahrradständer, und ich fühle mich ein bisschen so wie an meinem ersten Tag im Zauberwald, nach dem Zusammenbruch: unbeschwert und leicht.

Zoe greift wieder nach meiner Hand und ruft fröhlich: »Schauen wir, wer stärker ist.«

»Bestimmt du!«

Sie zieht an meiner Hand, ich tue so, als hätte ich keine Chance. Zoe lacht und lacht und steckt mich mit ihrer guten Laune an.

Seltsam, erst Nachbarstochter Sophie draußen bei meiner Familie, jetzt in der Stadt Zoe. Warum habe ich immer einen vierjährigen Schutzengel, sobald ich mich in eine neue Situation wage?

Während ich überlege und von Zoe über den Bürgersteig gezogen werde, kommt Zeus zu uns und sagt: »Miss Sunshine, du musst das nicht machen.«

»Ich mach's gern. Du hast eine bezaubernde und wirklich starke Tochter.«

»Sie hat sich sofort in dich verliebt, das sehe ich. Das hab ich noch nie erlebt. Aber ich kann meine Tochter sehr gut verstehen.«

Er grinst mich mit seinem frechen Zeus-Lachen durch die vielen Barthaare an. Flirtet er?

»Nicht reden, spielen!«, fordert Zoe und beißt mit ihren kleinen Zähnchen in meine Hand.

»Aua«, schreie ich übertrieben und lache. »Zoe, was meinst du – schmeckt meine Hand nach Pommes oder Erdbeere?«

»Wie Erdbeer-Pommes!«

Wir kichern, Zeus geht zurück in seinen Laden, dreht sich aber noch mal um und schaut mich an, wie mich seit sehr, sehr langer Zeit kein Mann mehr angeschaut hat.

Als ich ein Schluck Bier gegen den Spieldurst trinke, sagt Michael erstaunt: »Was ich in vier Jahren mit Zoe nicht geschafft habe, schaffst du in ein paar Sekunden. Du hast diesen speziellen Glow.«

»Den Trauer-Glow?«

»Nein, deinen neuen, ganz eigenen Glow.«

»Go with the Glow«, antworte ich nicht ganz ernst gemeint. »Für irgendwas muss mein emotionales Trainingslager ja gut gewesen sein.«

Aber ich verstehe, was er mir sagen will. Neues Ich, neues Leben, neuer Glow. Transformations-Glow. Vielleicht spüren vor allem vierjährige Mädchen, dass ich eine von ihnen bin.

Sophie und Zoe haben intuitiv recht. In Wahrheit bin ich gerade ein kleines Kind, das zum ersten Mal in seinem neuen Leben in eine Bar geht und Verstecken spielt.

Erwachsene kapieren das nicht, Kinder schon.

7. Oktober,
nachts

Es ist Punkt Mitternacht. Ich sitze auf meiner Wohnzimmercouch und habe wahrscheinlich viel zu wenig Alkohol getrunken.

Auf meinem Handy läuft »A Whiter Shade Of Pale«, das Lieblingslied meines Mannes, der jetzt Geburtstag hat. Nicht hätte.

Ich sitze da und kann nur den Tränen freien Lauf lassen.

Das Lied ist noch nicht zu Ende, da ruft Theresa an: »Stör ich dich, Kimberly?«

»Niemals, liebste Theresa!«

»Ich bin grad in meiner WG und wollte da mal raus, auf den Balkon, allein sein. Mit Papa. Und mit dir.«

»Wunderschön, dass du anrufst. Vielen lieben Dank.«

Zwei Stunden sprechen wir.

Es ist das wohl ehrlichste, traurigste und zugleich schönste Gespräch aller Zeiten.

8. Oktober,
Treffen mit der Königin

Total verschwitzt aufgewacht. Ich habe zum zweiten Mal von meinem Mann geträumt, dass er für zwölf Jahre ins Gefängnis muss. Wie fertig und hilflos wir beide waren. Grauenhaft.

Heute wird er sexy sechzig.

Ich schaue auf mein Handy. Etliche Nachrichten von den Pink Angels, die in der WhatsApp-Gruppe zum Geburtstag meines Mannes schreiben. Viele teilen dazu Fotos von sich mit Clemens.

Schorschi schreibt: »Ich vermisse ihn immer.«

Frank sagt in seiner Sprachnachricht, dass er abends eine Kerze für ihn anzündet.

Dad schreibt den wohl treffendsten Satz: »Hoch soll er weiterleben!«

Spätestens als mir Doc Holiday ein Video mit unzähligen gemeinsamen Bildern schickt, muss ich sehr weinen.

Ich glaube, ich komme heute gar nicht aus dem Bett. Möchte mich nur verkriechen – oder wieder verstecken. Was mache ich mit und aus diesem Tag? Bin völlig überfordert.

Ans Grab gehen? Wozu? Mein Mann wäre durchgedreht, er wollte das Leben stets genießen und feiern. Wenn ich an seinem Geburtstag ans Grab gehe, würde er das nicht toll

finden. Hätte er auch nicht gemacht. Plötzlich ein Geistesblitz: Ich gehe dahin, wo auch er immer gerne hingegangen
ist – auf den Viktualienmarkt. Das ist in seinem Sinne.

Ich werde was Schönes zu essen kaufen. Die Tränen
kommen automatisch, da muss ich nicht extra ans Grab.
Außerdem ist er da nicht. Er ist bei mir.

Auf dem quirligen Viktualienmarkt bei Erikas Blumen-
standl ratsche ich heiter mit der Mitarbeiterin, kaufe riesige Kuschelzweige, wie sie am Bach gewachsen sind, und
Mini-Hagebuttenzweige. Spontaner Entschluss: Ich hole
mir die Natur ins Haus.

Ich kaufe die weltbesten Oliven und Clemens' Lieblings-
Roséwein. Und ich habe sogar Löwenzahn erbeutet. Aus
Sizilien. Er ist größer als der selbst gepflückte, mal schauen,
wie er schmeckt.

»Haben Sie einen Hasen?«, fragt der Verkäufer.

»Nein, der ist für mich.«

»Was machen Sie damit?«

»Löwenzahn-Pasta. Wobei, ich nenne sie Löwin-Pasta.«

Er lacht, ich auch.

Auf dem Rückweg fühle ich mich stark und leicht.
Daheim dekoriere ich die Wohnung etwas um, stelle die
Zweige auf und freue mich daran.

Später laufe ich bei Regen die Isar entlang. Ich trage eine
Regenjacke meines Mannes, ziehe die Kapuze aber nicht
über. Ich will die Regentropfen als Tränen des Himmels auf
meinem Kopf und meiner Haut spüren. So bin ich nicht die
Einzige, die weint. Petrus ist voll bei mir. Eine Krähe landet
neben mir am Fluss, schaut mich mit ihren bezaubernden
schwarzen Augen direkt an und stolziert immer wieder um
mich herum. Sie regentanzt um mich.

Auf meinem Handy google ich: Krafttier Krähe.

Und siehe da: »Die Krähe ist die Königin bezüglich Transformation und Veränderung. Viele Menschen verbinden

mit der Krähe zunächst nichts Positives, weil sie schwarz und dunkel ist. Zudem hat sie den Ruf, link und diebisch zu sein. Dass Wahrheit und Mythos nichts miteinander zu tun haben, beweist das Krafttier Krähe, denn diese ist ein wunderbarer Begleiter, wann immer es um Veränderung und Loslassen geht.«

Überrascht schaue ich die um mich tänzelnde Krähe an. Ich setze mich auf den nassen Boden, sie kommt noch näher und bleibt stehen. Wir starren uns eine gefühlte Ewigkeit an.

»Hey du«, sage ich zu ihr. Ich spüre, wie ich Gänsehaut bekomme, was nicht daran liegt, dass ich durchnässt bin.

Die Krähe steht vor mir, breitet ihre Flügel aus und gibt keckernde Laute von sich.

»Du Königin der Transformation. Deine Message ist angekommen. Ich danke dir.«

Sie neigt den Kopf zur Seite und fliegt davon.

9. Oktober, das erste Fest

Schorschi wird morgen sechzig und feiert heute rein. Eigentlich wollte er mit meinem Mann zusammen den Sechzigsten feiern. Jetzt bin ich allein eingeladen und soll »unbedingt kommen«.

Gerade habe ich viele Gründe im Kopf gesammelt, um doch noch abzusagen. Bammel habe ich schon vor diesem Abend, das gebe ich zu.

Schorschi ist Baron und lässt es auf seinem Schloss (etwa eine Stunde von München entfernt) krachen. Es werden also sehr viele Menschen kommen. Fast alle kannten Clemens. Ich hoffe sehr, dass sie mich nicht mit Beileid und/oder Fragen überschütten. Denn davor habe ich Angst.

Mein erster Auftritt als Witwe – oh shit. Der Abend bei Zeus zählt nicht, da sind wirklich nur Griechen, die mich und mein Schicksal nicht kennen. Schorschis Schlossparty ist da doch anders, das schüchtert mich ein.

Ein halbes Jahr nach dem Tod meines Mannes werfe ich mich in Schale und schminke mich erstmals wieder. Meine Hände zittern, zum Glück aber nur leicht, sodass Wimperntusche und Lippenstift nicht komplett danebengehen. Netterweise holen mich Frank und Doris mit dem Auto ab und fahren mich bei strahlendem Vollmond zum Schloss. Ich spüre die Aufregung, gleich werde ich so viele Freunde meines Mannes wiedersehen.

Frank stellt mir gleich mal ein Glas Champagner hin. Topidee. Und da kommt sie schon auf mich zu, die Gästekarawane.

»Wie geht's dir?«, »Toll schaust du aus!«, »Du bist so taff!« »Wie schaffst du das?« – sind die Kommentare und Komplimente. Dazu Dutzende Umarmungen. Aber zum Glück: kein Beileid mehr. Eher großes Erstaunen, dass ich senkrecht vor ihnen stehe und nicht völlig hinüber ausschaue.

Tischnachbar Finn sagt mir später, als wir uns einander vorstellen (wir hatten uns vor zehn Jahren mal gesehen): »Ein halbes Jahr ist sein Tod jetzt her? Das ist ja nix.«

»Exakt«, antworte ich. »Die sechs Monate kommen mir wie sechs Tage vor. Schrecklich intensive Tage.«

Schorschi hält eine launige Eröffnungsrede, erzählt gleich, dass sein geliebter Freund Clemens gestern sechzig geworden wäre. Ich spüre, wie alle Augen im Saal an mir kleben. Meine Reaktion abwarten. Weint sie? Bricht sie zusammen?

Nein, bäm, ich bleibe stark und werfe Schorschi einen Luftkuss zu. Dass er meinen Mann erwähnt, ihn mitfeiert, finde ich toll.

Nach der Maronencremesuppe folgt ein Videofilm, den Frank gezaubert hat. Viele Fotos zeigen auch Clemens und mich, glücklich, fröhlich.

Doc Holiday auf der anderen Tischseite kämpft mit den Tränen, als er Clemens sieht. Ich komischerweise nicht. Wahrscheinlich bin ich wieder im Autopilotmodus und will alles einfach irgendwie durchstehen. Ich möchte weder zusammenklappen noch losheulen. Ich möchte meinen Mann feiern. Basta.

In der Sekunde klappt ein Freund meines Mannes am Tisch gegenüber zusammen und rutscht vom Stuhl auf den Boden.

Seine Freundin springt auf, schreit nach einem Arzt. Große Aufregung. Wahrscheinlich dachten viele (auch ich), mir würde das passieren. Jetzt ist er es, der von Doc Holiday und Frank in den Nebenraum getragen wird. Ich laufe zu Schorschi, sage, er solle lieber mal einen Krankenwagen rufen.

»Wir haben doch Ärzte da.«

»Zwei Schönheitschirurgen und Doc Holiday, der Orthopäde ist.«

Während Schorschi hadert, kommt Frank zu mir und flüstert mir ins Ohr: »Ich habe Angst, dass er der Nächste von uns ist und stirbt.«

»Ruf einen Krankenwagen«, schreie ich Schorschi an, der zum Glück endlich reagiert.

Sieben Minuten später sprintet ein Notarztteam ins Schloss und kümmert sich.

Frank und ich stehen draußen beim Rauchen, sind ziemlich durch den Wind. »Ich hatte echt Angst«, sagt er leise.

»Me too.«

Wir nehmen uns in den Arm.

»Bitte nicht noch ein toter Freund«, meint er. »Ich habe das mit Clemens ja noch nicht mal richtig verkraftet.«

Dann Entwarnung: Dem bewusstlosen Kumpel geht es wieder besser, er wird vorsichtig nach oben in ein Schlafzimmer gebracht.

»Gott sei Dank«, sage ich und atme auf.

Frank hüpft vor Freude in die Luft.

Eine Freundin stößt zu uns und meint völlig unvermittelt: »Kimberly, was du mit deinem Mann für eine Liebe gehabt hast, das ist schon einzigartig. So eine Liebe gelebt haben zu dürfen, das kennt ja sonst kaum jemand.«

In dem Moment spielt die Liveband Barry Whites Lied. Clemens' Lied. Unser Lied. Jetzt kämpfe ich doch mit den Emotionen, Tränen tropfen aus meinen Augen. Ich zwinge mich, das Bild vom Sarg auszublenden, und stelle mir lieber vor, wie mein Mann diese Party gerockt hätte. Wie stolz er gewesen wäre, dass ich mich diesem Fest stelle.

Ich finde: Ein Gast, der umkippt, reicht für eine Party. Ich bin heilfroh, dass ich nicht dieser Gast war.

20. Oktober,
Post für mich

Überlebenswichtig für mich ist Struktur. Routine. Es hilft total, feste Abläufe zu haben, den Computer im Homeoffice täglich zur selben Uhrzeit hochzufahren, das Abendessen zu einer bestimmten Zeit vorzubereiten, den Magnesium-Drink zur immer gleichen Zeit zu trinken. Klingt läppisch, ist es nicht. Auch gut: Nebenbei die Wohnung immer weiter umdekorieren. Sich schöne Dinge gönnen (ich habe mir ein riesiges, handgemaltes Libellenbild aus London bestellt, das jetzt in meinem Wohnzimmer hängt – mein erstes und wichtigstes Krafttier ist nun für immer bei mir).

Ich gewöhne mich an mich selbst, mein Leben allein (auch wenn ich mich nie so fühle und es selten bin). Wenn ich aus dem Haus gehe, habe ich einen Tannenzapfen oder eine Kastanie in meiner Jackentasche. Oder am besten beides. Kraft aus der Natur. Außerdem habe ich so etwas zum Festhalten.

Heut kam ein fetter Umschlag vom Deutschen Rentenbund Berlin. Die Witwenrente! Na endlich. Ich ackere den
Papierberg durch und traue meinen Augen kaum.

Fazit: Ich bin aus Rentensicht zu jung und zu erfolgreich
für eine Witwe, und deshalb bekomme ich keinen einzigen
Cent. Der ganze monatelange Behördenwahnsinn – komplett umsonst. Danke für überhaupt nichts.

Ich überlege, ob ich mich ärgern soll.

Nein, ich nehme es als Kompliment (Zu jung! Zu erfolgreich!) und schreibe in die Pink-Kitchen-Gruppe, dass ich
einen Anti-Renten-Champagnerumtrunk plane.

Mein Juristenfreund Stephan, der mich sehr oft sehr
geduldig in diesen Dingen beraten hat, reagiert sofort:
»Beste Reaktion! Genau so! Krone richten!«

Ich antworte: »Und einen in der Krone haben.«

25. Oktober,
mein erster Hochzeitstag als W-Frau

Ich dachte, ich habe keine Tränen mehr. Ich habe mich ge-
täuscht. Und zwar sehr.

30. Oktober,
Toyboy-Time

»Hi Süße, i hab di soooooo vermisst!«, schreibt mir ganz
unvermittelt mein früherer Arbeitskollege Xaver, der irgendwo in Bayern wohnt. Er ist 27 und recht reif (und
keck). Ich mag ihn sehr, er war einer der wenigen, die mich
in Ruhe gelassen haben, obwohl auch er meinen Mann geschätzt hat. Kein Beileid, nix. Voll toll.

Jetzt fängt er plötzlich an, in die Offensive zu gehen.
»Ich bekomme graue Haare – das heißt: Jenseits der 45 ist
mein neues Jagdrevier.«

»Schade, dass ich zu jung bin für dich«, schreibe ich nicht wirklich ernst gemeint zurück.

Er daraufhin: »Ich biete: graue Haare, leichter Bartansatz, 27 Jahre. Zu wenig für dich, ich weiß. Aber ich bring mich ins Spiel. Für an Drink mit dir fahr i mim Radl nach München. Ich mag Frauen, die mir sagen, wo es langgeht – also Richtung Bar oder Bad?«

»Am besten eine Bar im Bad«, schreibe ich und muss grinsen. Was macht dieser Xaver mit mir?

Wolfi ruft an: »Was machst du?«

»Ich glaube, ich flirte gerade mit einem 27-Jährigen.«

»Ooh, sehr gut. Tolle Idee! Nimm dir unbedingt einen jungen Lover. Sie wissen nicht, was sie tun, aber sie tun es die ganze Nacht.«

»Wolfi! Sex ist noch weit weg.«

»Wie weit?«

»Keine Ahnung. Wer will schon mit einer Witwe schlafen?« »Hallo!? Alle! Verwitwet sein ist so sexy und romantisch. Jeder Mann will dich beschützen ...«

»... du bist wie meine Schwester.«

»... für dich da sein, bei dir sein, in dir sein.«

»Wolfi!!«

Wir lachen.

Schließlich sage ich: »Ich bin da noch skeptisch.«

»Sei nicht spießig, Kimberella. Lad den Toyboy zu dir ein. Das ist auch therapeutisch.«

»Ich weiß. Sex ist gut fürs Nervensystem.«

»Na also! Worauf wartest du noch? Du magst doch Nüsse neuerdings so gern, also ran an seine Nüsslein.«

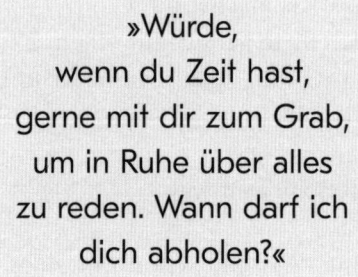

»Würde,
wenn du Zeit hast,
gerne mit dir zum Grab,
um in Ruhe über alles
zu reden. Wann darf ich
dich abholen?«

Eine Freundin

November

4. November, Freitag, Eskalationspremiere

Toyboy Xaver habe ich noch keine Einladung geschickt (weder für eine Bar noch für mein Bad), dafür hat heute eine große, ach, was, eine gigantische Premiere stattgefunden.

Ich! Habe! Getanzt!!

Das ist noch stark untertrieben. Es war die totale Eskalation. Und es hat sich so irre großartig und befreiend angefühlt.

Tanzen ist wie das Abtauchen im Bach: ein absoluter Present Moment.

Wie es dazu gekommen ist, weiß ich gar nicht mehr genau. Michael und ich haben uns zum Feierabendbier bei Zeus getroffen. Ich hatte Pombären, Oliven und Nüsse dabei, was Zeus sehr amüsierte.

»Vertraust du meiner Küche nicht?«

»Doch. Aber dieses Trio ist mein Soul Food, ich brauch es zum Feierabendbier.«

»Meine Tochter liebt ebenfalls Pombären. Du hast den Geschmack eines Kindes.«

»Ich bin ein Kind«, sagte ich ehrlich.

Er grinste mich an und meinte: »Du bist eine superinteressante Frau.« Dann hat er mir ein rosa-weißes Band an meine Gürtelschlaufe gebunden: »Ein Glücksknoten für dich.« Zeus' Papa ist Fischer in Griechenland, er selbst war sechs Jahre Kapitän auf einem Schiff und glaubt an so etwas.

Ich glaube mittlerweile eh an alles.

Vor allem glaube ich, dass Zeus mich komplett abgefüllt hat.

Irgendwie hatte ich ständig ein neues Bier vor mir. Nach dem dritten Bier stand ich an seinem iPad und tippte Lieder ein, die ich mag. Ich war DJane in seinem Laden. Verrückt.

Oder wie Michael scherzte: »Ich Tarzan, du DJane.«

Nee, ich Tarzana und Djane.

Jedenfalls waren wir ausgelassen fröhlich. Michael und ich fingen an zu tanzen (die restlichen Gäste auch) und hörten für Stunden nicht mehr auf.

Zeus flüsterte mir ins Ohr: »Baby!«

Aus »Sonnenschein« ist »Baby« geworden.

»Ja?«

»Baby, das steht dir echt gut!«

»Mein neuer Pulli?«

»Deine neue Lebensgier.«

»Kann nur am Glücksknoten liegen«, sagte ich lachend und tanzend.

Zeus hatte recht: Wie viel Spaß das macht! Freude zu spüren! Unbeschwertheit! Was für ein Geschenk. Ich habe jede Sekunde geliebt.

»Tanzen ist echt heilsam«, sagte ich zu Michael, als ich danach noch für einen Absacker bei ihm in der Küche saß. »Warum habe ich nicht schon viel früher getanzt?«

In dem Moment klingelte es, und sein Übernachbar Otto, der im Penthouse wohnt, kam vorbei, weil er jeden Tag irgendwann bei ihm vorbeischaut.

Otto (Wuschelhaare, smarter Typ, blitzende Augen) meinte: »Du bist also diese geheimnisvolle Kimberly, von der ich so viel gehört habe, aber offiziell nichts wissen darf?«

»Und du Otto Penthouse? Freut mich.«

Zwei Stunden redeten, lachten, tranken wir. Ich erfuhr, dass Otto Arzt ist, einen Doktortitel hat (ohne abgeschrieben zu haben), abends bei Verabredungen pathologisch unpünktlich ist, gut und gerne kocht, einen Teenie-Sohn hat und seit der Trennung von der Sohn-Mutter eine komplizierte On-Off-Beziehung mit einer anderen Frau führt.

Er war auf Anhieb so sympathisch und empathisch, dass ich das Gefühl hatte, ihn seit Jahren zu kennen. Vielleicht ist das so ein Arzt-Trick, dass sich andere in seiner Nähe gleich unheimlich geborgen fühlen. Vielleicht ist es einfach Otto.

Otto sagte zum Abschluss: »Ich hab mir dich total anders vorgestellt.«

»Wie denn?«

»So barock.«

»Barock??«

»Ja. Dass du ständig Dirndl trägst und so.«

»Das hab ich noch nie gehört. Was hat Michael denn bitte über mich erzählt?«

»Wenig. Das war alles immer wahnsinnig geheim und wahnsinnig wichtig, wenn sich Michael mit dir getroffen hat.«

»Zu recht«, sagte ich ironisch.

Otto meinte: »Du bist wirklich ganz anders, so …«

»So … was?«

»Da fehlen mir noch die passenden Worte. Aber ich freu mich, es herauszufinden.«

Jetzt ist es spätnachts, ich falle in mein Bett und bin nach sehr langer Zeit ausnahmsweise mal nicht unendlich traurig, sondern erfüllt mit Leben, Liebe und Lust. Ich bin Feier-berauscht. Was für ein neues, fantastisches Gefühl.

Egal, ob ich es als Witwe darf oder nicht, ob es sich gehört oder nicht: Ich muss mehr feiern.

9. November,
Bäcker-Challenge

Zack, zack, zack. Ich bin im Schleudergang meiner eigenen Gefühls-Waschmaschine. Meine linke Brust schmerzt immer noch unglaublich. Es ist Herzschmerz, der nicht weggeht. Die Liebe, die sich meldet. Tag für Tag. Minute für Minute. Und jeden Morgen aufs Neue ist es die größte Mutprobe, das Bett zu verlassen. In den neuen Tag im neuen Leben zu starten.

Obwohl ich meine Trauer-Hausaufgaben vorbildlich gemacht habe und mache, wie ich finde, fällt es manchmal schwer. Früher klingelte mein Wecker und ich bin aus dem Bett gehüpft. Heute muss ich mich an manchen Tagen richtig zwingen aufzustehen.

Heute ist so ein Tag.

Trauer ist höchst raffiniert und trickst einen gern aus. Trauer kommt oft genau dann um die Ecke, wenn man mal nicht mit ihr rechnet. Wie ein ungebetener Überraschungsgast. Doch man darf der Trauer nicht die Tür vor der Nase zuknallen, man muss sie willkommen heißen. Sonst wird sie noch hinterhältiger.

Aber es gibt trotzdem Breaking News: Mein permanentes Unwohlgefühl, das mich die letzten sechs Monate durch die erste Hälfte des Tages begleitet hat, ist weg.

Verschwunden. Futschikato. Hurra!!

»Klopf dir mehr auf die Schulter«, sagt Michael häufig. Er hat recht. Ich klopfe mir auf die Schulter, dass ich meine Nonstop-Übelkeit losgeworden bin. Noch besser: Ich belohne mich mit einem Kaufrausch. Ja, ich spüre einen plötzlichen Konsumdrang, will mir etwas Gutes tun. Mich zelebrieren.

Ich kaufe mir wunderschöne Blumen und ein Armband in Magenta, das Liebe schenken soll, wie mir die Verkäuferin sagt. Online bestelle ich mir einen knallrosa Pulli, ein strahlendes lila Kleid und einen Staubsaugerroboter (Zeus hat so einen in seinem Laden, den fand ich ganz geil).

Auf dem Weg zum Briefkasten (ich schicke meiner Family und engen Friends Libellenkarten als Dank für ihr unerschütterliches Dasein und ihre Liebe im letzten halben Jahr) spüre ich: Ich bin bereit für die nächste Challenge – außerdem habe ich Lust auf eine Brezn. Ich gehe erstmals wieder zu meinem Stammbäcker.

Hier hat mein Mann jahrelang täglich in der Früh drei Brezn (mit viel Salz) gekauft. Hier war ich seit einem halben Jahr nicht mehr. Es könnten also Fragen kommen. Doch die Brezn da sind so gut, dass ich nicht den Bäcker wechseln will.

Auf dem Weg überlege ich, was angenehmer ist: Wenn die netten Mitarbeiter wissen, was mit meinem Mann passiert ist? Oder wenn sie es nicht wissen?

Ich atme tief ein und betrete den Bäcker so kämpferisch, als würde ich in einen Boxring steigen. Sofort sieht mich ein Mitarbeiter, strahlt und ruft: »Endlich! Drei Brezn mit viel Salz?«

»Nein«, sage ich freundlich. »Heute nur eine Brezn mit viel Salz, bitte.«

Er wirkt enttäuscht und sagt: »Die neue Bescheidenheit?« »Absolut.«

Da kommt die Chefin aus der Bäckerstube, ich weiß, wie gern sie meinen Mann mochte. Sie sagt: »Bei euch ist schon alles in Ordnung, oder?«

Ich drehe mich kurz um, hinter mir in der Schlange stehen fünf Leute. Niemals kann ich ihr hier und jetzt die Wahrheit sagen. Ich muss sie schützen – und mich.

Daher sage ich betont lässig: »Alles gut. Alles passt.« »Sicher?«

»Total sicher. Und selbst?«

»Ja, ich hab mir nur Sorgen gemacht. Aber ich hab mir schon gedacht, dass bei euch beiden nichts passiert sein kann. Ihr seid so ein wunderbares Paar, wie es das selten gibt.«

Oje.

Ich sage: »Oh ja.«

Die Bäckerei-Chefin hat meinen Mann und mich oft zusammen erlebt, sie weiß, dass wir glücklich waren. Eine Trennung kommt für sie offenbar überhaupt nicht infrage. Der Tod noch viel, viel weniger. Kein Mensch rechnet mit dem Schlimmsten.

Ich erinnere mich dunkel, dass ich auch mal so ein Mensch war.

Sie sagt: »Schöne Grüße an den Mann.«

»Richte ich gerne aus. Er wird sich freuen.«

Abends mache ich mein neues Trauer-Work-out: tanzen. Zwei Stunden tanze ich in der Küche zu meiner Lieblingsmusik.

10. November, Trauer dauert

Erkenntnis des Tages/Abends: Du kannst dich in die Arbeit stürzen, mit Beileidsgesprächen halbwegs souverän umgehen, Grab-Selfies mit einem Lächeln begegnen, tanzen, bis du platt bist – aber dann stehst du plötzlich im Wohnzimmer und starrst auf die Couch und siehst vor deinem inneren Auge deine größte Liebe dort sitzen.

Siehst, wie sie schlaue, lustige, spannende Dinge erzählt. Erinnerst dich, wie du lachst. Du spürst die Liebe im ganzen Körper. Du brichst in Tränen aus, weil du deine größte Liebe so sehr vermisst.

Du spürst: Es gibt keine Betäubung, keine Ablenkung. No fucking way. Dein Schmerz ist immer bei dir. Wie ein Stalker, den du nicht loswirst.

11. November,
wer kann, der Cannes

Ich schmiere Pausenbrote für Wolfi, der in meiner Küche sitzt, ein Bier trinkt und gleich nach Cannes fährt. Er muss eine Tasche abholen, die er im Sommerurlaub dort vergessen hat. Der Hausbesitzer weigert sich, ihm die Tasche zuzuschicken. Also hat Wolfi eine Busfahrt gebucht. Zwölf Stunden Fahrt, Tasche abholen, fünf Stunden Aufenthalt, zwölf Stunden Fahrt zurück.

»Mein Jahresurlaub«, sagt er und lacht laut dieses Wolfi-Lachen.

»Willst du nicht wenigstens einmal dort übernachten?«, frage ich.

»Nein, dafür hab ich keine Zeit.«

»Aber du hast Zeit, 24 Stunden hin- und herzubrettern? Was ist in der Tasche?«

»Meine Tennisklamotten, ein toller Strohhut und mein Tennisschläger.«

»Die Leute werden dich eh für einen Drogenkurier halten.« »Die Sorge habe ich auch. Komm doch mit. Dann können wir mal in Ruhe über alles reden.«

Er weiß, wie allergisch ich auf diese Ansage reagiere.

»Ganz lieb, aber ich bin später mit Michael und Otto bei Zeus verabredet.«

»Die lustige Witwe und ihr Harem. Wer von ihnen wird dein Mann?«

»Ich habe einen Mann.«

»Dein Mann ist tot.«

»Danke fürs Erinnern.«

»Wer wird dein lebendiger Mann?«

»Ich bin happy mit meinem neuen Ich, das ich noch besser kennenlernen muss. Und ich bin froh, wenn ich mich in meinem neuen Leben eingroove.«

»Bla, bla, schon klar. Groove dich lieber in einen neuen Mann ein.«

Ich gebe Wolfi noch einen Schnaps und ein Schlafkissen für seine verrückte Cannes-Reise mit, dann laufe ich zu Fuß zu Zeus.

In seinem Laden sehe ich die Veränderung sofort, zumal mich Michael zur Begrüßung so vielsagend anschaut. Die Deckenlampe, die abwechselnd lila, blau, rot und grün leuchtet, ist beschriftet. Dort steht jetzt in großen schwarzen Buchstaben »Kim«, daneben prangt ein noch größeres Herz.

Nachtrag, nachts:

Selbst nach einem großartigen Zeus-Abend voll fröhlicher Momente liege ich im Bett und bin unfassbar traurig. Weil die Fallhöhe so gigantisch ist. Dieser Gefühlskontrast zwischen Herzschmerz und Herzbeben. Die geballte Ladung an Glücksgefühlen scheint mich noch zu überfordern. Ich muss sie mehr und mehr genießen lernen. Ohne schlechtes Gewissen.

Aber das ist leichter gesagt als getan. Was kann ich tun, dass mich Glücksgefühle nicht noch trauriger machen? Ich schreibe Sigi eine Nachricht.

Sigi reagiert schnell, schickt mir diese Sprachnachricht: »Das ist toll, dass du diese Awareness dir gegenüber hast. Du meinst, dass dich Glücksmomente zu sehr unter Druck setzen? Das ist ein sensationeller Hinweis. Also weg mit dem Glück. (lacht) Was ich damit meine? Das Glück setzt dich unter Druck, löst Stress aus, genau das, was du vermeiden sollst. Du spürst noch Widerstand dagegen. Woher dieser Widerstand kommt, das ist jetzt erst mal egal. Ob das Glaubensmuster sind, ob das die Rolle ist, die du denkst spielen zu müssen ... Wichtig ist, dass es da einen Widerstand gibt, sonst würde es sich ja nicht stressig anfühlen. Das ist aber total normal. (lange Pause) Pass auf, du tolle Kriegerin, der Spagat ist vielleicht zu groß. Du kommst aus der Traurigkeit, der Einsamkeit, dem Verlust – und von dort aus ins Glück zu springen, oh mein Gott, da katapultiert es dich auf der Emotionsskala von ganz unten nach ganz oben. Es ist sicher sinnvoll, das schrittweise zu machen. Also solltest du auf die Suche nach einem Gefühl gehen, mit dem du innerlich okay bist. Wenn wir jetzt von Glücksgefühlen oder Lebensfreude sprechen, ist das schon ein dickes Pfund. Das ist das, wo alle hinwollen. Das ist schon Erleuchtung pur. Vielleicht ist es für dich im Moment erleichternder, wenn du dir erst mal Zufriedenheit vornimmst. Oder Optimismus oder vielleicht sogar nur Langeweile. Das Glück ist noch zu ehrgeizig – und Ehrgeiz erzeugt Stress und Druck. Kein Mensch sagt, dass du das schaffen musst. Also eher: Zufriedenheitsmomente. Optimismusmomente. Lass uns einfach ein bisschen weniger ehrgeizig sein, was die Gefühlsskala angeht.«

14. November, neulich bei Käfer

Abends kommt mein Juristenfreund Stephan zu mir, weil ich eine Nachlassgericht-Beibrieffrage (was für ein Wort!) habe. Kurzum: Es geht um den Erbschein, den ich brauche, um das Konto meines Mannes aufzulösen. Vorab muss ich einen Wisch ausfüllen, den ich nicht verstehe. Das hat wie alles Behördliche ewig gedauert, überübermorgen habe ich endlich einen Termin beim Nachlassgericht in der Stadt.

Um ein paar Häppchen zu kaufen, gehe ich zu Käfer, einem Ableger des Feinkostladens bei mir in der Nähe. Der wirklich sympathische Filialleiter fragt mich, nachdem ich zuletzt zwei Mal allein in seinem Laden war: »Und deinen Mann gibt's nicht mehr?«

Oh shit.

»Nein, meinen Mann gibt's nicht mehr.«

»Waaaassss?? Das glaub ich nicht! Niemals! Echt jetzt!?«
Er starrt mich entgeistert an.

Ich sage nur: »Echt jetzt.«

»Aber ihr wart ganz fantastisch zusammen, darf ich fragen, was ...?«

»Nee, lieber nicht.«

»Verstehe«, sagt er und schüttelt den Kopf. Dann meint er: »Männer sind Schweine. Männer sind wirklich Schweine.« Er ruft es noch drei Mal laut durch den Laden: »Männer sind Schweine!«

Das ist wieder so eine Situation, in der Außenstehende mit allem rechnen, aber nicht mit dem Tod. Der Tod existiert für viele nicht. Ist überhaupt keine Option. Völlig ausgeschlossen, dass ein Mann, der gerade noch mitten im Leben stand, gestorben sein könnte. Schon erstaunlich. Der Tod kommt niemandem in den Sinn.

Der Käfer-Filialleiter glaubt also, dass mein Mann mich betrogen hat und abgehauen ist. Das hat mein Mann natürlich nicht verdient. Er hat mich nie betrogen und wäre niemals abgehauen. Aber wie soll ich das klarstellen? Puh. Soll ich doch die Stadt oder zumindest das Viertel wechseln und umziehen?

Bessere und kostengünstigere Idee: Ich lasse mir ein T-Shirt drucken, auf dem steht: »Bin Witwe – bitte keine Fragen.«

15. November,
Gulasch-Glamour

Tag der Gefühlsachterbahn. Vorhin fühlte ich mich beschissen (Anruf bei der Pathologie: Obduktionsergebnis dauert immer noch, zefix, Frau Fuchs meinte: »Wir sind in den letzten Zügen«; das sagt sie mir allerdings seit Monaten), dazwischen ging es so lala, aktuell fühle ich mich aufgeregt, weil vorfreudig.

Abends bin ich bei Sigi zum Gulaschessen eingeladen. Außer Michael und Otto kommen zwei Männer, die ich noch nicht kenne. Mal schauen, wie die mit mir umgehen. Ich nehme zwei Flaschen GV (Grüner Veltliner) mit, dazu Pombären, Oliven und Nüsse (eh klar).

Nachtrag, nachts:

Der Gulasch-Glamour-Abend war der Hit. Sigi hat himmlisch gekocht, Otto brachte mir als Geschenk eine verpackte Chipstüte mit grüner Öko-Schleife mit (»weil du doch so gerne Chips isst«), und ich meinte: »Das ist sooo romantisch von dir!«

Dazu lernte ich Sigis Uralt-Freund Bobby (sehr nett) kennen und Tristan.

Tristan ist mein Jahrgang, Sänger und Autor, superlustig, supersympathisch, supercool, superschwul.

Der perfekte Mann für mich, wie ich ihm recht schnell mitteilte. Wir haben unzählig viele gemeinsame Freunde und Bekannte, sind bereits seit Jahren auf Facebook befreundet und hatten uns da ein paarmal ausgetauscht. Jetzt sahen wir uns das erste Mal live und in Farbe.

Sieben Stunden quatschten wir durch und amüsierten uns wie Bolle. Praktischerweise wohnt auch er – wie Sigi, Michael, Otto – nur ein paar Fußminuten von mir entfernt. Zum Abschied sagte mir Tristan: »Ich wusste gleich, dass wir beste Freunde werden.«

17. November,
Nachlassgerichtstermin

Im Taxi sitzend werde ich von einem Wiesnwirt am Handy beschimpft, weil ich auf meiner LEUTE-Seite die Wahrheit geschrieben habe.

Dazu ruft mich Juristenfreund Stephan an, fragt, wo ich bleibe. Er meint: »Du hast Nerven!« Da fällt ihm auf, dass er sich eine falsche Uhrzeit notiert hat. Also alles easy. Es ist sowieso nett, dass er mich begleitet.

»Ist das nötig?«, fragte ich vorab. Er bejahte: »Da können schon Fangfragen zum Erbe kommen.« Er ist also mein Erb-Bodyguard, wunderbar.

Überpünktlich erscheine ich mit allen Urkunden (Geburts-, Hochzeits-, Sterbeurkunde) zum 11.15-Uhr-Termin. Als Dank habe ich Stephan Schokolade mitgebracht. Wir gehen durch eine Sicherheitsschleuse wie beim Flughafen.

Im ersten Stock empfängt uns in Zimmer C 128 »meine Betreuerin«, wie es heißt, eine freundliche Dame in einem gigantisch großen Büro. Wir setzen uns an einen massiven Holztisch, sie fragt nach meinen Personalien, die ich eidesstattlich absegnen muss, sagt »Mein Beileid« (noch nie habe ich mich dafür im Dialog bedankt, heute tue ich es), geht die Urkunden durch.

Irgendwann zieht sie eine Augenbraue hoch und meint: »Die Geburtsurkunde ihrer Stieftochter Theresa benötige ich im Original oder notariell beglaubigt, da reicht keine Kopie. Sie müssen einen neuen Termin machen und dann mit den neuen Unterlagen herkommen.« Um Himmels willen, bloß nicht. Bis zu diesem Termin hat es acht Monate gedauert, die Vorbereitung bedeutete viel Papierkram und kostete mich noch mehr Nerven.

»Bitte, bitte nicht« , sage ich und merke selbst, wie emotional und theatralisch ich klinge. »Liebe Frau Betreuerin,

Sie können sich nicht vorstellen, was meine angeheiratete Tochter und ich die letzten Monate durchgemacht haben. Welchen Schmerz. Welchen Behördenwahnsinn. Wir leben in einem nicht enden wollenden Albtraum. Sie ist Mitte zwanzig und hat gerade andere Probleme, als eine Geburtsurkunde zu suchen und diese notariell beglaubigen zu lassen. Ihr geliebter Vater ist gestorben. Seitdem ist jeder Tag ein Kampf. Warum sollte ich auch eine Tochter erfinden? Theresa gibt es wirklich, glauben Sie mir. Können Sie bitte beide Augen zudrücken, damit ich zumindest dieses Thema abschließen kann?«

Die Dame sieht mich lange an, legt ihren Kopf schief und antwortet: »Also gut, Frau Hagen, ich mache eine Ausnahme für Sie. Das habe ich noch nie gemacht. Erzählen Sie das bloß niemandem.« Juristenfreund Stephan schaut erst die Lady, dann mich baff an.

Ich lächle und sage: »Wir haben uns nie getroffen. Tausend Dank, ich weiß das wirklich zu schätzen.«

Mit dem Erbschein (kostet 330 Euro, vor ein paar Wochen lag der Preis noch bei 160 Euro, aber nicht nur Heizöl- und Tomatenpreise steigen, auch Erbscheinkosten) in der Hand laufe ich beschwingt aus dem Gerichtsgebäude.

Stephan sagt: »Geil, Kimberly, Respekt! Das hab ich in meinen vielen Berufsjahren noch nie erlebt. Du hast eiskalt die Witwenkarte gezogen, und es hat funktioniert. Nachlassgericht ist das Härteste, da werden nie Augen zugedrückt. Du hast das echt gerockt. Von dir kann ich mir noch was abschauen.«

Ich schreibe meiner Gulasch-Gang, dass ich nach dem Nachlassgerichtserfolg abends dringend Bierapie und Eskalation bei Zeus brauche.

Michael, Sigi, Otto und Tristan sind spontan begeistert.

Wir treffen uns um 20 Uhr und werden bis zum Ladenschluss durchtanzen.

Eine Frau, mit der ich am Tresen von Zeus kurz ins Gespräch komme, fragt mich, wer »diese Kim« sei. Will sie mich verarschen? »Wie meinst du?«, frage ich betont ahnungslos.

»Auf der Lampe da oben steht Kim. Wer ist Kim?«

»Keine Ahnung«, sage ich grinsend.

»Muss eine besondere Frau sein«, meint sie. »Eine Liebesbotschaft auf einer Lampe habe ich noch nie gesehen. Das ist echt originell und mega-sweet.«

Sie nimmt ihren Gin Tonic und verschwindet.

Da hat sie recht. So genau habe ich über die Lampenbotschaft noch gar nicht nachgedacht. Hole ich hiermit nach.

Ich schaue hoch zur Kim-Herz-Lampe über mir, die gerade lila strahlt. Dann blicke ich rüber zu Zeus, der von Michael überzeugt wird, lieber »Griechischer Wein« statt griechischer Musik zu spielen.

Zeus – und das fällt mir in diesem Moment wie Schuppen von den Augen – ist wirklich rasend sexy.

Oder wie Sigi schlau sagt: »Zeus ist ein griechischer Punk mit Manieren.«

Er zwinkert mir fröhlich zu und ruft: »Sonnenschein! Wie geht's dir, Baby?« Monatelang wusste ich auf diese Frage keine Antwort. Hab mich vor ihr gedrückt und bin schon bei der Frage durchgedreht.

Jetzt sage ich laut: »Gut.«

Und das ist in diesem Moment nicht gelogen.

18. November, halleluja

Sieben Monate und acht Tage habe ich darauf gewartet. Es passt auf skurrile Weise zum »Wetten dass...?«-Tag. Abends wird Thomas Gottschalk sein Showklassiker-Revival feiern.

Wetten, dass ich heute das Obduktionsergebnis erhalte? Top, die Wette gilt. Heute liegt da unverhofft dieses große Kuvert in meinem Briefkasten. Absender: Pathologisches Institut. Spontane Reaktion: Gänsehaut. Angst. Übelkeit. Schmerz. Das ganze Horrorgefühlsprogramm.

Als ich den Absender sehe, beschließe ich spontan ein hartes Kontrastprogramm. Vielleicht ist es auch einfach nur eine Übersprungshandlung.

Ich gehe in die Stadt und shoppe. Ich kaufe einen Leoprint-Pulli und Chanel-Parfum. Ich muss mir was Gutes tun, bevor ich dem Grauen ins Gesicht schaue.

»Breaking News: Das Obduktionsergebnis ist da«, schreibe ich Michael. Meine Familie verschone ich damit vorerst.

Michael schickt mir Feier-Emojis zurück, als würde ich eine Party schmeißen. Irgendwie verrückt. Und deshalb sehr passend. Mein Leben ist ja auch verrückt.

»Ich brauch erst mal ein Bier. Muss mir Mut antrinken.«

»Du hast so viel Mut. Du brauchst kein Getränk.«

Na gut. Ich lasse das Bier weg, setze mich an den Küchentisch der Pink Kitchen und starre erst mal lange das Kuvert an. Spielt es eine Rolle, woran mein Mann gestorben ist?

Dieser Brief bringt ihn mir nicht zurück. Aber er bringt mir Klarheit, Gewissheit. Mein Puls wird schneller. Eins, zwei, Attacke. Ich öffne das Ding und ziehe ein paar Zettel heraus. Darauf ein Post-it: »Mit freundlichen Grüßen, Frau Fuchs.« Hätte noch gefehlt, dass sie mir viel Spaß bei der Lektüre wünscht oder ein Smiley dazumalt.

Jetzt erfahre ich schwarz auf weiß, wie viel das Gehirn meines Mannes gewogen hat, als er gestorben ist. Wie viel seine Leber, die Lungen, die Milz und sein Herz. Sein übergroßes Herz, das plötzlich nicht mehr schlagen wollte.

Mir wird kotzübel. Ich sehe meinen toten Mann vor mir, sein Lächeln. Tränen fließen, mein Herz zieht sich zusammen, meine Hände zittern.

Das Fehlen anderweitiger Todesursachen, steht dort geschrieben, lässt die Annahme zu, dass er an einem Herzversagen gestorben ist. Aha. Wie es dazu gekommen ist, was zu seinem Tod geführt hat, steht dort nicht. Das Obduktionsergebnis mag ein medizinischer Abschluss sein. Meine Fragen beantwortet es nicht. Ich weiß immer noch nicht, was warum passiert ist. Ich bin traurig und auch stocksauer. Dieses Ergebnis bringt mich null weiter. Oder hab ich zu viel erwartet? Insgeheim auf einen medizinischen Fehler gehofft? Was hätte es geändert?

Alles? Nichts?

Ich erinnere mich an die Worte von dem Arzt, der meinen Mann operiert hat. Der sich auch nicht erklären konnte, was da passiert ist, und »total erschüttert« war. Ob eine Obduktion das Todesrätsel lösen könnte, fragte ich ihn damals, als ich neben meinem toten Mann saß.

»Es gibt auch Sachen, die passieren einfach und sind medizinisch nicht zu erklären«, sagte er mir. »Eine Obduktion kann manchmal auch nur Dinge ausschließen.«

Die medizinische Fachwelt kann mir also nicht sagen, warum mein Mann gestorben ist. Für diese Erkenntnis mussten sieben Monate und acht Tage vergehen.

Während ich heulend, empört, zitternd, verstört und verwirrt am Küchentisch hocke, piept mein Handy sechs Mal hintereinander. Ich schaue aufs Display, sechs Männer haben mir gleichzeitig eine Nachricht geschrieben. Alle sechs Männer haben sich ewig nicht bei mir gemeldet. Jetzt fragt der eine, ob ich später »Wetten dass ...?« schaue, der nächste schickt mir ein Foto von seiner Katze, der andere lobt mein WhatsApp-Profilfoto: »Ganz schön hot.«

Ich bin perplex – aber wenigstens heule und zittere ich nicht mehr.

Da dämmert es mir. Diese Häufung an Nachrichten von Männern ausgerechnet zu diesem Zeitpunkt ist auch kein

Zufall. Mein Mann hat sie mir geschickt. Als Ablenkung. Er denkt wohl, wenn ich gerade keinen Mann habe, der wie er alles in einer Person vereint, muss er das auf mehrere Männer abladen und verteilen. Guter Plan. Jetzt ruft auch noch Michael an: »Egal was im Obduktionsergebnis steht. Wir müssen das feiern!«

»Es steht überhaupt nichts Erhellendes drin. Alles umsonst.« »Quatsch. Nach dem Erbschein hast du jetzt auch dieses leidige Thema abgehakt. Das ist doch toll. Sei stolz auf dich.«

Ich erzähle ihm von den sechs Männer-Nachrichten, die im gleichen Moment aufgeploppt sind. »Boah, Kimberly, ich sitz gerade im Auto und kriege Gänsehaut«, sagt er. »Was du alles erlebst. Was Clemens dir alles schickt.«

Bevor wir uns bei Zeus treffen, weine ich noch eine Runde. Doch diesmal sind es keine Tränen der Trauer. Ich schließe das Kapitel Obduktion hiermit hochoffiziell ab. Sieben Monate habe ich alle zwei Wochen in der Pathologie angerufen. Sieben Monate schwebte die Obduktion wie ein Schatten in einer eh schon stockfinsteren Zeit über mir.

Ich muss nie wieder in der Pathologie anrufen und darum betteln, die Todesursache meines Mannes zu erfahren. Was das für eine zusätzliche Last war, merke ich jetzt deutlich. Meine Schultern tragen eh schon dieses Übergepäck an Schmerz.

Jetzt weine ich sehr und spüre: Es sind Tränen der Erleichterung.

23. November, wieder Wünsche wünschen

Heute ist Neumond und Start der Schützezeit (mein Sternzeichen). Das Internet meint, da kommt Großartiges auf mich zu. Hoffentlich. Tatsächlich spüre ich, wie in mir neue Power wächst. Eine ungeheure Kraft. Das kann nicht nur an meinem Nüsse-, Magnesium- und Glückstee-Konsum liegen. Das muss auch an mir liegen.

Was ich mir vom Neumond wünsche:

weiterhin wachsende Stärke

weiterhin wachsende Sicherheit

weiterhin wachsende Kraft

weiterhin wachsende Liebe

für mein neues Ich und mein neues Leben

25. November, Sonne-Wolken-Mix, kalt

Abends kommt erstmals Otto Penthouse zu mir, um meine explodierte und in besonderen Überenergie-Momenten flackernde Küchenlampe zu reparieren. Er bringt mir Kirsch-Schnaps und Linsenchips mit. Er ist echt sweet.

»Deine Küche ist ja wirklich pink«, sagt er staunend.

»Zu viel für dich?«

»Überhaupt nicht. Mir gefällt's. Und gar nicht barock.« Er grinst.

Nach dem zweiten Bier gehen wir in den Keller und tragen die Leiter hoch (also er). Während Otto repariert und ich die Leiter festhalte, da habe auch ich eine Erleuchtung: Dankbarkeit.

Dass ich so unterschiedliche, aber allesamt großartige Männer in meinem Leben habe. Die Männer sind mein Airbag, mein Auffang- und Sicherheitsnetz.

Mein Dad nennt sie »Charmelümmels« und »Herzensgang«.

Otto und ich plaudern in der illuminierten Pink Kitchen, bis um halb neun Michael anruft: »Bei Zeus gibt's privat heftige Probleme. Könnt ihr herkommen und da sein?«

»Natürlich«, sage ich. »Wir laufen sofort los.«

Wir treffen uns bei Michael in der White Kitchen, Zeus erzählt, dass die Mutter von Zoe gestern Nacht völlig durchgedreht ist. Sie hat sich selbst verletzt und die Polizei gerufen, um vor den Beamten zu behaupten, dass er sie geschlagen habe. Zeus lag zu dem Zeitpunkt (drei Uhr nachts) auf der Gästecouch und schlief ahnungslos, als ihn die Polizei weckte. Krasse Geschichte. Die Vorwürfe ließen sich auf der Polizeiwache schnell entkräften, die Mutter seiner Tochter hatte wohl doch ein schlechtes Gewissen und zog die Anzeige zurück.

Trotzdem sind wir uns alle einig, dass es nach der Trennung und vor allem dieser heftigen Lügenaktion nicht mehr geht, dass Zeus und sie – wenngleich in getrennten Zimmern – unter einem Dach schlafen (auch wenn er wegen seiner Bar eh nur selten daheim ist).

Michael bietet ihm spontan an, dass er erst mal bei ihm schlafen kann, bis er eine eigene Wohnung gefunden hat.

Plötzlich bricht Zeus, dieser coole griechische Piratenpunk, in Tränen aus. Schluchzend erzählt er, wie sehr seine Tochter geschrien hat, als er mit der Polizei die Wohnung verlassen musste.

Die Männer sagen aufmunternde Sachen, ich gehe spontan auf die andere Tischseite und nehme Zeus in den Arm.

»Hey, selbst wenn alles nur beschissen und ausweglos erscheint, kommt man da irgendwie wieder raus. Glaub mir.«

Er weint noch mehr an meiner Schulter. »Kim, tut mir leid, dass ich vor dir heule«, sagt er leise. »Gerade du hast das nicht verdient. Du hast viel Schlimmeres erlebt.«

»Entschuldige dich niemals für deine Tränen.«

»Ich habe Angst wegen meiner Tochter, dem Sorgerecht und so. Außerdem bin ich fix und fertig, weil ihr alle so toll für mich da seid. Wie eine Familie.«

»Zusammen kriegen wir alles hin.«

Ich glaube das wirklich. Die Herzensgang ist grandios für mich da, ich spüre jetzt, dass ich wieder die Kraft habe, etwas zurückzugeben und zu helfen.

Ich gartel ja an sich gern – aber das Grab des geliebten Mannes neu zu bepflanzen, ist schon eine harte und aufwühlende Nummer.

Vor ein paar Monaten hätte mich diese Extremsituation mit Zeus' Ex-Freundin komplett gestresst und fertiggemacht, ich hätte das überhaupt nicht ertragen können. Doch jetzt reagiere ich halbwegs souverän. Kein Zittern, kein Herzrasen. Ich spüre eine neue Stärke in mir, eine nie da gewesene und täglich wachsende Superpower.

26. November, das erste Date

Ich habe ein Date mit einem fremden Mann.

Allerdings nicht in einer fancy Bar oder einem gemütlichen Restaurant, sondern am Grab meines Mannes.

Es werden sicher Tränen fließen, deshalb brauche ich kein Make-up. Für ein erstes Date bin ich also ungewohnt ungestylt.

Am Grab treffe ich mich heute um 13 Uhr mit Mr. Green, wie ich den Gärtner spontan getauft habe, der mir von meinem Grabverkäufer Herrn Eichen empfohlen wurde.

Das halbe Jahr nach der Beerdigung ist rum, die Erde auf dem Grab hatte laut Friedhofsverordnung genug Zeit, um zu sacken. Jetzt kann und muss ich als Grabbesitzerin die Winterbepflanzung angehen, wie mir Herr Eichen erklärte. Allerdings ist die Erde auf dem Grab noch gespickt mit Steinen.

»Wohin damit?«, fragte ich ihn am Telefon.

Herr Eichen: »Die Steine müssen Sie selbst entsorgen.«

»Aber wo?«

»Nicht in die Mülleimer. Sie müssen sie wegtragen. Wenn Sie Hilfe brauchen: Mein Kumpel ist Gärtner und hilft für ein bisschen Geld sicher gern.«

Dieser Kumpel alias Mr. Green ist schon voll in Action, als ich auf dem so idyllischen Gräfelfinger Friedhof zum Grab meines Mannes komme. Mit einer Schubkarre entsorgt er gerade die größeren Steine und bringt sie zu seinem Anhänger.

Er ist ein kerniger, sportlicher Typ, ich schätze ihn auf Anfang fünfzig, er hat braune, leicht gewellte Haare und tätowierte Finger. »Du bist sicher Kimberly«, ruft er mir winkend zu. Und ergänzt: »Bestes Grab, Kompliment.«

»Oh, danke. Ja, war nicht leicht. Also alles.«

Er nickt – und spricht mir nicht sein Beileid aus, wofür ich ihn gleich sympathisch finde.

»Kann ich irgendwie helfen?«

»Bloß nicht«, sagt er belustigt. »Wobei, wenn ich nachher Feierabend mache, kannst du mir beim Trinken helfen. Ich habe gekühltes Oktoberfestbier im Wagen.«

Ich finde ihn gleich noch sympathischer.

Drei Stunden später sind wir fast fertig. Ich habe sechshundert Liter Erde (keine Graberde, wie Mr. Green meinte, das sei nur Abzocke) und zwanzig winterharte Pflanzen bei Obi gekauft. Mr. Green hat echt alles gegeben.

Beim Einpflanzen der blühenden Pracht darf ich ihm dann doch helfen. Er erklärt und zeigt mir, wie ich die Pflanzen richtig einsetze. Als wir da zusammen garteln und uns angeregt unterhalten, habe ich plötzlich wieder dieses Gefühl, einen Stromschlag in mein Herz zu bekommen.

Ich sitze am Grab meines Mannes mit einem Mann, der mir bis vor drei Stunden wildfremd war, und pflanze Blumen ein. Viel zu bizarr, herzzerreißend und aufwühlend.

Ich atme tief ein und aus.

Als wir fertig sind, holt Mr. Green zwei Flaschen eiskaltes Augustiner-Oktoberfestbier aus seinem Wagen und dreht sich einen Joint. »Auf dich«, sagt er und prostet mir lächelnd zu. Wir sitzen auf einer seiner Planen auf der Wiese vor dem Grab. Ob es kalt ist, spüre ich nicht. Das neu bepflanzte Grab schaut wunderschön und fröhlich-bunt aus.

»Auf dich«, antworte ich. »Du bist mein Grabheld. Ohne dich hätte ich das nie geschafft.«

Als hätte jemand einen Schalter umgelegt, breche ich in Tränen aus.

Mr. Green bietet mir den Joint an, ich schüttele nur den Kopf.

Mit seinen tätowierten Fingern streichelt er meine feuchten Wangen. »Ist doch klar, dass du sentimental wirst«, meint er. »Ich bewundere dich eh schon die ganze Zeit, wie du das packst. Meine Meinung: Der Mensch stirbt erst, wenn er vergessen wird.«

Ich nicke weinend, er legt seinen muskulösen Arm um mich und drückt mich an sich.

Eine halbe Stunde sitzen wir dort weinend (ich), kiffend (er) und trinkend (wir beide).

Mr. Green fährt mich netterweise noch nach Hause. Als Dankeschön gebe ich ihm eine Flasche Averna (hat mir

Die Arbeit ist fertig. Und ich bin es auch. Trotzdem bin ich froh, es selbst (na ja, mehr oder weniger) gemacht zu haben. Ein intimer Moment.

Herr Eichen geraten, weil er den so gern trinkt), Pralinen und ein Briefkuvert. »Wenn da Geld drin ist, nehm ich es nicht an«, sagt er.

»Da ist nur ein Brief drin«, lüge ich. Natürlich ist Geld dabei, aber auch ein paar handschriftliche Zeilen des Dankes.

»Ein Liebesbrief?«, fragt er grinsend.

»So ungefähr«, antworte ich.

»Ui, dann her damit.«

Zum Abschied springt er vom Fahrersitz und öffnet mir gentlemanlike die Beifahrertür. »Kimberly, es war mir eine besondere Freude. Und eine Ehre, dass ich bei dieser echt intimen Geschichte dabei sein durfte.«

»Das war das erste Grab-Date meines Lebens«, sage ich und muss schlucken. »Danke dafür.«

Ich will ihm gerade ein Bussi auf die Wange geben, da greift er mit seiner großen Hand nach meinem Gesicht und küsst mich voll auf den Mund. Ich erschrecke kurz, als ich seine so männlichen Lippen schmecke.

Interessanterweise entziehe ich mich seinem Kuss aber nicht, ich erwidere ihn, gerne sogar, und merke, wie gut sich das anfühlt. Anders, ablenkend, wohltuend, seelenstreichelnd.

Mr. Green küsst mich sehr lange und sehr leidenschaftlich. Ich spüre ein Gefühl in mir, das ich komplett vergessen hatte und von dem ich bis gerade dachte, dass ich es nie wieder empfinden würde: Lust.

28. November, fünf Grad, Regen

»Wie, ihr hattet keinen Sex?«, fragt Wolfi fassungslos und vorwurfsvoll, als ich ihm die Geschichte mit Mr. Green erzähle.

»Küssen reicht.«

»Bitte sprich nur für dich.«

»Der Kuss hat mich schon fast umgehauen.«

»So gut?«

»So aus dem Off.«

»Du weißt, es ist ja immer der Gärtner«, sagt er lachend. »War er nicht traurig, dass er nicht bei dir pflanzen durfte?«

»Er hat es verstanden.«

»Natüüüürlich.«

Jetzt muss ich auch lachen.

»Ich bin noch zu verwirrt, Wolfi. Ich gartel am Grab meines Mannes, und dann küsst mich der Gärtner, das ist doch verrückt. Mich! Eine Witwe.«

»Die lustvolle Witwe.«

»Sehr witzig.«

»Wann triffst du eigentlich deinen 27-jährigen Toyboy? Und was ist mit diesem Griechen? Und dem Lampenmann, also dem Arzt? Sorry, aber ich blick bei deinen Männergeschichten nicht mehr durch.«

»Ich auch nicht.«

»Ich würde den Arzt nehmen. Einen Arzt in der Familie zu haben, ist immer gut.«

»Ich hab eigentlich genug von Ärzten.«

»Dann nimm den Gärtner. Oder alle.«

»Mich überfordert aktuell ein Kuss. Ich kann nicht mit allen was anfangen.«

»Du sollst doch viel Sex haben.«

»Ja, aber so bin ich nicht.«

»Vielleicht ist das dein neues Ich.«

»Eine männerverschlingende Bitch?«

»Das klingt fabelhaft.«

»Hmm, mal schauen. Heute Abend treffe ich ja ein paar von ihnen.«

»Gruppensex?«

»Haha, das fehlt mir grad noch. Bavarian-Überraschungsparty für Sigi, weil sie sechs Wochen nach Amerika geht.

Otto, Tristan, Zeus, Zoe und ich treffen uns um 19 Uhr bei Michael. Mit Obatzda, Brezn, Fleischpflanzerl, Bier und so.«

»Ziehst ein Dirndl an?«

»Nein, die passen mir alle nicht mehr.«

»Kimberella, du musst Sex haben und zunehmen! Wie geil ist das denn, hau einfach die ganze Zeit rein, vögel und friss ohne Ende. Das wäre mein größter Traum: einmal im Leben mehr Sex haben und zunehmen zu müssen.«

29. November,
Blondes have more fun

Heute bin ich zum ersten Mal seit Monaten beim Friseur. Klingt unspektakulär, ist es aber nicht. Straßenbahnfahren, große Kreuzungen überqueren, alles neu. Sonst bewege ich mich ja überwiegend in meiner Blase (daheim, Supermarkt, bei Zeus oder Michael). Der Friseurausflug klappt aber super, keine Wackelpudding-Knie.

Meine neue Superpower äußert sich auch so: Früher hat die Blondierung extrem gejuckt. Die Farbe, die fast eine halbe Stunde einziehen muss, hat mich oft an den Rand des Irrsinns gebracht. Und heute? Nichts. Ich spüre nicht mal ein leichtes Brennen. So wie ich auch keine Kälte spüre und nie auf die Toilette muss.

Mag sein, dass der Schmerz noch viel übertüncht. Mag aber auch sein, dass ich stärker geworden bin.

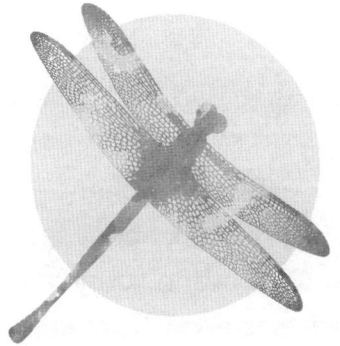

»Bist du immer
noch krank?
Oder wann können
wir uns endlich sehen?«

Neunjährige Tochter einer
alten Freundin

Dezember

1. Dezember

Erstmals S. mit Z.

2. Dezember

Langsam komme ich zu mir – gedanklich. Ich hatte gestern zum ersten Mal Sex mit Zeus (und hab mich gar nicht getraut, das vor mir selbst auszuschreiben).

War danach total verwirrt.

Aber der Reihe nach: Gegen 20 Uhr schickt mir Zeus auf Facebook plötzlich ein Foto der Kim-Herz-Lampe aus seinem Laden. Kommentarlos.

Ich antworte irgendwann mit einem Smiley mit Herzchenaugen.

Daraufhin ruft Zeus mich an: »Was macht die Party-Gang heute?«

»Nichts. Ich bin daheim und chille.«

»Im Laden ist heut wenig los, ich kann früher Schluss machen. Wollen wir noch ein Glas trinken, Baby?«

»Klaro, gern. Sag Bescheid, wenn du fertig bist.«

Bescheid sagt er nicht.

Dafür klingelt es zwanzig Minuten später an meiner Tür, als ich gerade mit meiner Mami telefoniere. Zeus steht da und lächelt mich an.

»Hast du Wodka da?«

»Nee, sorry.«

»Whiskey?«

»Auch nicht.«

»Gin?«

»Okay, ich seh schon, ich muss meine Alkoholbestände dringend erweitern.«

Ich hole eine Flasche Ziegenwein, so nennen meine Schwester und ich den wirklich unglaublich guten französischen Roséwein von Aldi, bei dem eine Ziege auf dem Etikett ist.

Zeus und ich sitzen im Wohnzimmer, trinken und reden angeregt. Irgendwann sagt er: »Baby, ich würde dich gerne massieren. Darf ich?«

Äh.

Er sieht mir wohl meine Überraschung und Überforderung an, weil er schnell ergänzt: »Keine Angst. Ich tu dir nichts. Nur was Gutes. Ich bin mir sicher, dass du nach den letzten Monaten sehr verspannt bist.«

»Oh ja, das glaub ich allerdings auch.«

»Dann leg dich ins Bett. Hast du griechisches Olivenöl da?« »Nur italienisches.«

Ehe ich mich versehe, hat er mich bis auf meine Unterwäsche ausgezogen und massiert sehr gekonnt meinen Rücken. Immer mal wieder knackst es. Seine Hände wandern flink über meinen Körper. Er verführt mich nach allen Regeln der griechischen Kunst.

Zeus flüstert: »Wenn du es an einer Stelle nicht magst, sag es mir. Sonst mache ich sehr gerne weiter, und wir schauen einfach, was passiert. Entspann dich.«

»Mmmh.«

»Entspann dich noch viel, viel mehr, Baby.«

»Mmmhhmmmm.«

Was soll ich sagen: Massage mit Happy End. Totale Eskalation. Es war großartig, einzigartig, irgendwie sehr griechisch, voller Leidenschaft.

Um vier Uhr nachts ist er zu Michael verschwunden.

Und ich?

Fühlte mich beim Einschlafen total strange.

Der Sex war fantastisch, aber ich hatte ein irre schlechtes Gewissen. Ich fühlte mich tatsächlich wie eine Frau, die ihren Mann, den sie über alles liebt, betrügt.

Ein grauenhaftes Gefühl.

Doch jetzt, ein paar Stunden und unzählige Schuldgefühle später, beschließe ich, kein schlechtes Gewissen mehr zu haben. Darf ich etwa kein Glück mehr haben? Keinen Sex? Keine Lust haben auf einen Mann, der sensationell massieren und auch sensationell viele andere Dinge kann?

Ich habe niemanden betrogen. Punkt.

Ich habe es genossen. Und das ist verdammt gut so.

3. Dezember,
mein 1. Geburtstag als W-Frau

Die Müllabfuhr draußen auf der Straße weckt mich. Wo bin ich? Ich spüre einen männlichen Arm um mich geschlungen. Finger umklammern meinen Hüftknochen. Vorsichtig drehe ich mich nach rechts und sehe Otto.

Wir liegen auf meiner Wohnzimmercouch unter einer Decke. Ich spüre sofort, ich bin noch angezogen. Hab immer noch mein Reinfeier-Geburtstags-Outfit an (lila Kleid, Strumpfhose). Puh. Langsam kommt die Erinnerung zurück. Aber erst mal muss ich weiterschlafen.

Als ich drei Stunden später zu mir komme, liegt ein Zettel neben meiner Couch: »Guten Morgen, Kimberly! Happy Birthday! Ich hol meinen Sohn ab. Call u.«

Um mich herum: unfassbar viele leere Champagner-, Wein- und Bierflaschen, Gläser, Teller, Chaos. Aber gutes Chaos. Lebensfreude-Chaos.

Weil meine Pink Angels und die neue Herzensgang Angst hatten, ich könnte an meinem Geburtstag allein und heu-

273

Ein Prost auf meinen Rettungs-anker-Pfarrer: Rainer Maria Schießler und ich in der Pink Kitchen.

lend daheimsitzen und die Wände anstarren, schlug Frank vor: »Feier doch rein! Wir wollen dich hochleben lassen.«

Hab ich in diesem großen Stil zuletzt mit achtzehn gemacht. Doch Franks Idee war grandios. Es war die weltbeste Party.

Ab 19 Uhr hatte ich Open House, und alle waren am Start: Frank (seine Frau Doris war leider krank), Wolfi, Doc Holiday, Stephan, Florian, Michael, Zeus (kam um ein Uhr nachts), Otto, Tristan (im rot karierten Anzug; er hatte zuvor einen Auftritt), Melli und Ugo (brachten Pizzen für alle mit), Schorschi und Renée und noch ein paar andere extraliebe Menschen, die mir in den letzten Monaten unerschütterlich zur Seite gestanden sind. Mr. Green und den 27-Jährigen habe ich nicht eingeladen (wäre mir too much gewesen, wofür mich Wolfi sehr geschimpft hat).

Dafür, natürlich: Pfarrer Rainer Maria Schießler. Als ich ihn Tage vorher anrief und zu meiner Dankes-Party einlud, meinte er nur: »So schön, deine Stimme zu hören. Natürlich komme ich gerne zu dir in die Pink Kitchen.«

Er war überpünktlich und der erste Gast. Was gut war, denn so konnte ich ihn updaten, wie es mit meiner Trauer und der Selbsttherapie weitergegangen ist.

Als ich ihm die Rastplatz-Story mit meinem Zitteranfall und dem Notarzt-Weihnachtsmann erzählte, sagte er mit großen Augen: »Das ist einfach nur Wahnsinn, was du erlebst. Du wirst beschützt. Vergiss das nie.«

Um Mitternacht wurde ich von allen besungen und befeiert. Michael und Otto haben mir das perfekte Geschenk gemacht: eine Boom Box. Wenn ich meine Lieblingslieder über mein Handy abspiele, denkt man, man sei in einem Club. So toll und laut ist der Sound.

Die Wände müssen gewackelt haben – die Nachbarn auch. Bis vier Uhr morgens haben wir im Wohnzimmer getanzt, nachdem Otto auf die fabelhafte Idee gekommen ist, alle Tische und Stühle in den Flur zu stellen, um eine disco-ähnliche Tanzfläche zu haben.

Michael, Zeus (war sweet drauf, aber der Rest der Herzensgang weiß noch nix von unserer griechischen Spezialmassage, weshalb wir normal wie Kumpels miteinander umgingen; ich weiß eh noch nicht genau, was ich da mit ihm fühle) und Tristan teilten sich als letzte Gäste ein Taxi nach Hause.

Ich dachte, Otto würde auch bei ihnen mitfahren, aber er stand plötzlich in der Küche und meinte: »Ich helfe dir beim Aufräumen.«

»Supernett, aber lass uns lieber noch einen Gute-Nacht-Drink nehmen.«

Als wir dann auf der Couch saßen, müssen wir irgendwann eingepennt sein. Otto muss es geschafft haben, eine

Decke aus meinem Schlafzimmer zu holen, damit wir nicht erfrieren.

Tristan schreibt mir jetzt um 12 Uhr: »Oida, was für eine Nacht. Bin gerade zu mir gekommen. Danke für diese geile Party.«

Oida, find ich auch. Heut Abend kommen meine Eltern, Leo, Wolfi, Michael, Tristan und Otto zum Resteessen und Restetrinken. Jillian kann leider aus Berlin nicht weg.

Als mich Theresa anruft, um zu gratulieren, fragt sie, ob dieser Geburtstag sehr hart für mich ist.

»Nein«, sage ich. »Ich habe bis frühmorgens mit Freunden im Wohnzimmer durchgetanzt.«

»Oh, echt?«, ruft sie jubelnd ins Handy. »Wie geil ist das denn!«

»Ich glaube, deinem Papa hätte diese Party voll getaugt.«
»Aber so was von. Ich würde es in München nicht aushalten, weil mich alles an Papa erinnert. Umso mehr bewundere ich dich, wie du das alles packst.«

Ihre Worte berühren mich. Ich fühle mich unglaublich beschenkt von den großartigen Menschen in meinem Leben. Sie sind mein schönstes Geburtstagsgeschenk.

Nachtrag,
kurz nach vier Uhr nachts

Die Männer sind gerade entschwunden, Mami und Leo sind auf meiner Couch eingepennt, als mein Dad und ich noch einen letzten Drink zu uns nehmen. Er sitzt mir auf dem Sessel gegenüber und zieht ein Fazit. »Clemens hätte deine Geburtstagsfeier total gefallen. Freche Geschichten, viel zu lachen, tolle Verpflegung.«

Kaum hat er den Satz beendet, gehen alle Wohnzimmerlichter aus. Auch die Straßenlaternen draußen sind schlagartig dunkel, genauso wie die Häuser gegenüber.

Totaler Stromausfall.

»Das darf nicht wahr sein!«, entfährt es meinem Dad.

»Doch«, sage ich. Und ich weiß: Das war mein Mann. Das war sein fröhlicher Geburtstagsgruß.

6. Dezember,
Nikusslaustag

What a night! Michael, Tristan und ich treffen uns auf ein Bier bei Zeus, um danach zum Nikolausumtrunk zu Michael zu gehen. Zum Abschied küsst mich Zeus sehr offensiv auf den Mund, was später Fragen aufwirft.

Zum Beispiel diese von Tristan, als wir in Michaels Küche sitzen: »Ihr hattet Sex, oder?«

Zu meinen Freunden möchte ich ehrlich sein.

»Ääääh, ja.«

Michael: »Waaasss??«

Tristan: »Oh yeah, ich wusste es. Ich bin sooo neidisch. Er ist genau mein Typ, nur leider hetero. Wie war's?«

Ich: »Sehr griechisch. Sehr männlich. Sehr intensiv.«

»Oh my hack. And then? Bitte mehr Details!«, meint Tristan euphorisch.

»Er hat mich auf allen Ebenen verführt.«

Tristan: »And then? Wie genau?«

Michael: »Du hast es hoffentlich total genossen?«

»Yep.«

Tristan: »And then? Erzähl alles!«

Ich: »And then: Eine Witwe genießt und schweigt.«

Tristan: »Ich hatte auch mal einen Griechen. Griechischer Sex ist echt geil. So presslufthammermäßig.«

Ich muss grinsen, beide prosten mir zu und scheinen irgendwie stolz auf mich zu sein.

»Du führst das Leben, nach dem ich mich sehne«, sagt Tristan.

»Es verwirrt mich aber. Ich hatte danach voll das schlechte Gewissen. Ein unbeschreiblich stranges Gefühl.«

Tristan zuckt mit den Schultern. »Scheiß drauf.«

In dem Moment klingelt Otto Penthouse, bringt uns allen Nikolausgeschenke mit. Mir: eine bezaubernde Schneekugel. Auch wieder so lieb, dieser Typ, was mich noch mehr verwirrt.

And then? Fünf Stunden später und nach fünfzehn Minuten Fußmarsch komme ich leicht angetrunken in meiner Straße an. Gib uns noch ein »Beep«, meinten die drei Nikoläuse. Heißt: Schreib eine WhatsApp, wenn du gut daheim angekommen bist. Gerade als ich die Nachrichten tippen will, sehe ich Mr. Green vor meiner Haustür stehen. Mit einer hübsch blühenden Pflanze in der Hand und einer Flasche Averna.

Vor Schreck fällt mir mein Handy auf die Straße, es klirrt, ich ahne Schlimmes. Totalschaden. Aber ich lache nur und frage: »Wartest du auf jemanden?«

Er, lässig-cool: »Happy Nikusslaus!«

Mr. Green küsst mich, seine Lippen sind ziemlich kalt, er muss da schon lange in der Kälte gewartet haben. Aber als Gärtner ist er offenbar abgehärtet.

Ich frage: »Willst du dich aufwärmen?«

»Nur an dir!«

»Oh, là, là!«

»Lass uns ein Kuschel-Date haben.«

Ein Kuschel-Date? Hab ich noch nie gehört.

»Kuscheln, ohne dass es zum Äußersten kommt?«, frage ich. »Was ist das Äußerste? Hochzeit? Scheidung?«, meint er breit grinsend und drückt mich an sich.

Was soll ich sagen: Wenn man sich mit sich selbst beschäftigt, seinem Schmerz, dem Leben, immerzu, monatelang, dann verändert sich der Blickwinkel. Transformation eben.

Zunächst wollte ich mich dagegen wehren, am alten Ich und am alten Leben krampfhaft festhalten. Was klar ist, weil Veränderung irritiert und einschüchtert. Aber ich habe gelernt, äußerst mühsam, dass Veränderung der Anfang von etwas Großem sein kann.

Diese Veränderung anzuerkennen, sie willkommen zu heißen, ja, zu feiern – das ist der Schlüssel (zumindest für mich), der die Tür zum neuen Leben aufsperrt. Herzlich willkommen, mein neues Ich. Schön, dass du da bist. Toll, dich kennenzulernen. Sei bitte noch ein bisschen geduldig mit mir, ich bin gerade dabei, mich in dich zu verlieben.

Natürlich werde ich meinen Mann für immer über alles lieben. Doch ich spüre gerade so eine Lebensgier in mir (und was sich reimt, das stimmt). Ja, ich bin wirklich lebenshungrig geworden. Es ist alles verrückt. Verrückt schön. Ich fühle eine neue Stärke, eine nie da gewesene Energie in mir, die nach dem Leben schreit. Dazu eine gewaltige Intensität. Ich liebe es plötzlich, alles auszukosten, was sich gut anfühlt, Glücksgefühle zu haben, Orgasmen, zu lachen, berührt zu werden, mich geliebt und begehrt und sexy zu fühlen. Zu flirten, Sex zu haben, mich zu amüsieren, alles.

Das ganze Transformations-Wohlfühlpaket.

10. Dezember, 1 Grad, kalt

Nach einem extrem fröhlichen Abend bei Zeus mit der Herzensgang bin ich um drei Uhr nachts zu Hause angekommen (ohne Mr. Green vor der Tür und ohne weitere Handyunfälle), da ruft mich Zeus an: »Baby, ich wollte dich nicht vor den anderen fragen. Darf ich noch kurz zu dir kommen?«

Als ich ihm »Seeeehr gerne« antworte, klingelt es prompt an meiner Haustür. Der Punk mit Manieren als Überfallkommando. Wie er da in meine Wohnung kommt, seine

Löcher-Jeans neben meinen Jacken in der Garderobe aufhängt, merke ich, wie ich mich freue, dass er da ist. Nicht, weil er wieder so rasend sexy ist, sondern weil ich mich in seiner Nähe sicher fühle. Er hat so etwas Abenteuerliches und zugleich Beschützendes an sich. Coole Kombi.

Irgendwann im Bett fragt mich Zeus: »Kannst du dir vorstellen, dass du meine Freundin wirst? Dass wir zusammen sind? Dass wir eine richtige Beziehung haben?«

Ja, aber nicht jetzt.

»Ehrlich gesagt genieße ich diesen Zustand gerade extrem.« »Also ja?«

»Also mal schauen.«

»Also nein?«

»Ich lerne gerade, mein neues Leben mit mir selbst zu genießen.«

»Du bist noch nicht bereit für mich? Oder überhaupt für einen neuen Mann?«

»Wollen wir es nicht so lassen, wie es momentan ist?«

»Wie ist es denn?«

»Wunderschön.«

»Finde ich auch.«

»Ja, eben.«

»Ja, eben.«

17. Dezember, auf die Größe kommt es an

Ich finde Zeus großartig (seine Männlichkeit, und dabei meine ich nicht den Presslufthammer-Aspekt) und auch Mr. Green toll und anziehend (wobei er so anders ist, viel sanfter und dezenter), aber ich möchte keine Beziehung, mit keinem von beiden. Noch nicht.

Ich möchte erst mal eine Beziehung mit meinem neuen Ich eingehen. Eine gesunde, stabile, vertrauensvolle. Es ist schon extrem gewöhnungsbedürftig, einen Mann in meinem Bett zu haben, der nicht mein Mann ist. Ich mag wie ein Teenie-Girl klingen – ja, gerade war ich noch hilflos wie ein Kleinkind, jetzt bin ich in Liebesdingen immerhin schon im Jugendalter –, aber ich will es (Achtung, Klassiker-Satz:) langsam angehen lassen.

Gleich kommt Otto Penthouse vorbei und bringt mir eine 3,80 Meter hohe Tanne von einem Feld außerhalb von München. Meine Altbauräume sind ziemlich hoch, ein kleiner Baum könnte schnell mickrig ausschauen und untergehen (dachte ich). Eine persönliche Weihnachtsbaum-Lieferung hatte ich zuvor noch nie.

Liegt es daran, dass Otto Arzt ist oder dass er er ist? Jedenfalls ist er so zuvorkommend und hilft mir so gerne und wunderbar, dass es mein Herz hüpfen lässt. Oder wie Zeus in seiner cool-abgeklärten Art meint: »Baby, ein Mann, der dir einen 3,80-Meter-Baum vorbeibringt, muss krass was von dir wollen. Aber so bin ich nicht.«

»Wie bist du?«

»Ich zeige dir meine Liebe anders.«

»Wie denn?«

»Das wirst du sehen und das wirst du spüren.«

18. Dezember,
sweet Schmerz-Reminder

»Schmück den Riesenbaum liegend«, schlug mein Dad augenzwinkernd vor. Haha. Mit Ottos Hilfe ist es mir tatsächlich gelungen, ihn aufzustellen und dann zu schmücken. Jetzt steht der Baumgigant in meinem Wohnzimmer und strahlt.

Ich strahle zurück, bis mein Handy piept.

Gerade heute bekomme ich viele WhatsApps, die alle in dieselbe Richtung zielen: »Liebe Kimberly, für dich muss die Weihnachtszeit besonders schlimm sein …«

Ach so. Na, danke. Alle sagen mir, wie besonders schlecht es mir gehen muss, als wollten sie es mir einreden. Anteilnahme dieser Art (egal, wie nett sie gemeint sein mag) geht total am Ziel vorbei.

Jede dieser Nachrichten tut weh. Muss ich mich rechtfertigen, wenn es mir gerade nicht besonders schlecht geht? Also nicht schlechter als sonst?

Soll ich antworten: »Ja, stimmt, mir geht es gerade besonders beschissen. Danke fürs Erinnern.«

Und dann? Was werden sie antworten?

Die Wahrheit ist: Mir geht es deutlich besser als noch vor Monaten, als ich am absoluten Tiefpunkt war. Emotional, seelisch, körperlich am Ende.

Die Wahrheit ist aber auch: Jede Zeit ist schlimm. Völlig wurscht, ob Weihnachten ist.

Wenn ich morgens allein in meinem Bett aufwache (das kommt tatsächlich noch vor), ist es manchmal immer noch ein Kampf, das Bett zu verlassen. Die Kraft für diesen neuen Tag zu finden. Sich jedem neuen Tag zu stellen. Wenn ich diese Anlaufschwierigkeiten habe, dusche ich mich besonders lange kalt ab. Present Moment.

Ich denke dann an das Abtauchen im Bach, an das Waldbaden, die Ruhe und Sicherheit der Natur. Das hilft mir. Und danach? Bin ich volle Kanne da. Die Batterie der Superpower hat sich neu aufgeladen.

21. Dezember,
Tränen on the Rocks

Nicht, dass das falsch rüberkommt. Ich bin nicht nur am Feiern, Flirten, Tanzen und habe auch nicht dauernd Sex. Ich arbeite auch – und zwar die ganze Zeit, sogar jeden Sonntag, schreibe täglich die LEUTE-Seite voll und nehme nie frei. Nicht einen einzigen Tag. Zu viel Freizeit ertrage ich aktuell noch nicht. Und an wenig Schlaf habe ich mich eh längst gewöhnt. Außerdem hatte ich ein halbes Jahr Job-Pause, wofür ich lebenslang dankbar sein werde, denn so empathische und kulante Arbeitgeber sind leider nicht die Regel.

Wolfi schickt mir einen Link zu dieser Geschichte: »Warum die Griechen Sex-Weltmeister sind.«

Ich schicke Lach-Emojis zurück.

Ideale Einstimmung für den Abend.

Meine Herzensgang und ich treffen uns wie so oft bei Zeus, in seinem Laden unter den sonst nur griechischen Gästen fühle ich mich safe.

Immer auffälliger umgarnt mich Zeus bei jedem Besuch und hat Riesenbaum-Lieferant Otto mehr und mehr im Blick. Ich glaube, Otto weiß noch nichts von Zeus und mir (was auch immer es da zu wissen gibt; obwohl wir sonst alle alles übereinander wissen), denn nach dem zweiten Bier sagt er zu mir: »Kimberly, du bist mehr als ein Kumpel für mich.«

Oh.

Mir fällt nichts Kluges oder Schlagfertiges oder gar Gefühliges ein, dafür redet Otto weiter: »Ich hätte nie gedacht, dass du plötzlich in mein Leben fällst. Niemals.«

»Na ja, gefallen bin ich ja zum Glück nicht.«

»Doch, irgendwie schon.« Er schaut mich erwartungsfroh an.

Ich bin total überfordert.

»Du musst auch gar nichts dazu sagen, ich wollte nur, dass du es weißt.«

Oh, oh.

Otto geht nach seiner Gefühlsbeichte recht schnell, weil er als Arzt früher als wir anderen aufstehen muss. Mit den restlichen Männern diskutiere ich die Du-bist-mehr-als-ein-Kumpel-Offenbarung.

Zeus meint beim Nachschenken grinsend: »Ich wusste es.« Tristan sagt: »Schlimmberly, wenn das bei dir so weitergeht, gibt's irgendwann den großen Knall.«

Michael fragt amüsiert: »Was machst du mit den Männern?«

»Überhaupt nichts!«

»Du verdrehst allen den Kopf.«

»Ich mach wirklich nichts. Ich bin, wie ich bin. Oder zumindest geworden bin. Ich bin selbst ganz erstaunt. Ist das so eine neue Witwenfaszination, von der ich nichts weiß?«

Tristan nickt. »Eine Witwe ist total anziehend.«

»Echt? In manchen Ländern werden Witwen immer noch verbrannt, und hier werden sie neuerdings verehrt?«

Michael drückt mich an sich und lacht. »Ist doch toll, von allen geliebt zu werden.«

»Weil ich sie aber auch alle liebe, will ich niemanden verletzen.«

»Genau das wird passieren, sobald du dich für einen Mann entscheidest«, antwortet Tristan.

»Ich habe von Anfang an jedem gesagt, dass ich erst mal keine Beziehung möchte. Und jeder hat es verstanden.«

»Nun ja ... das triggert halt die Männer«, so Michael. »Wenn du betonst, dass du keine Beziehung willst, wollen sie erst recht eine Beziehung mit dir.«

»Es ist also nur ein Machtspiel?«, frage ich.

»Nö«, antwortet Tristan. »Die sind schon heiß auf dich. Du bist ja auch irre niedlich.«

»Wenigstens stehst du nicht auf mich«, scherze ich.

Tristan erwidert lachend: »Du bist mir zu dünn, zu unbärtig, zu untätowiert und viel zu weiblich.«

»Merci, Cheri, das holt mich wieder auf den Boden der Tatsachen zurück.«

Nach spannenden und wirklich lustigen Gesprächen über Männer und Frauen verschwinden Michael und Tristan, Zeus und ich trinken noch einen Absacker im Valentin Stüberl.

Als wir beide an der Theke sitzen, sagt Zeus erst: »Du weißt, dass du supersexy bist.«

Ich lächle und denke an Tristans Worte von vorhin.

Dann meint Zeus: »Darf ich dich was fragen?«

Ich schlucke. Sage aber betont lässig: »Alles.«

Zeus schaut mich mit seinen grünen Augen intensiv an und fragt: »Wie war dein Mann so? Wie war eure Liebe?«

Ich antworte: »Willst du das wirklich wissen?«

Er nickt heftig und nippt an seinem Gin Tonic.

»Er war der großartigste Mann, den man sich nur vorstellen kann. Wir hatten dreizehn Jahre nur Liebe und Glück. Er, also Clemens, war so wunderbar ...«

Ich suche nach Worten in meinem Kopf und finde nur Schmerz in meinem Herzen. Tränen laufen mir über die Wangen.

»Sorry, Baby«, sagt Zeus und tupft mir mit seinen Fingern die Tränen ab, »das wollte ich nicht.«

Wie fabelhaft er ist. Welcher Mann verkraftet so etwas? Und fragt auch noch nach der verstorbenen Liebe der Frau, die er gern zur Freundin hätte? Mit einem lebenden Mann könnte er konkurrieren und kämpfen. Aber gegen einen Toten ist jeder Mann machtlos.

Meine Blitzerkenntnis: Nur ein wirklich starker Mann wie Zeus hält das aus.

»Alles gut«, sage ich. »Deine Frage finde ich total schön. Es spricht voll für dich, dass du nachfragst. Es tut nur verdammt weh, über einen so geliebten Menschen nachzudenken, der großartig und einzigartig war, mit dem man eine unvergleichlich tolle Liebe hatte, die es jetzt nicht mehr gibt. Ich bin wohl noch nicht so weit, über meinen Mann zu sprechen, ohne zu weinen.«

Jetzt fängt auch Zeus an zu weinen.

Weint er etwa aus Solidarität? Oder aus Empathie?

Nein, er weint aus Schmerz. Er erzählt mir von drei To-
desfällen in eineinhalb Jahren in seiner Familie, die ihn extrem mitgenommen haben – damals war er 18. »Ich glaube,
ich bin immer noch traumatisiert«, meint er, während ich
nun seine Tränen mit meinen Fingerspitzen trockne.

Zeus erklärt weiter: »Ich habe es nie verarbeitet. Ich hab
mich an meine Trauer nie so richtig rangetraut. Aus Angst.
Ich weine auch total selten und unterdrücke das meistens.
Ich bewundere dich, dass du dich mit deinem größten
Schmerz konfrontiert hast.«

Jetzt muss ich schon wieder weinen. Wenn mir liebe
Menschen liebe Dinge sagen, werde ich neuerdings schnell
sentimental.

Jetzt ruft noch Mr. Green an, ich ignoriere seinen Anruf
und schalte mein Handy auf stumm. Das mit Zeus ist
gerade echt hart und tiefgehend, aber irgendwie extrem
besonders. Wir teilen unseren Schmerz miteinander.

»Sind die Drinks so schlecht?«, fragt uns der Barkeeper
sichtlich irritiert.

»Überhaupt nicht«, sagt Zeus. »Sorry, das ist mir noch
nie passiert.«

»Wir sollten alle mehr weinen«, ergänze ich und halte
spontan einen Pro-Tränen-Appell. »Unsere Tränen nicht
dauernd unterdrücken. Uns nicht dafür schämen. Sondern
sie einfach zeigen. Und sei es hier im Valentin Stüberl. Nach
dem Motto: Schleusen auf! Tränen helfen. Tränen heilen.«

»Aha«, meint der Barkeeper überrascht, aber nicht total
desinteressiert. »Dann macht mal schön weiter.«

Jetzt müssen wir schmunzeln. Wir lachen weinend, erzählen uns noch lange die schlimmsten Erlebnisse und Erfahrungen unseres Lebens und trocknen abwechselnd unsere Tränen (nach der nächsten Gin-Tonic-Tränen-Runde
sagt auch der Barkeeper nichts mehr).

Was für eine intime, verbindende Nacht. Was für ein empathischer, besonderer Mann.

23. Dezember, griechische Weihnachten

Arbeit fertig, Geschenke eingekauft (und verpackt!), Essen vorbereitet, Getränke im Kühlschrank und auf dem Balkon, Xmas kann also kommen (und meine Schwester Jillian kommt morgen auch, juhu). Doch davor findet heute eine griechische Weihnachtsparty bei Zeus statt. Mit Souflaki-Grillen auf der Straße vor der Tür. Michael, Tristan, Otto, alle sind am Start. Außerdem ist Neumond. Kann nur ein Bombenabend werden.

Ich spüre riesige Vorfreude.

Nachtrag, nachts:

War ein Bombenabend. Zeus' Tochter Zoe war anfangs auch noch da, wir haben wieder Verstecken gespielt, gecheckt, wer stärker (natürlich sie) und wer schneller ist (natürlich auch sie). Irgendwann fragte mich Zoe: »Kim, du bist meine Freundin, oder?«

Fast musste ich lachen. Schließlich will Zeus ja auch ständig wissen, ob ich jetzt seine Freundin bin und wann wir es offiziell machen mit unserer Beziehung.

»Ja, Zoe, ich bin deine Freundin. Und du bist meine Freundin«, antwortete ich ihr.

Sie drückte sich an mich, jubelte und war nur traurig, als sie erfuhr, dass wir uns morgen zu Weihnachten nicht sehen würden, weil ich bei meiner Familie bin und sie mit ihrem Papa bei seinem Cousin.

Komisch: Warum kann ich einer Fünfjährigen (Zoe hatte kurz nach mir Geburtstag, ich habe ihr Seifenblasen geschenkt) auf diese Frage schneller eine Antwort geben als einem erwachsenen Mann? Warum zögere ich bei Zeus und bin gefühlstechnisch gehemmt? Wäre mein Mann nicht gestorben und ich wäre Single (nicht Witwe, seeehr großer Unterschied), wäre ich längst über beide Ohren verknallt in Zeus und würde mir nichts sehnlicher wünschen, als immer mit ihm zusammen zu sein. Okay, zu viel Konjunktiv.

Kürzlich habe ich mich mit Sigi, die immer noch in Amerika weilt, darüber ausgetauscht. »Das Trauerjahr ist noch nicht mal rum, da kann ich nicht mit einem neuen Mann aufkreuzen«, sagte ich.

»Warum nicht?«, fragte sie. »Warum ist dir die Etikette so wichtig?«

Tja, warum nur? Weil ich weiß, wie die Leute reden. Ich weiß aber auch, dass die Leute immer reden. Ganz egal, wie man es macht. Oder liegt meine Zeus-Zurückhaltung daran, dass ich ein schlechtes Gewissen habe? Aber wem gegenüber – meinem Mann oder mir?

Als ich Sigi erzählte, dass mich diese Statusfragen von Zeus (Freundin? Beziehung? Öffentlich machen?) ziemlich stressen, obwohl es ja supertolle Fragen sind, meinte sie: »Klar, du hast deine neue Freiheit, diese unglaubliche Weite, endlich lieben gelernt. Du bist als Kriegerin einen harten Weg gegangen, und das Leben belohnt dich plötzlich mit Leichtigkeit, Spaß, Sex und Liebe. Eine handfeste Beziehung engt dich ein. Zumindest jetzt noch. Und diese Enge, nicht nur deinen Herzschmerz, bist du gerade mehr und mehr losgeworden. Rede mit Zeus, sag ihm, dass ihr etwas Besonderes zusammen habt. Eure junge Liebe ist wie ein Pflänzchen, das ihr beschützen müsst – auch vor allen Eindrücken von außen. Erst wenn die Pflanze gewachsen und stabiler ist, könnt ihr sie der Außenwelt aussetzen.«

Guter Plan. Wir sind eine junge Pflanze, die erst mal geschützt lossprießen muss. Der ich sehr gerne beim Wachsen zuschauen werde. Da fällt mir Mr. Green ein. Was mache ich eigentlich mit ihm?

27. Dezember, das Weihnachtswunder

»Liebe Kimberly, ich denk an dich, dieses Weihnachten muss besonders schlimm für dich sein ...« – können diese Nachrichten bitte endlich aufhören?

Dieses Weihnachten ist für mich besonders schön!

Besonders schlimm ist es zwischendrin immer mal, wenn sich die Trauer meldet. Weinen gehört zu meinem neuen Alltag wie Abspülen. Es macht nicht gerade viel Spaß, aber es muss hin und wieder sein – und danach fühlt man sich besser. Viel Zeit für Tränen (höchstens vor Freude) war an diesem Weihnachtsfest allerdings nicht. Kurzfassung: Heiligabend kam Jillian mit der völlig überteuerten Bahn her (Ticketpreis: 320 Euro), wir tranken einen Willkommensschluck und bretterten danach zu unseren Eltern. Mit Tonnen von Tüten, Essen und Geschenken.

Die Family hatte sich von mir Löwin-Pasta gewünscht, was ich mehr als gern erfüllte. Crazy Weihnachtskost, aber es muss ja nicht immer Ente oder Raclette sein. Zudem ist es das Gericht, das ich am häufigsten in diesem Jahr gegessen habe, keins schenkt mir mehr Vitamin-Power – außerdem hat es für uns alle starke Symbolkraft.

Es gibt den Soundtrack zu vielen wichtigen Momenten und es gibt das Soul Food.

Der Abend verlief ohne Streit oder Melancholie, war voller Freude und Lachen. Natürlich haben wir auch auf meinen Mann angestoßen (einen Stromausfall gab's diesmal nicht).

Am ersten Weihnachtsfeiertag kam die Family inklusive Leo zu mir in die Stadt. Zeus schrieb mir: »Miss you, Babe« und schickte mir Fotos von sich, Zoe und dem völlig überschmückten und überilluminierten Weihnachtsbaum (Griechen-Style).

Mr. Green ist verstummt, auch okay, wahrscheinlich beleidigt, weil ich damals bei der Tränenorgie im Valentin Stüberl nicht ans Handy gegangen bin und ihn bis heute nicht zurückgerufen habe.

Ich merke, wie sehr mir Zeus ans Herz gewachsen ist. Meiner Family erzähle ich die Männergeschichten nicht. Zumindest nicht vollständig. Alles, was außerhalb des Bettes stattgefunden hat, wissen sie. Jillian ist eh überzeugt: »Alle deine Männer sind in dich verliebt.«

Am zweiten Weihnachtsfeiertag kam erst Otto auf einen Kaffee (er; ich: natürlich Tee) vorbei, wir saßen auf dem Balkon, so mild war es, und redeten über alles, nur nicht über seine Kumpel-Plus-Äußerung.

Um 18 Uhr rief Zeus an: »Meine Sonne, bist du daheim?«

»Yeah, du sexy Man. Wie isses bei deinem Cousin?«

»Ich hab Sehnsucht nach dir und bin mit Zoe schon heute aufgebrochen. Wollen wir uns auf ein Glas irgendwas treffen?«

»Na klar, kommt gerne her.« In der Sekunde – genau: klingelte es. Zeus und Zoe (im Prinzessinnenkleid mit Blumenkranz im Haar) waren schon unten vor der Haustür.

Zeus drückte mir eine riesige Packung in die Hand. »Schaut aus wie Kiffzeug«, sagte ich amüsiert.

»Das ist griechischer Bergtee. Du trinkst doch gerne Tee. Griechischer Bergtee hat eine heilende Wirkung.«

»Oh, echt? Wie toll! Zu viel Heilung kann es gar nicht geben.«

Als sie meinen Weihnachtsbaum sahen, bekamen beide einen Schock.

»Er ist so wenig«, meinte Zoe.

»Geschmückt?«, fragte ich.

»Ja. Schön, aber wenig.«

Zeus prustete los, ich lachte auch, und Zoe lachte am lautesten. »Stimmt, gegen euren griechischen Baum ist meiner total dezent und puristisch.«

Schnell entdeckte Zoe einen großen glitzernden Pizza-Xmas-Anhänger (fand ich lustig und musste ihn kaufen) am Baum und fragte: »Wollen wir Weihnachtspizza backen?«

»Unbedingt!« Während ich Zeus erzählte, dass in einer Stunde meine Familie käme und er erst mal eine Flasche Champagner öffnete, servierte mir Zoe ständig Pizza – also den Pizzaanhänger, mal mit Pombären, mal mit Nüssen, Oliven oder Schokobons belegt. Ich tat immer so, als würde ich die Pizza essen, und sie lachte sich kaputt.

Zeus ging ins Bad, frisierte sich, checkte, ob sein Pulli sauber ist, der Bart gut sitzt und kämmte Zoe. »Was ist los?«, fragte ich. »Du rennst rum wie eine Ameise.«

»Ich bin nervös«, sagte er. Zeus und nervös? Kaum zu glauben. Er meinte: »Wegen deiner Familie. Ich will einen guten Eindruck machen. Familie ist in Griechenland heilig. Das Wichtigste.«

»Du bist toll. Du schaust toll aus. Kein Grund, nervös zu sein. Ich wusste gar nicht, dass du überhaupt nervös werden kannst.«

»Du bist mir wichtig, Baby. Was hast du deiner Familie von mir erzählt?«

»Nicht, äh, die ganze Wahrheit. Wir sind einfach sehr, sehr gute Freunde.«

»Okay. Trotzdem ist es mir wichtig. Irgendwann wird es mit uns anders sein, das weiß ich genau.« Er zwinkerte mir zu.

Als die Familie anrollte, fiel Zeus allen überschwänglich um den Hals und machte sofort den wohl allerbesten Eindruck, den man nur machen kann. Lebensklug, zuvorkommend, empathisch, schlagfertig, lustig, fröhlich, liebevoll. Er fragte meine Eltern, wie sie sich einst kennengelernt haben, bedankte sich bei ihnen für mich, redete mit meiner Schwester über die griechische Rembetiko-Musik und seine Jahre auf dem Schiff.

Ich spürte gleich: Alle lieben ihn. Zoe fütterte Leo mit Pombären und mich weiter mit Xmas-Pizza, turnte auf mir und dem Sofa herum, totale Akrobatik-Show, und meinte später beim Blick auf die weißen Servietten auf dem Tisch, ob wir eine Schneeballschlacht machen wollen.

Jillian jubelte: »Oh ja!«

Wir zerrupften die Servietten, knüllten sie zu Bällen zusammen und bewarfen uns alle gegenseitig. Was für ein Spaß. Meine Eltern, Jillian und Leo waren hin und weg, ich sowieso.

Als »Double Z«, wie ich die beiden gern nenne, um Mitternacht aufbrachen, begleitete ich sie noch runter zum Auto. Als Zoe im Wagen saß und Zeus und ich uns draußen verabschiedeten, sagte er strahlend: »Ich habe meine Tochter noch nie so erlebt. Wie sie bei dir lacht, lacht sie sonst nie. Sie liebt dich. Und ich liebe dich. Bitte sei nicht einfach irgendwann weg, es würde Zoe und mir das Herz brechen.«

Wow. Ich war ganz geflasht. Und mir gleichzeitig auch der Verantwortung bewusst.

Zurück in meiner Wohnung, sagte meine Mami: »Was für ein hinreißender Mann – und was für eine bezaubernde, aufgeweckte Tochter.«

Jillian ergänzte: »Also Zeus ist ja wohl allerheftigst in dich verliebt, Kimberly!«

Bevor ich antworten konnte, meinte Mami: »Lass einfach alles auf dich zukommen, Mäuschen.«

»Aber warum nicht Zeus?«, fragte Jillian. »Warum nicht mal ein griechischer Mann? Der ist interessant. Na ja, bis du dich wieder verliebst, dauert es sicher noch ein bisschen.«

Hmm. Na ja. Zeus schrieb mir später zum Einschlafen diese WhatsApp: »Baby, mir fehlen die Worte. Danke dir, danke deiner Familie!! Ich bin mir sicher, dass du weißt, was du mir bedeutest. Love you im Ernst! Wir haben alles, wir sind gesund, wir passen perfekt zusammen. Eskalation!! Was müssen wir machen? Das Leben genießen! Die Liebe genießen! Kalinichta!«

Im Bett überlegte ich: Ab wann darf sich eine Witwe wieder verlieben? Nie wieder? Nach dem offiziellen Trauerjahr?

Gefühle richten sich nicht danach.

Ich beschließe hiermit, dass ich mich nicht mehr gehemmt fühlen möchte. Ich will auch kein schlechtes Gewissen haben müssen oder es mir einreden lassen. Ich höre auf mein Herz. Meine Gefühle für Zeus sind da. Ich lasse sie zu. Nicht gleich vor der ganzen Welt, aber vor mir. Das ist schon mal der beste Anfang.

Nie hätte ich gedacht, dass ich mich nach dem Tod meines Mannes jemals wieder verlieben könnte.

Jetzt ist es geschehen. Mein persönliches Weihnachtswunder.

30. Dezember, von der Witwe zur Bitch

»Diese blonde Bitch! Du Bastard! Jetzt beginnt der Krieg. Ich bringe euch alle um.« Zeus und ich liegen im Bett – und sekündlich piept sein Handy. Seine Ex beschimpft ihn in Dauerschleife.

Zum Glück schaltet er sein Handy jetzt aus, legt sein Bein über mich, streichelt meine Haare und küsst mich. Offenbar ist er abgehärtet, was den Gemütszustand seiner Ex betrifft.

Er sagt: »Baby, du bringst mir Balance. Du machst mein Leben bunt. Bei dir fühle ich mich immer toll.«

Das finde ich wunderbar an ihm. Seine Ex dreht wegen mir komplett durch und bombardiert ihn mit wüsten Nachrichten, und er schwärmt davon, wie viel Balance ich ihm bringe.

Der Grund für den Beschimpfungstsunami: Als Zeus' Ex gestern am frühen Abend Zoe in seinem Laden abholen wollte, meinte Zoe zu ihrer Mama: »Ich warte auf meine Freundin Kim.«

Sie weigerte sich, mit ihrer Mama mitzugehen. Wie eine kleine Klimakleberin hielt sie sich an einem der Tische fest und weinte. Für Zeus logischerweise eine sehr traurige Szene.

Natürlich möchte er (ich auch!), dass Zoe liebend gerne bei ihrer Mutter ist. Inständig redete Zeus auf Zoe ein, irgendwann gab sie nach und ging mit ihrer Mutter mit. Allerdings muss Zoe ihr von unserem fröhlichen Weihnachtsabend, der Servietten-Schneeballschlacht und von Leo vorgeschwärmt haben.

Denn seine Ex schreibt in ihrer Bitch-Bastard-Tirade einmal kurz: »Wer ist überhaupt dieser Leo?«

Wie auch immer. Von der Witwe zur Bitch, so schnell kann's gehen. Eine durchdrehende Ex-Freundin brauche ich wirklich nicht.

Ich bin auch keine Bitch und möchte so nicht genannt werden. Die beiden waren lange genug getrennt, bevor sich das mit Zeus und mir entwickelt hat. Außerdem weiß sie, was mit meinem Mann passiert ist.

»Sie sollte sich schämen«, meinte meine Schwester vorhin nur, als ich ihr am Telefon davon erzählte.

»Sie will halt ihren Mann zurück«, sagte ich. »Das kann ich schon verstehen. Es ist für sie leichter, mich zu hassen, als dass sie Fehler bei sich sucht. Trotzdem habe ich keinen Bock auf diesen Stress. So viele Nüsse kann ich gar nicht essen.«

»Ja, eben, Kimberly, du sollst doch Stress vermeiden«, meinte Jillian, die wie eine Löwin weiterhin auf mich aufpasst. Dass zum Zeitpunkt unseres Telefonats Zeus nackt neben mir lag, thematisierte ich nicht.

»Vielleicht ist es aber auch ganz gut so«, sagte ich.

»Dass sie dich grundlos und aufs Übelste beschimpft?«, fragte Jillian irritiert.

»Schau mal, alle Menschen sind seit Monaten superlieb zu mir, fassen mich mit Samthandschuhen an wie ein rohes Ei. Ich fand diese Extrabehandlung immer unangenehm, weil sie mir in Erinnerung ruft, dass mir was besonders Schlimmes passiert ist. Jetzt werde ich beschimpft, das gehört zu einem halbwegs normalen Leben auch dazu. Nicht alle Menschen sind permanent unglaublich nett.«

31. Dezember

Heute ist er also da, der letzte Tag von diesem Jahr, das mein Leben – und mich – für immer komplett verändert hat. An Silvester werde ich eh immer melancholisch. Na bravo, wie soll das nur heute werden?

Ich sitze im Wohnzimmer und fahre Gefühlsachterbahn, bis mir schwindelig wird. Dieses Jahr war echt hart und grausam, ich lasse es Revue passieren, was einer mentalen Sadomaso-Nummer gleicht, und weine bitterlich wie lange nicht.

Aber ich brauche das jetzt. Ich muss mit diesem Jahr für mich allein abschließen, bevor gleich meine Familie und die Herzensgang zu mir kommen, die Bude voll ist und jeder Anwesende irgendwann auch.

Was in diesem Jahr alles passiert ist ... Das Schlimmste. Wie viel Schmerz ich da sofort wieder in mir spüre, wenn ich nur darüber nachdenke. Wie sich mein Herz sofort wieder zusammenzieht und wehtut.

Gleichzeitig bin ich stolz auf mich, dass ich nicht total daran zerbrochen bin. Dass ich so viel Kraft habe. Dass ich wieder Glücksgefühle erleben und genießen kann. Sogar sehr. Resilienz gibt es wirklich. Früher habe ich dieses Modewort skeptisch gesehen.

Ich google. Lateinisch resilire = zurückspringen, abprallen. Resilienz ist die psychische Widerstandsfähigkeit. Die Fähigkeit, Krisen oder Katastrophen zu bewältigen und sie durch Rückgriff auf persönliche Ressourcen als Anlass für Entwicklung zu nutzen.

Sigi prophezeite mir diese Resilienz schon, als ich noch Angst hatte, in den Supermarkt zu gehen: »Wenn du es aus dem river of shit schaffst, wirst du noch stärker sein – du wirst eine unglaubliche Superpower haben und das Leben intensiv wie nie spüren.«

Damals war Superpower für mich unerreichbar. Ich dachte, ich habe überhaupt keine Power mehr, wenn ich ständig zusammenbreche und Angst vor allem habe.

Die neue Superpower aka Resilienz fühlt sich an, als wäre ich wie eine Soldatin (nicht unversehrt, aber lebend) aus einem Krieg zurückgekehrt. Manchmal steht die neue Superpower im harten Kontrast zu dem Schmerz, der wie mein Schatten geworden ist. Immer da. Vielleicht geht das eine nicht ohne das andere.

Vielleicht ist es Trauer-Power.

»Happy Rutsch!«, schreibt mir Mr. Green. Dazu ein Pflanzen-Emoji. Er ist doch keine beleidigte Leberwurst. Er ist einfach ein guter und in sich ruhender Mensch.

Gerade als ich lostippen will, meldet sich Barfuß-Mann Mats mit Fotos aus Portugal.

Ich antworte beiden das, woran ich selbst in diesem Moment fest glauben möchte: »Das nächste Jahr wird der Knaller.«

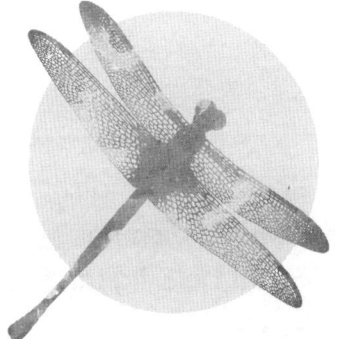

»Ich denke an dich,
wollte dich nur
nicht belästigen.«

Ein toller Arbeitskollege

Januar

5. Januar, Regen, acht Grad

»Traut sich dein Mann nicht mehr zu uns?«, fragt die Bäckereichefin sehr direkt und unvermittelt.

Es hört nicht auf. Soll ich ihr die Wahrheit sagen?

Nein. Ich will uns beide weiter schützen, antworte lieber: »Na, der traut sich nicht mehr her.«

Sie: »Ah, der traut sich nicht mehr her. Aber bei euch ist alles gut, gell?«

»Total. Er hat sich auch über die lieben Grüße gefreut. Ganz liebe Grüße zurück, soll ich ausrichten.«

Es ist total bizarr, aber es wirkt. Die Bäckereichefin lächelt. Keine weiteren Fragen, zum Glück.

Abends sitze ich auf meiner Wohnzimmercouch. Fünf Stunden habe ich meinen Weihnachtsbaum angestarrt, fünf Stunden habe ich geweint. Heute ist kein Zeus da, keine Herzensgang. Das ist auch gut so, ich brauche mal Zeit für mich. Me Time. Andere legen sich in die Badewanne, machen Yoga oder meditieren, ich weine durch. Wie weh das tut. Wie gut das tut.

Ich vermisse meinen Mann. Die Zeit heilt keine Wunden. Man muss sie selbst heilen. Gerade fühle ich mich gut, doch dann kommt ein Lied im Radio, das alle Wunden mit ein paar Takten aufreißt. »Cold Heart« von Elton John. Bei unserem letzten Urlaub haben mein Mann und ich das auf Repeat-Taste gehört. Was für einen Spaß wir hatten. Wie glücklich wir waren. Niemand ahnte, dass es unser letzter gemeinsamer Urlaub sein sollte. Der Tod war so weit weg. Jetzt gehört er zu meinem Leben, Tag für Tag, Abend für Abend. Ich kann ihn nicht ausradieren, leider. Ich kann ihn manchmal verdrängen, aber lange am Stück geht das nicht. Wie jetzt. Irgendwann bricht wieder alles aus mir raus. Ich merke deutlich: Ich habe noch nicht ansatzweise genug geweint.

Als ich sturzbacharacht weine, ploppt eine Nachricht auf. Otto schreibt: »Die Jahrhundertflut wütet in Kimberley.« Dazu schickt er mir einen Link. Eigentlich sehr lustig.

Ich antworte: »Die Flut wütet auch in mir. Denke und weine gerade. Aber das ist auch mal sehr gut.«

»Ich kenne deine Tränen.« Otto tut mir wirklich gut. So unaufgeregt herzlich ist er.

Zum Tränchentrocknen kommt spätabends spontan Tristan vorbei. Er war beim Dragqueen-Bingo (gibt's wirklich!) bei mir um die Ecke und hat dort einen tollen Mann kennengelernt. Zeki. Nicht tätowiert, aber bärtig, südländisch, genau sein Typ. Weil er ihn auf Anhieb großartig fand, wollte er keinen Sex mit ihm haben. Ein gutes Zeichen.

»Hast du was beim Bingo gewonnen?«, fragte Tristan den Bart-Mann Zeki. »Nein, nicht mal den Trostpreis«, sagte Zeki. »Aber ich habe das Gefühl, dass du mein Hauptpreis sein könntest.«

»So beginnen Lovestorys«, sage ich und freue mich über die wohl beste Ablenkung, die es für mich an diesem tränenreichen Abend geben kann. Als Tristan mir erzählt, dass es unter Schwulen gerade trendy ist, die Socken beim Sex anzulassen, muss ich sehr lachen. Wie wunderbar es ist, nach Tränenstunden über Sockensex nachzudenken.

6. Januar, Zukunft Pink

Die Heiligen Drei Könige kommen heute sogar zu viert – plus Prinzessin. Michael, Otto, Tristan, Zeus und Zoe sind um 19 Uhr zur Pizzaparty bei mir.

Die gute Nachricht: Zeus hat eine eigene Wohnung gefunden und richtet sie gerade ein. Weil Zoe meine Pink Kitchen so schön findet, habe ich kürzlich – nicht ganz ernst gemeint – vorgeschlagen: »Streicht doch die Wände in der neuen Wohnung auch rosa.«

Zoe jubelte sofort, Zeus sagte amüsiert: »Da hast du was angerichtet. Von mir aus gern.«

Heute hat er die Wände mit Zoes Hilfe pink gestrichen. Er zeigt die Beweisfotos rum, die anderen Männer sind baff. Der coole griechische Punk-Pirat wohnt ab sofort in einer pinken Wohnung.

»Wegen dir«, wie er mir grinsend vorhin ins Ohr flüsterte. »Für dich und Zoe mach ich alles.«

Vor den anderen und vor allem vor Zoe sind Zeus und ich zurückhaltend mit Zuneigungsbekundungen. Wobei sie ihm schon beim Wändestreichen gesagt hat: »Papa, ich will, dass du glücklich und zufrieden bist. Wir brauchen eine neue Mama.«

»Nein, mein Schatz. Du hast eine Mama – und die wirst du immer haben«, sagte er, beeindruckt von ihrer Reife und ihrem Durchblick.

»Ist Kim deine Freundin?«

»Sie ist eine sehr, sehr gute Freundin.«

»Ich weiß. Außerdem ist sie ja eh schon meine Freundin.«

7. Januar,
grüne Überraschung

Vor meiner Haustür steht ein Paket, fast so groß wie ich. Der Inhalt: eine riesige Pflanze. Was für eine Überraschung. Da ich sie nicht bestellt habe und kein Brief dabei ist, schreibe ich Mr. Green: »Tausend Dank für diese schöne Pflanze. Da blüht mein Herz auf.«

Mr. Green: »Welche Pflanze?«

*Wenn das so weiter-
geht, lebe ich bald in
einem Dschungel.*

Äh. Oh. Hmm.

Von wem ist sie sonst? Zeus ruft an, ich erzähle ihm von der Pflanze.

»Baby, vielleicht ist sie von diesem jungen Verehrer?«

»Welcher junge Verehrer?«

»Dieser 27-Jährige. Oh Gott, wie viele junge Verehrer hast du noch?«

Lachend sage ich: »Das willst du gar nicht wissen.«

»Das glaube ich auch. Aber wer verschickt anonym Pflanzen? Das ist doch total sinnlos.«

Ich frage bei Otto nach. Er meint: »Echt originelle Idee, aber leider nicht von mir. Warum bin ich da nicht drauf gekommen? Vielleicht von dem 27-Jährigen?«

»27-Jährige verschicken nicht anonym Pflanzen. Was für ein Pflanzenkrimi.«

Abends bekomme ich eine Sprachnachricht von Zoe: »Kim, wie geht es dir? Hast du Eiscreme? Erdbeer-Eiscreme?«

Ich habe neuerdings Wodka bei mir zu Hause, Fanta (Zeus liebt den Mix), Kindersäfte, Kindersalami mit einem Fuchs drauf, die Zoe gerne isst, Pommes, Fischstäbchen, aber keine Erdbeer-Eiscreme. Deshalb holen mich Double Z ab, und wir gehen in ein Café in der Nähe, in dem Zeus früher mal gearbeitet hat.

»Zeusiii!«, wird er gleich enthusiastisch von den Kellnerinnen begrüßt. »Du hast ja sogar deine Familie mitgebracht, wie schön! Was wollt ihr?«

»Pizza und Erdbeereis!«, ruft Zoe.

»Baby, nicht, dass du später kotzen musst.«

Wir setzen uns an den Tresen, Zoe ist geübt, was das Sitzen auf Barhockern betrifft. Sie schaut auf dem Handy die neue Kinder-Hit-Serie »Paw Patrol« an, mit Polizeihunden, die immer irgendjemanden retten müssen. Sky, die einzige Hündin, trägt rosa Halsband und Umhang und ist als Kuscheltier immer in Zoes Nähe. Jetzt liegt Sky auf dem Tresen neben meinem Bierglas, es gibt Pizza und Erdbeereis, Zoe schaut fern, und Zeus sagt zu mir: »Ich habe alles über deinen Mann im Internet nachgeschaut.«

»Warum? Das musst du nicht.«

»Ich will es aber. Weil du mir wichtig bist. Weil ich dich verstehen will.«

»Okay ... ja, krass.«

»Dein Mann war echt ein sehr cooler Typ. Sorry, Baby, wenn ich das sage.«

»Nein, nein. Du hast völlig recht. Er war wirklich ein sehr cooler Typ.«

»Total! Er sah toll aus, so männlich, voll Rock'n'Roll und Oldschool, aber mit Stil.«

Ich traue meinen Ohren und Augen nicht. Ich sitze am Bartresen mit einem Kind, das Polizeihunden zuschaut und meine Hand fest umklammert. Der Vater schwärmt mir von meinem verstorbenen Mann vor. Kann es skurriler sein?

Ich überlege. Definitiv: nein. Aber es könnte auch nicht schöner sein.

Zeus scheint das Thema echt wichtig zu sein, er fragt weiter: »Glaubst du, dein Mann hätte mich gemocht?«

Ich muss keine Sekunde überlegen. »Und wie! Ihr hättet euch beide sofort ins Herz geschlossen und verdammt viel Spaß zusammen gehabt.«

»Ja, das Gefühl habe ich auch.« Er lächelt mich an. Seltsamerweise muss ich nicht weinen, so wie damals im Valentin Stüberl.

Zeus sieht nach Abenteuer aus, nach Frauenheld, jeden Abend eine andere, aber so ist er nicht. Er nimmt die Sache mit mir sehr viel ernster, als ich je gedacht hätte. Dazu kommen seine Überempathie und Herzenswärme.

»Baby«, meint er und drückt hinter Zoes Rücken meine Hand, »danke, dass du immer für mich da bist.«

Bevor ich antworten kann, fühlt sich offenbar die fernschauende Zoe angesprochen und meint: »Gerne, Papa.«

Zeus lacht laut los, steht auf, streichelt mir über den Rücken und geht zur Toilette. Gerade als er weg ist, sagt Zoe: »Oh, oh.«

»Was oh, oh?«

»Das!« Sie zeigt auf ihren Mund und verzieht dramatisch das Gesicht.

Oh, oh.

»Kein Problem, wenn du dich übergeben musst ...«

In dem Moment kotzt sie auf den Tresen.

Die nette Kellnerin wischt bemerkenswert heiter Zoes Mageninhalt weg, ich entschuldige mich, doch sie meint lässig: »Du hast wirklich eine süße Tochter.«

Ziemlich verrückt, denke ich. In der Außenwelt bin ich die Witwe, in einem kleinen Paralleluniversum die Mutter einer auf den Tresen kotzenden Fünfjährigen.

9. Januar, Montag, früher Abend

»Ich weine gerade.« Ausnahmsweise bin nicht ich es, die diesen Satz sagt. Sondern Zeus.

»Was ist passiert, Baby?« Jetzt fange ich auch schon an, Baby zu sagen. Aber ich mag es, wenn er mich Baby nennt. Mein Mann hat mich nie Baby genannt. Der Name ist neu, neutral, perfekt.

»Der Kindergarten hat mich angerufen, gesagt, dass Zoe die ganze Zeit weint und ausrichten lässt, dass sie nicht von ihrer Mutter abgeholt werden will, sondern von mir. Wenig später rief mich dann auch noch Zoes Mutter an und erzählte mir ernsthaft, dass ein blonder Geist ihre Wohnung verwüstet habe. Ich war gerade in ihrer Wohnung, da ist alles zerstört, Messer und Küchengeräte liegen in der Badewanne. Totaler Irrsinn.«

»Oje. Hast du einen blonden Geist gesehen?«

»Natürlich nicht. Ich habe ihr gesagt, sie soll sich bitte dringend helfen lassen – zu einem Arzt oder Therapeuten gehen. Aber sie will nur zu ihrer Kartenlegerin. Alles total crazy. Zoe kann heute nicht in die zerstörte Wohnung, die kriegt den totalen Schock. Wir vertreiben zusammen dauernd Monster unter ihrem Bett, und ihre Mama glaubt jetzt an Geister. Das geht nicht. Ich bin echt fix und fertig und weiß gerade nicht weiter. Sorry, Baby, ich weiß, du hast andere Probleme. Ich will dich damit nicht belasten.«

»Tust du null. Wo bist du?«

»Im Auto mit Zoe. Die ist auch völlig fertig vom Weinen.«

»Kommt zu mir, ich bin eh gleich mit der Arbeit fertig und dann bringe ich euch auf bessere Gedanken.«

Eine halbe Stunde später stehen zwei verweinte, zitternde und blasse Menschen vor mir.

Sie erinnern mich an mich, wie ich vor einiger Zeit war. Am Boden. Ich hätte auch abdrehen und Geister sehen

305

können. Bin ich froh, dass mir zumindest das erspart geblieben ist. Zeus küsst mich, Zoe drückt sich an mein Bein. Und rechts neben meiner Tür: wieder ein überdimensionales Paket. Das gibt's doch nicht.

»Wieder der Pflanzenverehrer?«, fragt Zeus und wirkt prompt etwas fröhlicher. »Langsam werde ich wirklich eifersüchtig.«

»Ihr Süßen, kommt jetzt erst mal rein. Zoe, willst du Saft?« Sie nickt und fragt: »Darf ich das Geschenk auspacken?«

»Sehr gerne.« Ihre Stimmung hellt sich auf.

Und tatsächlich: In dem Paket ist eine riesige, ebenfalls schöne Pflanze. Wieder ohne Absender.

»Wenn das so weitergeht, lebe ich in zwei Wochen in einem Dschungel«, sage ich und muss lachen. Zeus schenkt sich Wodka und Fanta ein, Hunger haben beide nicht. Trotzdem schiebe ich mal eine Portion Pommes in den Backofen.

»Wollen wir was Lustiges spielen?«, frage ich, um die beiden irgendwie aufzuheitern. Blöderweise habe ich keine Spielsachen da. Meine Puppen, Playmobil, alles im Keller meiner Eltern. Aber Not macht erfinderisch.

»Au jaaa«, ruft Zoe. »Was spielen wir?«

»Küchentennis!«

»Was ist Küchentennis?«

Ich gebe jedem einen Kochlöffel in die Hand, forme aus einer Serviette einen Ball – und los geht's.

Zwei Stunden und eine zerstörte Vase später sind wir alle ziemlich aus der Puste, aber deutlich besser drauf.

Und ich habe beim Einschlafen eine Idee: Vielleicht hat mir die Pflanzen mein Mann geschickt. Aber das werde ich nie, nie, niemals jemandem erzählen, dann halten mich wirklich alle für komplett verrückt. Ich mache daher den Test: Ich bedanke mich bei Clemens, erkläre ihm, dass ich das alles sehe und wunderbar finde, was er mir schickt. Wenn ich jetzt keine Pflanze mehr bekomme, dann steckt wirklich er dahinter – weil er nun weiß, dass ich das verstanden habe.

12. Januar,
Dr. Sommer-Kreuzverhör

»Kimberly, du hast mir den schönsten Abend geschenkt. Du bist das eigentliche Geschenk. Danke! Ich trag dich noch mehr im Herzen!«, schreibt mir Otto. Er bedankt sich für den Geburtstag, dem wir ihm gestern beschert haben.

Bei Zeus haben Michael, Tristan, er und ich reingefeiert. Mit Wunderkerzen, Tony Christies »Happy Birthday Baby«, viel Getanze, vielen Macarons (die mag er so gern) und viel Tsipouro (der bessere Ouzo, wie ich gelernt habe).

Andere Gäste waren nicht da, wir hatten den ganzen Laden für uns. Sehr exklusiv, sehr eskalativ. Otto war kurz davor, vor Freude zu weinen. Zeus war richtig gut drauf, Tristan und Michael auch.

Meine Fab Four. Ich bin mir sicher, mein Mann hat sie mir geschickt. Vier so extrem unterschiedliche und so extrem wunderbare Männer.

»Chosen Family«, nennt Michael unsere Herzensgang gern. Wenn er mit Sigi telefoniert und über uns redet, sagt sie: »Wie geht's den Kindern?«

Jetzt ruft Wolfi an: »Hast du gerade Herrenbesuch?«

»Nö.«

»Was ist denn bei dir los? Warum nicht?«

»Ich brauch auch mal Zeit für mich.«

»Zeit zum Weinen?«

»Vielleicht.«

»Darf ich dich was fragen?«

»Sind deine Eltern Amerikaner?«

»Haha. Nein. Hattest du ein schlechtes Gewissen, als du das erste Mal nach Clemens' Tod mit einem anderen Mann geschlafen hast?«

»Wolfilino! Das ist mal eine Frage. Ja, hatte ich. Sehr, sehr, sehr sogar. Ich hab mich danach echt beschissen gefühlt.«

»Hab ich mir gedacht. Verstehe ich. Spricht sehr für dich. Ich glaube, das ist total normal.«

Wolfi hat den Durchblick, auch wenn er keine Ratgeber liest. Dafür hat er eine Menge Lebens- und Leidenserfahrung.

»Ich weiß nicht mehr, was normal ist. Bei mir hat sich das alles irgendwie verschoben.«

»Bist du in den Griechen verliebt?«

»Wird das so ein Dr. Sommer-Kreuzverhör?«

»Ich nehme nur Anteil an deinem Leben.«

»An meinem Sexleben. Zeus ist schon sehr besonders.«

»Und der Arzt? Und Mr. Green? Mit dem hattest du doch auch Sex!«

»Nicht ganz.«

»Wie geht halber Sex?«

»Wolfi, das war ein Kuschel-Date. Lieben Dank für deine wunderbare Anteilnahme an meinem Intimleben. Aber ich glaube, ich hör jetzt besser auf, mit dir zu plaudern, und weine ein bisschen.«

Lachend meint er: »Viel Spaß beim Heulen!«

Noch lange denke ich über das Telefonat und meine Männer nach. Ich werde meinen Mann immer über alles lieben. Aber ist dann überhaupt noch ausreichend Platz für einen anderen Mann in meinem Herzen? Werde ich mich je wieder richtigkrassheftigst verlieben – wie damals in meinen Mann? Oder kann ich das aus Selbstschutz nicht mehr? Weil ich nicht wieder irgendwann so unendlich leiden möchte, wenn ich einen Verlust erlebe?

Oder habe ich mich längst richtigkrassheftigst verliebt und es fühlt sich nur anders an, weil sich alles anders anfühlt?

Interessante Fragen. Die Antwort zu finden, wird mein Weg sein.

13. Januar, Freitag

Totaler Tränentag.

Die Stadtsparkasse hat meinem Mann einen Brief geschrieben, weil sie irgendeine Frage zu seinem Konto hat. Ich rufe da an, sage den Satz, den ich immer noch äußerst schwer über meine Lippen bringe: »Mein Mann kann sich bei Ihnen nicht melden, weil er leider gestorben ist.«

Die Stadtsparkassenfrau hat als Nachnamen einen italienischen Weißwein und reagiert bestürzt. »Frau Hagen, das ist ja furchtbar! Ich dachte, Ihr Mann hätte da nur was vergessen. Mit dem Tod habe ich nicht gerechnet. Mein Beileid.«

»Das wäre schön gewesen, wenn er was vergessen hätte. Aber bitte kein Beileid. Ich habe eine Beileidsallergie. Lieber Mitgefühl. Mein Mitgefühl – das klingt netter und nicht so leidend, weil ich ja eh schon leide.«

»Ach so. Da habe ich noch nicht so genau drüber nachgedacht. Danke für den Crashkurs, den Sie mir in Sachen Trauer geben. Mit Trauer kenne ich mich, ehrlich gesagt, nicht aus.«

»So ging es mir auch mal in einem anderen Leben.«

»Jetzt müssen wir das Konto Ihres Mannes abschließen. Dafür brauche ich ...«

Ich falle ihr ins Wort: »Geburtsurkunde, Heiratsurkunde, Sterbeurkunde und den Erbschein.«

»Sie sind im Thema.«

»Im Behördenwahnsinn? Yep.«

309

»Schicken Sie mir bitte erst alles als Scan per Mail, dann treffen wir uns persönlich, und Sie bringen dann bitte alle Originale mit.«

Uff. Was für ein Aufwand.

»Läuft der Erbschein nur auf Sie?«

»Und auf meine angeheiratete Tochter.«

»Ist sie in München?«

»Nein.«

»Dann brauche ich von der Tochter noch eine Kopie ihres Ausweises, notariell beglaubigt.«

»Muss das wirklich sein? Sie hat echt andere Probleme.«

»Tut mir leid, ja.«

Danach ruft ein prominenter Unternehmer an, den ich seit Monaten weggedrückt habe, und fragt: »Kimberly, das letzte Jahr war besonders hart für dich, oder?«

Wieder: uff. Nö, das letzte Jahr war Ponyhof und Disneyland zusammen. »Ja, es war hart.« Ich muss schlucken. Bin sauer. Will mich nicht erklären müssen. Was bilden sich die Leute ein? Dass ich mit jedem gern über meinen Schmerz plaudere? Tränen fließen, aber nicht aus Traurigkeit, sondern: Wut.

Was der Unternehmer natürlich anders interpretiert. »Die Liebe bleibt immer«, sagt er noch, dann legt er auf.

Da hat er sogar recht. Solange ich diesen abgrundtiefen Schmerz in mir habe, ist auch die Liebe da. Beides wird wohl nie weggehen.

Abends falle ich ins Trauerloch. Wenn ich keine Ablenkung habe, nur mit mir bin, bricht wieder alles raus. Ich bin wie ein Tränenfass, das dauernd überläuft.

Werde ich für immer so sein? Ja, ich glaube, ich werde jetzt immer so sein. Ich habe keine Sicherheit mehr. Oder bin ich etwa meine eigene Sicherheit, weil ich weiß, dass ich alles packen kann, auch wenn ich daran zweifle und Angst davor habe?

Doch, ich packe das. Mich. Mein Leben. Mein Leiden. Meine Liebe. Mein Durcheinander. Mein Chaos. Meine Tränentage.

Und ich packe es auch noch, das Konto meines Mannes abzuschließen.

17. Januar, Dienstag,
drei Grad

»Wir werden Eltern, Baby?«, fragt mich Zeus und schaut mich fröhlich an.

»Nein. Deshalb nehme ich ja die Pille danach.«

»Schade eigentlich.«

»Meinst du das ernst?«

»Und wie! Ich bin traurig, dass wir uns erst so spät kennengelernt haben. Wenn es gut läuft, haben wir zumindest noch vierzig Jahre zusammen.«

Die letzten Tage waren ziemlich, nun ja, turbulent. Erst hatte Zeus Angst, dass Zoe Läuse hat (und somit wir alle), weil es im Kindergarten einen Ausbruch gab. Ich hatte noch nie Läuse, fand schon den Gedanken eklig. Zoe hat jetzt kurze, kinnlange Haare (was gegen Läuse überhaupt nichts bringt, wie mir Otto erklärte, aber egal), ihre Mutter bezeichnete den Läuseverdacht als schwarze Magie.

Als ich dachte, durchgeknallter kann es nicht werden, bekam ich noch eine Blasenentzündung. Drei Tage nahm ich Antibiotika, hatte aber Sex mit Zeus und plötzlich die Eingebung, dass meine Antibabypille nicht hundertprozentig wirken könnte. Ein Anruf bei der Ärztin bestätigte das.

Sie sagte: »Gut, dass Sie so gewissenhaft damit umgehen. Nehmen Sie sicherheitshalber die Pille danach.«

»Ich habe sie noch nie genommen. Macht die einen nicht ziemlich high?«

»Ich habe Patientinnen, die schlucken die wie Hustenbonbons. Kann sein, dass Ihnen etwas schwindelig wird.«

Jetzt habe ich mir die Pille danach eingeworfen und fühle mich schon etwas beduselt. Zeus gibt mir einen Kuss, sagt »Love you sehr«, und verschwindet in seine Bar.

Nachtrag, nachts im Bett
(Zeus kommt um 2 Uhr her)

Otto ist abends bei mir (mit Kittel und Arztkoffer, um den großen Läuse-Check zu machen), dazu noch Tristan und sein neuer Bart-Mann Zeki, den er vom Dragqueen-Bingo kennt. Die beiden waren griechisch essen in der Nähe, als Zeki den Anruf bekam, dass sein Onkel gestorben sei. Daraufhin rief mich Tristan an, meinte: »Du kennst dich doch mit Trauer aus. Dürfen wir zu dir kommen?«

Schon stehen sie in meinem Flur.

Zeki ist auf Anhieb ein spannender Typ, der perfekt zu Tristan passt. Er ist Therapeut, hat südländische Wurzeln und Angst vor Nähe (so viel hat er Tristan schon anvertraut). Er sagt: »Schön, dich kennenzulernen. Kann sein, dass ich später mal weinen muss. Aber gerade stehe ich wegen meines Onkels noch unter Schock.«

Ich nehme ihn fest in den Arm, drücke ihn an mich und antworte: »Wenn du weinen willst, nur zu. Ich weine dann gerne mit. Hat dir Tristan meine Geschichte erzählt?«

Er nickt. Sagt aber nichts dazu, was ich sehr gut finde.

Ich bringe ihm Weißwein und Taschentücher, mache für alle Löwin-Pasta und werde von Otto läusetechnisch durchgecheckt. Happy End: keine Läusegefahr.

Beim Aufbruch klemmt Ottos Reißverschluss an der Jacke, wir lachen uns kaputt, und er meint: »Das ist Fügung. Das Schicksal will, dass ich bei dir bleibe. Aber leider muss ich morgen um fünf Uhr aufstehen.«

Ob er das von Zeus und mir weiß? Da er nie nachfragt, hat er entweder keine Ahnung – oder er will keine Ahnung haben.

21. Januar, Schneerapie und Neumond, yeah

Bin eingeschneit in den Tag gestartet. Herrlich. Alles weiß. Nach einer kalten Dusche (Present Moment!) gehe ich zwei Stunden im Schnee an der Isar spazieren.

Ich werfe viele Schneebälle, seife mich selbst ein. Die Leute fragen sich sicher, welche Drogen ich nehme. So schnuppe. Ich genieße es.

Nach Seerapie im Sommer jetzt die Schneerapie. Natur heilt.

Beim Spazierengehen denke ich über den Morgen nach. Zeus ist bei mir im Bett aufgewacht, aufgestanden, hat sich frisch gemacht, die Haare gestylt und ist wortlos verschwunden. Ich hörte nur ein Türknallen. Kein Ciao-love-you-Schönentagbaby-Irgendwas.

»Das hab ich noch nie erlebt«, sage ich später amüsiert zu Michael am Telefon.

»Ich auch nicht. Ich verabschiede mich sogar von meiner Wohnung, wenn ich allein bin.«

»Du verabschiedest dich von deiner Wohnung?«

»Immer.«

»Ich begrüße meine Wohnung, sage Servus und Hallo.«

»Auch gut. Hat dich die Zeus-Aktion nicht gestört oder geärgert?«

»Komischerweise nicht. War selbst erstaunt. Früher wäre ich durchgedreht, hätte ihn danach sofort angerufen oder geschrieben, dass so etwas gar nicht geht. Aber mein neues Ich ist da wohl anders. Ich fand's eher witzig und erfrischend anders, weil ich so was noch nie erlebt habe.«

»Du bist echt krass geworden, Kimberly.«

Was genau er damit meint, weiß ich nicht. Ich nehme es mal als Kompliment.

23. Januar,
Kekse lügen nicht

Feiern bei Michael eine wunderbare Welcome-back-Party für Sigi. Zum fabelhaften Rind-Reis-Rote-Bete-Essen (nach Ottolenghi) gibt es zur Feier des Tages für alle Champagner und Glückskekse.

Mein Glückskeks-Spruch lautet: »Lass das Alte hinter dir, freu dich auf das Neue.«

Dieser kleine Keks haut mich komplett um. Muss sofort losweinen, als ich den Spruch vorlese.

Reminder an mich: Es gibt keine Zufälle. »Eine Botschaft von deinem Mann«, bestätigt sogleich Sigi – und plötzlich haben alle feuchte Augen.

25. Januar,
Feiertherapie

Bin ganz gut aus dem Bett gekommen, keine Bleifüße mehr. Mein Unterwelt-Informant hat mich geweckt. Ob er mir eine Magnumflasche Wein vorbeibringen darf – und Grappa. Er tröstet auf seine Unterwelt-Weise.

Abends ist Tristan da, er meint, er freue sich so, wie wir alle das Leben feiern. »Besonders du, Zuckerschnute.« Er erzählt von der besten Freundin seines Bart-Manns Zeki (sie hatten immer noch keinen Sex, nur Kuschel-Dates), die er gestern kennengelernt hat.

»Die Steffi ist so alt wie wir und hat vor drei Jahren ihren Mann verloren. Er war beim Tauchen im Starnberger See, Herzinfarkt, kam nicht mehr zurück. Ich glaube, es wäre gut, wenn Steffi dich mal kennenlernt. Sie ist seit drei Jahren im tiefen Trauerloch. Hat sich die Haare abgeschnitten, arbeitet und sonst nichts. Da bist du ganz anders mit deiner Lebensfreude und deiner Lebensgier.«

Ich erzähle Tristan von meinem Interview mit Schauspielerin Michaela May, das ich vor dem Tod meines Mannes geführt habe. Sprich: Zu einer Zeit, als ich keine Ahnung hatte.

Michi May sagte mir damals, dass sich ihre drei Geschwister alle umgebracht hätten. Nach dem dritten Selbstmord spürte sie eine »unbändige Lebenslust«. Heute verstehe ich sie total. Kann man gegen den Tod und die Trauer anfeiern? Man kann. Und man sollte es zumindest versuchen.

Ich sage zu Tristan: »Zum nächsten Dragqueen-Bingo komm ich supergerne mit. Oder sind Frauen da nicht erlaubt?«

»Doch. Letztes Mal hatten so Instagram-Girls sogar bessere Tische als die Schwulen. Am besten, du reservierst.«

»Das mache ich. Und wir nehmen Steffi mit.«

»Geile Idee.«

26. Januar,
neuer Soundtrack

Der beste Selbstliebe-Song und ab sofort mein neues absolutes Lieblingslied: »Flowers« von Miley Cyrus. Ich glaube, ich habe es heute 800-mal hintereinander gehört und dazu im Wohnzimmer getanzt. »I can buy myself flowers, I can hold my own hand...«

Love it!

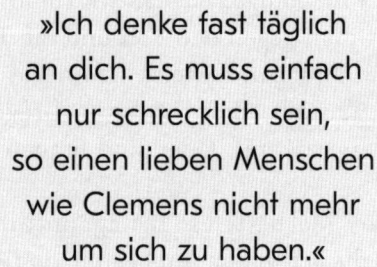

»Ich denke fast täglich
an dich. Es muss einfach
nur schrecklich sein,
so einen lieben Menschen
wie Clemens nicht mehr
um sich zu haben.«

Eine Schulfreundin

Februar

2. Februar,
Dragqueen-Bingo-Premiere

»Schöne Grüße an den Mann!«, sagt die Bäckereichefin, nachdem ich eine Brezn mit viel Salz gekauft habe.

»Ja, danke. Und natürlich zurück.«

Irgendwie seltsam, aber auch schön: Für die Bäckereichefin ist mein Mann nicht tot. Da sie dieses Szenario gar nicht in Betracht zieht, lebt er in ihrer Welt weiter (in meiner ja auch, nur wissend um die Fakten). Ob sie jemals fragen wird, warum er nie wieder ihre Bäckerei besucht? Da hab ich noch keine schlaue Erklärung. Aber ich habe beschlossen, ihr niemals die Wahrheit zu sagen. Ich will ihr den Schmerz nicht zumuten.

Um 19 Uhr kommen Tristan, Michael und Steffi zu mir zum Aperitivo, danach laufen wir rüber in den kleinen Club und treffen uns mit den restlichen Freunden (wie meinen Segelfreunden Severin und Luke) beim Dragqueen-Bingo.

Otto hat geschrieben, dass er es nicht pünktlich schafft, Zeus muss arbeiten, aber hey, ich freu mich total. Ich gehe raus und stelle mich dem Leben. Nein, noch viel mehr: Ich genieße es. Hab mir extra ein Blingbling-Oberteil angezogen und mich glamourmäßig geschminkt. Dazu trage ich eine pinke Federboa und eine silberne Glitzerkrone, auf die Zoe schon ganz heiß war.

Tristan lobt mich sogleich: »Du schaust Bombe aus.«

Dann lerne ich Steffi kennen. Eine warmherzige, kluge und sehr sympathische Frau. Wir reden gleich über alles, nur nicht über den Tod und unsere Schicksale. Wir wissen beide, was passiert ist, wir kennen den Schmerz der anderen, wir müssen nicht ein Wort darüber verlieren, weil es uns nur quält und zurückwirft.

Stattdessen lieber: Dragqueen-Bingo. Einer der lustigsten Abende meines Lebens. Wir haben einen Achtertisch direkt an der Bingobühne (der Laden schließt kurz nach unserer Ankunft wegen Überfüllung), bestellen Bier und Grauburgunder und amüsieren uns köstlich über die drei Drags Tiffy, Daphny und Kris, die den Abend moderieren und mit heißen Outfits und noch heißeren Sprüchen rocken.

Den ersten Preis für einen Gay-Sexshop gewinnt leider niemand von uns, auch die Po-Tasche mit viel Po-Kosmetik geht an unseren Nachbartisch (Klinikpersonal), doch wie wir da auf den Bingoscheinen herumkritzeln, jede Zahl mit »Yeah« oder »Oh no« lautstark kommentieren, ist für mich wie ein Kurzurlaub. Ein Kurzurlaub von meiner Trauer. Perfekt zum Abschalten. Ich glaube, Steffi empfindet es ähnlich, sie taut immer mehr auf.

Nach dem Bingo läuft Miley Cyrus' »Flowers«, Tristan brüllt mir zu, ob wir nicht mit den Drags auf der Bühne tanzen wollen. Wir wollen. Ich ermuntere Steffi und Michael, mitzukommen. Bis zwei Uhr nachts tanzen wir, wünschen uns (also ich) dauernd Lieder beim DJ mit Glitzerkäppi und Schnauzbart und lernen viele neue lustige Menschen kennen. Michael schreit mir gegen ein Uhr nachts ins Ohr: »Dich und Steffi so wild und ausgelassen tanzen zu sehen, berührt mich sehr. Ihr seid die zwei lustigen Witwen.«

Ich sehe Steffis lachendes Gesicht neben mir und antworte ihm ebenfalls schreiend: »Die lustigen Witwen wissen eben, was wirklich heilsam ist.«

Außenstehende mögen das als oberflächlich abtun, doch das ist es nicht. Wer um die Schwere und den Schmerz eines

Wie ein Kurzurlaub: Für acht Freunde habe ich beim Dragqueen-Bingo reserviert. Was für eine grandiose Idee, was für ein grandioser Abend.

anderen Menschen weiß, freut sich umso mehr, Leichtigkeit mit diesem Menschen zu teilen.

Tristan und Michael wollen danach noch auf einen Absacker zu mir. Michael schläft nach einem Glas Vino auf der Couch ein, Tristan erzählt von Zeki, der einen Zahnbürstenkopf in Tristans Wohnung als »zu endgültig« (O-Ton Zeki) empfindet und ihn daher noch nicht angenommen hat.

Steffi schickt mir eine WhatsApp: »Liebe Kimberly, ich bin sehr froh, dich kennengelernt zu haben. Es war ein wunderbarer Abend, so viel Spaß hatte ich in den letzten Jahren nicht. Danke.«

Ich werde jeden Monat einen Tisch beim Dragqueen-Bingo vorreservieren. Auf Lebenszeit.

4. Februar,
grau, windy

»Michael und ich grübeln über deine 1a Standhaftigkeit«, schreibt mir Otto. »Immer senkrecht, immer blitzgescheit. Dein Akku ist aufgeladen, meiner low. Wondersuperwoman, wie machst du das? Immer schön, immer Spannkraft, immer hellwach.«

Meine Antwort: »Du bist entzückend. Muss an meiner Lebensgier liegen.«

Ich spüre tatsächlich so viel Energie in mir wie nie zuvor. Oder liegt es an der Pizza, die ich gestern noch um vier Uhr nachts mit Zeus gegessen habe?

Im Ernst: Ich nehme keine Drogen oder Psychopillen, ich kiffe nicht mal, und dennoch bin ich berauscht von meinem neuen Leben. Meinem neuen Ich.

Das ist null eingebildet gemeint, zumal ich ja immer noch schnell weine und XXL-Schmerz in mir trage, aber diese neue Superpower ist wie ein Panzer und ein Aufputschmittel.

7. Februar,
ja, nein, vielleicht

»Bist du verliebt in Zeus?«, fragt mich diesmal nicht Zeus höchstpersönlich, sondern Michael.

Ja, nein, vielleicht?

Ich liebe ihn. Aber verliebt? Ich habe keine Schmetterlinge im Bauch, dafür ein ganz anderes, neues Gefühl der Liebe. Irgendwie allumfassender. Oder unterdrücke ich die Schmetterlinge wie das Hungergefühl, das Kälte-/Wärme-Feeling und den Toilettengang, weil der Hauptschmerz noch alles überlagert? Oder habe ich Angst vor erneuter schlimmster Verletzung?

Heute kommt Zeus um 3.30 Uhr in der Nacht zu mir. Auf Dauer ist mir das echt zu heavy, wenn ich am nächsten Tag arbeiten muss.

Er steht plötzlich wieder als sexy Überfallkommando in meiner Tür, grinst mich an und meint mit seinem flirty Blick: »Ich will mit dir spielen.«

Ich liebe sein Begehren, es streichelt im wahrsten Sinne meine verwundete Seele.

»Wollen wir nach dem Trauerjahr unsere Beziehung öffentlich machen?«, fragt er später im Bett.

Ja, nein, vielleicht.

»Warum ist es dir wichtig?«

»Weil ich stolz auf dich bin, Baby. Wir Griechen sind ein stolzes Volk. Ich kenne deine Welt überhaupt nicht. Ich kenne gerade mal Vicky Leandros und Costa Cordalis. Aber wir müssen uns vor niemandem verstecken.«

»Dafür, dass du meine Welt nicht kennst, liebe ich dich noch mehr.«

»Ich kaufe übrigens jeden Tag die *Abendzeitung* und lese deine Seite. Aber bitte schreibe niemals über mich.«

»Du bist der Erste, der so was sagt. Versprochen. Aber du musst mein Zeug auch nicht lesen. Du hast wirklich genug um die Ohren.«

»Ich will es aber, weil du mir wichtig bist. Sogar Zoe hat dich auf deinem Foto erkannt. Sie kapiert nicht, was du da machst, aber sie singt neuerdings ein Kim-Lied im Kindergarten. Die Leiterin fragte mich, wer Kim sei, weil Zoe immer von dieser Kim redet und singt.«

»Ihr zwei seid wunderbar.«

Dann erfahre ich etwas, das mich umhauen würde, aber glücklicherweise liege ich.

Zeus erzählt mir, dass er – als er damals von Griechenland nach München kam – zehn Jahre in meiner Straße gewohnt hat. Genau über der abgeranzten Bar schräg gegenüber von meiner Wohnung. In dieser Bar habe ich damals meinen Mann das erste Mal geküsst, doch dieses Detail verschweige ich Zeus noch, denn das muss ich erst mal verdauen.

Ungläubig schaue ich ihn an und denke an die Worte meines Vaters kurz nach der Beerdigung: »Clemens wird dir einen Mann schicken, den er für dich ausgesucht hat, und du wirst das deutlich spüren.«

Gerade spüre ich es. Gänsehautmäßig deutlich.

8. Februar, am Pendeln

Hitkomponist Ralph Siegel sagt mir am Telefon: »Meine Frau Laura und ich denken so oft an dich und würden dir am liebsten jeden Tag unser Beileid ausdrücken.« Hilfe. Bitte bloß nicht.

Ich erspare ihm und mir einen Beileidsallergie-Monolog und bin nur überrascht, dass ich nicht in Tränen ausbreche.

Später erklärt mir ein Promifotograf, wie intensiv er gestern über meinen Mann nachgedacht hat, wie gern er ihn hatte und wie sehr er ihn vermisst.

Wieder breche ich nicht in Tränen aus. Ist es Routine oder Abhärtung?

Eher die Erkenntnis: Tot ist nur, wer vergessen wird. Mein Mann wird von niemandem vergessen. Im Gegenteil. Vor nicht allzu langer Zeit hoffte ich inständig, dass sie alle mit ihren Erinnerungsgeschichten aufhören. Weil die mich wie Nadelstiche (eher Fleischermesserstiche) verletzten. Heute weiß ich oder hoffe es zumindest, dass diese Menschen nicht dramasüchtig oder übergriffig sind, sondern irgendwie mitfühlen wollen.

Abends bin ich mit Michael, Sigi, Tristan, Zeki, Otto und Steffi bei Zeus. Alles superdupernett, bis irgendwann in Zeus' Playlist das Barry-White-Lied von der Beerdigung gespielt wird. »You're The First, The Last, My Everything.« Die anderen tanzen, ich auch, doch sofort fühle ich mich, als hätte ich in eine Tausend-Volt-Schmerz-Steckdose gelangt.

Seltsam, tagsüber war ich taff, jetzt schwach.

Moment, stopp, nein. Nicht vergessen: Schwäche ist die wahre Stärke. Vor allem Schwäche zuzulassen. Das muss ich mir immer wieder in Erinnerung rufen. Trotzdem ist es mir unangenehm, ich renne auf die Toilette, um dort kurz hemmungslos zu weinen (Notiz an mich: wasserfeste Wimperntusche kaufen!).

Als ich leicht verheult rausgehe, sieht mich Zeus und fragt: »Baby, was ist los?«

»Das Barry-White-Lied.«

»Oh, sorry, ich wollte es aus meiner Playlist löschen.«

»Nein, lösch es nicht. Es ist eh erstaunlich, dass du es auch so gern magst wie mein Mann. Nur manchmal, vor allem in einem heiteren Moment, sehe ich urplötzlich den Sarg vor mir und dann ...«

»Psssst«, sagt er nur, streichelt mein Gesicht und küsst mich.

Als ich zurück bei der Gang bin, sehe ich, dass auch Michael geweint hat. Er war von allen als Einziger bei der Beerdigung dabei. Er verbindet mit diesem Lied auch mehr als eben nur ein schönes Lied.

»Du bist die stärkste Frau, die ich kenne«, meint er und nimmt mich in den Arm.

Früher hätte ich gedacht: Starke Frauen weinen nicht.

Heute weiß ich: Stärkere Frauen weinen in Bars.

»Bitte, sag das nicht, Michael, nicht so liebe Sachen, dann muss ich gleich wieder weinen.«

»Mach doch. Mach ich ja auch. Das Lied hat mich gerade kalt erwischt.«

Früher habe ich so gut wie nie in der Öffentlichkeit geweint, jetzt gehört es zu meinem Alltag. Und alle reagieren so wunderbar. Ich glaube, ich darf nicht dagegen ankämpfen. Ich bin jetzt eben so. Habe Lebensgier und Superpower in mir, aber manchmal wird durch vermeintliche Kleinigkeiten wie ein Lied großer Schmerz freigelegt. Das zerreißt einen. Andere Menschen pendeln zwischen München und Augsburg, ich pendele zwischen Trauer und Power.

9. Februar, erster Liebesbrief

Als ich aufwache, sehe ich auf meinem Whiteboard im Homeoffice-Arbeitszimmer handschriftlich in Lila geschrieben: »Love you, Zeus!« Dazu ein Herz mit »Z+K« und einem Pfeil.

Bin ganz gerührt. Das Whiteboard habe ich mir von Sigi geliehen, ich schicke ihr ein Foto von der Liebesbotschaft, und sie antwortet: »Wie geil!!! Wenn Leere mit Liebe gefüllt wird.«

Ich würde Zeus, der noch schlafend und fußwackelnd (macht er immer, wenn er gut schläft) im Bett liegt, am liebsten abknutschen, aber ich lasse ihn pennen.

Er mag meine Nummer ohne meinen Namen in seinem Handy abgespeichert haben (»Dein Name ist in meinem Herzen, ich hab's nicht so mit Handys«), nie die Zahnpastatube schließen (voll das Klischee, aber macht er partout nicht, keinen Plan, warum), überall Kleingeld auf meinem Parkett verteilen (auch keinen Plan, wie er das schafft), seine Jeans neben meinen Jacken in der Garderobe aufhängen, überall Zigarettenfilter hinterlassen, ständig Schlüssel, Handy und Geldbeutel verlegen, so gut wie nie auf Nachrichten reagieren (okay, er bessert sich), viel zu schnell Auto fahren, mitunter wortlos aus meiner Wohnung rennen, es im Schlaf schaffen, die Bettdecke drei Mal um 360 Grad zu drehen (?), ungetoasteten Toast mit viel Ketchup als Nacht-Snack im Bett essen (weshalb das weiße Bettlaken danach nie mehr weiß ist), alle Menschen »Baby« nennen und im Schlaf ständig redend seinen Tag verarbeiten (»Servus, schön, dass ihr da seid, habt ihr reserviert?«) und so extravagant schnarchen, dass ich nur lachen kann. Er mag also crazy-chaotisch sein, aber er versteht es, mich glücklich zu machen. Auf seine sehr eigene Zeus-Weise.

Abends treffe ich mich mit Michael und Sigi im, äh: Sexshop am Viktualienmarkt. Ich habe eine Flasche Rosé-Cremant dabei, die Idee ist bei Zeus im Laden entstanden. Wir sprachen über Sex, Trauer, Witwen.

Nicht alle haben so ein Glück wie ich und einen oder mehrere tolle Männer, um – nennen wir es mal so – Cortisol abzubauen – was machen all die anderen trauernden Frauen, die sich vielleicht irgendwann mal nach einem Orgasmus sehnen? Einen Vibrator kaufen! Also wollen wir hier und jetzt mal Recherche betreiben.

»Womanizer« ist der Hit, meint die gepiercte Verkäuferin zu uns.

Aha. Ich habe echt null Ahnung von Vibratoren.

»Einen Witwenizer gibt es nicht?«, frage ich sie.

»Äh, was? Nein, tut mir leid.«

»Müssen wir erfinden«, sagt Sigi.

Wir trinken Rosé im Sexshop, und ich sage zu den beiden: »Vor ein paar Monaten hatte ich noch Angst, in einen Supermarkt zu gehen. Jetzt stehe ich mit euch im Sexshop. Wenn mich jetzt die Beileidsfraktion sehen könnte, sie würde es nicht glauben.«

Wir prosten uns zu und checken die Sextoy-Lage.

Michael meint: »Dein Mann würde dich so feiern. Ich bin mir sicher, er lässt dich ständig hochleben.«

»Auch wenn ich mit anderen Männern im Bett bin?«

»Dann besonders! Der hat dich sooo geliebt, der würde nicht wollen, dass du nur weinst und depri bist.«

325

Das stimmt. Einen Vibrator kaufe ich trotzdem nicht. Das schreibe ich auch Zeus, der sogar sofort antwortet: »Gut so, Baby. Du hast mich.«

Nach der Sexshop-Nummer fühle ich mich bereit. Ich sitze allein im Wohnzimmer und will mich abhärten.

Auf Repeat-Taste spiele ich laut das Barry-White-Lied, weil ich nicht jedes Mal in der Öffentlichkeit in Tränen ausbrechen möchte, wenn es läuft. Schnell merke ich: Einen emotionalen Schutzschild habe ich nicht. Ich habe es versucht, ehrlich. Aber ich kann das Lied nicht ohne Tränen hören. Es klappt null.

Vielleicht will ich gar nicht abgehärtet sein. Vielleicht will ich so bleiben: ein liebender und trauernder Mensch mit unkontrollierbaren Gefühlen. So bin ich. Darauf bin ich stolz. Ich habe es mir hart erarbeitet, alle Gefühle zuzulassen. Trotzdem ist mir gerade kotzübel, und ich will nur noch schlafen.

12. Februar, Reality Check

Habe mit dem ehemaligen Wiesnwirt Peter Pongratz telefoniert, der in Großhadern operiert wurde, ins Koma fiel und überlebt hat. Heute geht's ihm prima. Hab mich von Herzen für ihn gefreut und mich nicht (!!) gefragt, warum es meinem Mann nicht so ergangen ist wie ihm.

Diese Gedankenspiele bringen gar nix.

14. Februar, V-Tag

»Happy Valentine, Du Sexmonster«, schreibt mir Wolfi.

Haha. Gestern hat er hier übernachtet, ist wie immer weggeschnarcht und um sechs Uhr morgens entschwunden, aber er hat noch eine Nachricht auf dem Whiteboard unter Zeus' Liebesbotschaft hinterlassen: »Griech' isch 'n rein?!« Dazu Noten und Herzchen. Für seinen Gutes-von-gestern-Humor liebe ich ihn sehr.

Zeus kann sich heut nicht valentinsmäßig um mich kümmern, wie er meint, weil Zoe Fieber hat und er mich nicht anstecken will. Deshalb ist er auch nicht im Laden, sondern mit der kleinen Patientin bei sich daheim in der pinken Wohnung.

»Baby, geh in meinen Laden, da stehen dir alle Getränke zur Verfügung. Mein Mitarbeiter weiß Bescheid. Lad die anderen Boys ein, amüsiert euch!« Very sweet.

Ich höre abends auf Miley Cyrus und kaufe mir selbst Blumen – Magnolienzweige und eine lila Calla, die Freude bringen soll. Et voilà. Nach 20 Uhr klingelt es. Ich öffne die Tür und sehe rosa Rosen. Dahinter ein lächelndes Gesicht. Mr. Green!

»Alles Gute zum Valentinstag«, meint er mit Kippe im Mund.

Damit hab ich nicht gerechnet. Wir haben gefühlt ewig nichts voneinander gehört.

»Darf ich reinkommen?«

»Was für eine, ähm, Überraschung. Aber bitte ohne Bett-Action«, sage ich und bin selbst erstaunt über meine Worte.

Nun ja. Um halb sechs Uhr morgens ist er gegangen. Nachdem wir doch eher Kuscheln+ praktiziert haben.

Er hat gekifft, »Pornogras«, wie er meinte. Ich nicht.

»Zieh doch mal!«, ermunterte er mich.

»Nee, danke. Ich bin meine eigene Droge. Von meinem neuen Leben berauscht.«

»Wie beneidenswert!«

»Ich glaube, wir sollten das nicht mehr tun.«

»Kiffen?«

»Kuscheln!«

»Wegen deinem Mann?«

»Wegen meinem neuen Mann.«

327

»Bin ich nicht dein neuer Mann?«

»Doch, schon. Aber nicht so. Tut mir wirklich leid, aber der andere neue Mann ist mir wichtiger ...«

»... als ich?«

»Als gedacht. Merke ich gerade sehr.«

»Willst du nicht polyamourös werden?«

»Poly-häh? Nein. Was heißt das überhaupt genau?«

»Dass du mehrere Menschen gleichzeitig liebst.«

»Ich liebe gerade viele Menschen, auch Männer. Aber ich will nur mit einem im Bett liegen. Sorry. Außerdem ist er stolzer Grieche.«

»Er würde mich also umbringen, wenn er von mir wüsste?«

»Vermutlich.«

»Oh. Okay. Soll ich die Frage aller Fragen stellen?«

»Wie es mir inzwischen geht?«

»Was hat er, was ich nicht habe? Ist es das Griechen-Ding?«

»Du bist anders toll. Es liegt an mir: Ich kann nicht mit mehreren Männern gleichzeitig Sex haben. Ich bin spießig, konservativ und oldschool.«

»Aber auf sehr verrückte Weise. Das macht dich so interessant.«

Ich merke es deutlich: Mein Herz hat eine Entscheidung getroffen. Wahrscheinlich hat Mr. Green, der mich schon so großartig beim Grab unterstützt hat, mir auch hierbei geholfen.

Er ist mein kiffender Liebeskompass.

17. Februar, one more Drink, she said

Um 19 Uhr bei Zeus. Der Klassiker. Er meinte, heute feiern Dreißigjährige bei ihm einen Geburtstag, wir sollen vorbeikommen.

»Aber es ist doch eine geschlossene Gesellschaft?«

»Baby, du bist meine Freundin, das ist mein Laden, ich kann bestimmen. Bitte, komm. Wenn du da bist, geht's mir besser.« Michael, Tristan und ich sind also um 19 Uhr da.

»Horror«, meint Tristan, als wir in der Bar eintrudeln (ich hab wie immer Pombären, Nüsse und Oliven dabei). »Hier sind ja nur BWL-Studenten.« Er ist eh nicht gut drauf, weil Zeki ihn ghostet und er seit Wochen – für seine Verhältnisse so lange wie nie – zölibatär lebt.

Zeus stellt mich dem angetrunkenen blonden Geburtstags-Girl vor: »Das sind meine Frau und ihre zwei besten Freunde.« Sie fällt uns um den Hals, und ich denke: Gerade war ich noch die ungeoutete Vielleicht-Freundin, die die Beziehung erst mal nicht öffentlich machen will, jetzt bin ich schon die Frau.

Um 24 Uhr verabschieden sich Michael und Tristan nach sehr lustigen Stunden.

Kaum sitze ich allein am Tresen – Zeus hat mir noch einen Gin Tonic hingestellt (»Bitte geh nicht, in einer Stunde schmeiß ich alle raus«) –, kommt eine fröhliche Frau, wahrscheinlich auch um die dreißig, zu mir und sagt: »Hi, ich bin Franzi.« Und zu Zeus: »Kannst du mir einen Drink machen, der mich völlig wegbeamt?«

»Oha. Natürlich!«

Zeus mixt ihr irgendwas, was ihr schmeckt.

Wir reden, lachen, tanzen zu Backstreet Boys und Sugababes. Ich erfahre, dass sie einen Freund in Rosenheim hat und fürs Umweltministerium arbeitet.

Als Zeus die Musik abdreht und das Licht anmacht, fragt Franzi mich vor seinem Laden, ob ich noch mit ihr weiterziehen möchte.

»Puh, nee, sei mir nicht böse. Ich glaub, ich muss ins Bett.«

»Dann wann anders. Und eins noch, Kimberly.«

»Jaa?«

»Ich bin nicht lesbisch, war ich nie. Aber ich habe mich in dich verliebt.«

Sie küsst mich auf den Mund und verschwindet strahlend in die Nacht.

Was hat Zeus ihr nur für einen Drink gemixt? Ich muss grinsen, hake es als Bsuffi-Aktion ab.

18. Februar, bisserl bi schadet nie, oder doch?

»Werd doch lesbisch«, meint Otto beim Talk in Michaels Küche. »Äh, nein.«

»Wie schaut Franzi aus?«, will Tristan wissen.

»Superhübsch.«

»Na dann.«

»Ich bin nicht lesbisch, egal, wie hübsch sie ist.« »Vielleicht dein neues Ich? Hat sie dir geschrieben?«

»Ja.«

»Was?«

»Dass sie hofft, dass wir uns bald wiedersehen, und sie mir einen schönen Tag wünscht.«

»Hast du ihr geantwortet?«

»Noch nicht.«

»Ghoste sie nicht. Das ist echt hart«, weiß Tristan aus eigener Zeki-Erfahrung. »Hattest du mal was mit einer Frau?«

»Mit sechzehn. Rumgeknutscht mit einer Freundin, weil sie ein Zungenpiercing hatte und wissen wollte, wie es sich beim Küssen anfühlt.«

»Und wie fühlt es sich an?«

»Da kann ich auch an einer Coladose rumlecken.«

Die Männer lachen, wollen nun wissen, was aus dem 27-Jährigen geworden ist.

»Schickt mir oft Herzen auf Instagram.«

»Und?«

Hier lacht die Lebensfreude: Tiffy, Kris und Daphny (v. l.) sind die Drag-queens, die den Bingo-Abend rocken.

»Meine letzten Monate bestanden nur aus Pflasterherz-Emojis. Wenigstens ist das verdammte Pflaster weg.«

21. Februar, Tristans Geburtstag

Bin der totale Faschingsmuffel. Gewesen.

Jetzt stehe ich als pinke Polizistin verkleidet (mit pinker Perücke und pinker Strumpfhose, dazu ein pseudosexy Polizistinnenkleid, das ich bei Müller entdeckt habe) in der Schwulenbar Ochsengarten, und Tristan lässt sich gerade von Zeki (wieder nicht-ghosty und aufgetaucht) auspeitschen.

Tristan hat heute Geburtstag, lud uns mittags zu sich zum Weißwurst-Brunch ein, seitdem sind wir auf Faschingstour bei bestem Wetter durch die Innenstadt. Michael als Doc verkleidet (Bester Spruch des Tages: »Lassen

Sie mich, Arzt, ich bin durch« – haha), Sigi, Otto, Steffi, meine Segelfreunde, alle verkleidet dabei.

Ich sollte immer mit pinker Perücke herumlaufen, wie befreiend diese Verkleidung ist – fabelhaft.

Zum Finale gibt's bei Zeus noch eine Flasche Prosecco fürs Geburtstagskind, das sexy mit Zeki tanzt.

Nach siebzehn Stunden Party (ab morgen Rehab!) liege ich mit Zeus bei mir im Bett, habe noch immer die pinke Perücke auf, und er sagt: »Du schaust aus wie ein Stern.«

Davor hab ich 48 Stunden keine Nachricht von ihm bekommen, nix gehört. Ich sage ihm, dass ich das nicht kenne und komisch finde, wo er doch angeblich so verrückt nach mir ist.

»Ich musste Fleisch schneiden für die Faschingsparty im Laden.«

»Ja, aber auch sonst stehst du einfach vor meiner Tür oder tauchst spätnachts auf. Dazwischen erfahre ich nichts von deinem Tag. Wenn wir eine Beziehung haben, will ich nicht nur eine Nachtbeziehung führen.«

»Lieber eine Nacktbeziehung«, meint er lächelnd und taucht unter die Decke, während er noch ergänzt: »Ich wusste gar nicht, dass du so empfindlich bist.«

Wusste ich auch nicht. Oder stört es nur mein Ego, wenn es 48 Stunden lang mal keine Bestätigung kriegt und keine Begierde spürt?

»Deshalb reden wir ja, damit wir dazulernen«, meint er und streckt noch mal seinen Kopf unter der Decke hervor. »Weißt du, wir haben immer die Wahl zwischen Heaven und Hell. Ich habe mich für Hell entschieden.«

»Na, vielen Dank.«

»Ich könnte jetzt auch in meiner Wohnung sein, allein, die Ruhe genießen. Das wäre erholsam, aber langweilig. Ohne dich ist es nur noch langweilig. Dein Feuer würde mir fehlen.«

»Du kannst ja morgen bei dir schlafen und endlich mal zur Ruhe kommen«, provoziere ich ihn augenzwinkernd. Das mit dem Feuer und der Anti-Langeweile gefällt mir natürlich sehr.

»Auf gar keinen Fall. Ich will nicht ohne dich sein.«

23. Februar, Eskalation

Ungefähr jede Viertelstunde bekomme ich heute eine Nachricht von Zeus, was mich gleichermaßen freut und amüsiert. Halleluja, Breaking News: Männer können also doch ganz wunderbar zuhören.

Nach sehr wenigen Stunden Schlaf arbeite ich heute völlig unverkatert (mir selbst rätselhaft), schreibe meine LEUTE-Seite voll, bereite eine große Geschichte für übermorgen vor, mache nebenbei die Wäsche, putze, telefoniere mit der Lebensgefährtin vom Schwabinger Elvis, der gestorben ist, gebe ihr eine Stunde lang Tipps, wie sie aus ihrer Schockstarre und dem Trauerloch (»Mein Leben ist vorbei, ich ertrage nicht mal mehr die Sonne«) herauskommen könnte, beruhige einen Leser, dem zu viel Ralph Siegel in der Zeitung war, tanze kurz zu Depeche Mode und »Enjoy The Silence«, spreche abends lange mit meinem Unterwelt-Informanten und meiner Mami, wechsle die Bettwäsche, koche Pasta mit Tomaten (für mich), Pasta ohne Tomaten (für Zeus später, er mag Tomaten nicht) und bin irgendwann selbst verwundert, woher ich diese Energie habe.

Früher wäre ich am Tag nach einer Siebzehn-Stunden-Party nur fertig und antriebslos gewesen, jetzt das. Fast schon beängstigend. Was würde erst passieren, wenn ich wieder Kaffee trinken würde?

Als ich darüber nachdenke, ruft Zeus aus seinem Laden an: »Baby, du glaubst nicht, was passiert ist.«

»Oh, was?«

»Totale Eskalation!«

»Im guten Sinne?«

»Kommt drauf an, wen du fragst. Deine lesbische Verehrerin war gerade hier und hat nach dir gefragt.«

»Franzi? Sie ist nicht lesbisch. Was hat sie gesagt?«

»Dass sie gehofft hat, dich hier anzutreffen. Dass sie dir geschrieben hat, aber du noch nicht geantwortet hast. Und ganz liebe Grüße an dich.«

»Was hast du ihr gesagt?«

»Dass wir verheiratet sind und zusammenwohnen.«

»Echt jetzt?«

»Ja, klar.«

»Und dann?«

»Sie ist richtig erschrocken, war total traurig und hat sich entschuldigt. Das habe sie nicht gewusst.«

»Es stimmt ja auch nicht.«

»Baby, du kennst mich. Ich beschütze dich. Sie ist dann mit Tränen in den Augen weggerannt.«

»Oh nein.«

»Man muss die Wahrheit sagen.«

»Aber es ist nicht so ganz die Wahrheit.«

»Es ist die Wahrheit der Zukunft.«

Ich muss grinsen. Gleichzeitig ist das passiert, was wirklich nie passieren sollte. Niemals in meinem Leben wollte ich ein Frauenherz brechen.

Warum verliebt sich überhaupt eine nichtlesbische Frau in mich?

Ich muss an die vielen Libellen denken, die mir auf verschiedene Arten Liebe bringen wollten. Auweia, ich hab echt viele Libellen im letzten Sommer getroffen. Was da noch alles kommen mag?

Wolfi kommentiert die Zeus-Aktion später so: »Bravo! Wirklich bravo! Beste Reaktion! Kein deutscher Mann hätte sich so etwas getraut. Er ist dein Bodyguard. Und du wolltest mit ihr ja eh nix anfangen. Dein Grieche wächst mir immer mehr ans Herz. Bist du jetzt richtig mit ihm zusammen?«

»Kann man auch falsch mit jemandem zusammen sein?«

»Oh ja.«

»Hmm. Also die griechische Welt in München weiß es, eine halblesbische Frau und meine Gang wissen es auch. Aber sonst noch niemand.«

»Deine Schwester? Deine Eltern?«

»Nee, hab mich noch nicht getraut, das zu erzählen. Ich befürchte, alle fänden es zu früh.«

»Ich würde es ihnen auch erst sagen, wenn du dir hundert Prozent sicher bist.«

»Ich bin mir mit ihm hundert Prozent sicher. Aber in meiner Situation ist alles irgendwie anders.«

»Wie denn?«

»Komplizierter. Das Trauerjahr ist noch nicht mal rum.«

»Wen juckt das Trauerjahr? Dein Mann wäre stolz auf dich.«

Dieser letzte Satz zieht mir die Schuhe aus.

28. Februar,
Mädelsabend mit Verlängerung

Melli, Linda, Nena und ich sitzen in der Weinbar, lachen uns bei Bier (ich) und Vino (der Rest) schief über die Grabshopping-Geschichte mit den toxischen Erdbeeren und die millionenschwere Society-Lady, die mir kurz nach Clemens' Tod erzählte, dass ihr auch was total Schlimmes passiert sei, weil sie fünf Kilo zugenommen habe.

Ich fühle mich bereit, mit der Wahrheit (mehr oder weniger) herauszurücken, um mal ein Gefühl dafür zu bekommen, wie Frauen über mein neues Liebesleben denken.

Also erzähle ich ihnen von Zeus, Mr. Green, dem 27-Jährigen und auch Otto, zeige ihnen Fotos der so unterschiedlichen Männer. Melli sagt: »Und damit rückst du erst jetzt raus! Oh mein Gott, ich feiere dich total!«

Auch die beiden anderen bestärken mich.

»Wer ist dein Favorit?«, fragt Linda.

»Zeus.«

In dem Moment schreibt er mir: »Wie ist es mit der Mädels-Gang, Baby? I love you wirklich. Sehen wir uns danach?«

In der Dunkelheit laufe ich später beschwingt in meine Hood über den leeren Marienplatz und telefoniere mit Zeus. Er überredet mich, in die Bar zu gehen, über der er früher gewohnt hat und in der ich das erste Mal meinen Mann geküsst habe (was Zeus noch nicht weiß). Seit diesem ersten Kuss damals war ich nicht mehr dort.

Jetzt also eine Challenge der besonders harten, weil gefühligen Art. Aber wer Supermarkt kann, schafft auch das, denke ich.

Fünfzehn Fußminuten später bin ich da, Zeus empfängt mich mit einem langen Kuss. »Supergeil schaust du aus.«

»Du auch, Hottie!«

Wir gehen in die kleine, unfeine, aber daher so gemütliche Bar. Als ich am Tresen stehe, Zeus seinen Arm um meine Hüften legt, starre ich auf den Platz, wo ich damals mit Clemens saß.

Deutlich spüre ich: Hier hat sich seitdem nichts verändert.

Und für mich:

alles.

Erstaunlicherweise weine ich nicht, nicht mal ein steigender Puls. Zeus sagt: »Yamas, mein Engel, meine Sonne, meine Rettung. Darf ich dir was sagen?«

»Alles, Baby!«

»Ich fand dich von unserem ersten Treffen an super-interessant. Aber damals warst du noch sehr traurig, und ich wusste nicht, was ich tun sollte.«

»Du hast alles genau richtig gemacht.«

Ich proste ihm fröhlich zu, Zeus strahlt und küsst mich, was sich an diesem Ort nicht strange, sondern sehr gut anfühlt.

Vielleicht sollte sich das alles so fügen, denke ich. Jetzt gibt es einen Menschen, der mich zusätzlich äußerst engagiert beschützt. Mein Mann schickt mir einfach für jede Lebenssituation den richtigen Typen. Nach dem Motto: Einer allein kommt eh nicht an mich ran, dann schick ich Kimberly eben eine ganze Armada an geilen, tollen und großartigen Männern, die auf sie aufpassen. Den Rettungssanitäter-Weihnachtsmann nach meiner Trauerattacke auf dem Autobahnrastplatz, den Zwei-Meter-Typen im Supermarkt kurz vorm Kollaps, die Pink Angels, den Barfuß-Mann in meiner Gefühls-Rehab und die Herzensgang auf dem Weg ins neue Leben.

Ich spüre: Mein Mann möchte, dass ich heute genau hier bin, mich an unserem Ort mit diesem neuen Mann amüsiere und mich küssen lasse.

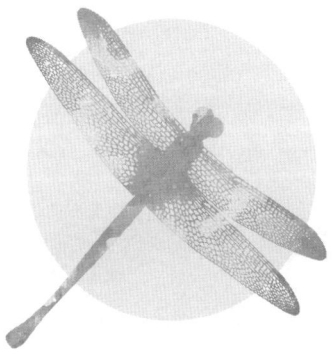

»Trauerst du etwa
immer noch?«

Ein ahnungsloser Depp

März

2. März,
das Ouzo-Wunder

Alle waren gestern schlecht drauf, nur ich nicht. Dass ich so etwas mal schreiben würde, hätte ich vor paar Monaten auch nicht zu träumen gewagt.

Tristan wird wieder von Zeki wegen dessen Angst vor Nähe geghostet, außerdem war er gestern auf der Beerdigung von einem guten Freund, der an Leukämie gestorben ist.

Michael hat viel Arbeit in der Arbeit, Otto ist krank. Zeus sagte mal, dass Ouzo positive Energie schenkt, also schlug ich ein Ouzo-Date mit allen bei Zeus vor. Einhellige Begeisterung.

Als wir ankamen, saß ein weinender Grieche bei Zeus. Paros ist ein enger Freund von ihm und hat bei dem schrecklichen Zugunglück in Griechenland seinen besten Freund verloren.

»Sorry, dass ihr mich weinend kennenlernt. Aber ich kann gerade nicht anders«, schniefte er.

»Hey, Paros, wir haben alle unseren Schmerz. Wir weinen mit dir.«

»Ja, bitte! Und trinkt mit!«

Das ließ sich niemand zweimal sagen.

Wir tranken Ouzo, hörten herzzerreißend traurige Rembetiko-Musik, weil Paros sich das wünschte. Irgendwann ging Paros in die Küche, holte Teller und schmetterte sie mit voller Wucht auf den Boden vor dem Tresen.

Tristan erschrak fürchterlich, Zeus reagierte empathisch, machte mit und zerdepperte seine eigenen Teller. Er hat wirklich viele Teller (gehabt), merkte ich.

Aber die Wut musste raus.

Als der Boden voller Scherben war, tauschten Paros und Zeus ihre Shirts miteinander. Wie nach einem Fußballspiel.

»Das machen wir so in Ausnahmesituationen«, erklärte mir Zeus später beim Aufräumen, als alle weg waren. »Heut trinke ich sogar Ouzo mit, habe ich seit fünf Jahren nicht getrunken.«

»Wirklich? Warum?«, fragte ich.

»Weil ich beim letzten Mal 45 Gläser getrunken habe. Bei Ouzo kann ich nicht aufhören.«

Stunden später, also heute, schaut bei manchen die Welt schon deutlich besser aus.

Tristan hat sich bei Zeki – auf unsere Empfehlung hin – mit folgenden Worten gemeldet: »Ich will gar nicht auf dein Ghosting eingehen und reden, ich will nur bumsen. Wenn du also Sex mit mir haben willst, komm her.«

Und ja: Er kam, um zu kommen.

Erstmals hatten die beiden also Sex. Ouzo-Karma.

Zeus meint: »Baby, nach dem Ouzo kann ich mich heut nicht mehr bewegen, aber sonst ist alles super.«

Ich fühle mich dafür großartig und sehr beweglich. Weil ich nicht mehr ausschließlich aus Schmerz bestehe. Sondern aus Liebe, Zuneigung, Glücksgefühlen. Das beflügelt extrem.

Ich fühle mich wie ein Schmetterling, der seinen schweren Kokon endlich abgelegt hat.

3. März, Bitch-Time aka totale Eskalation

»Baby!!! Bitte komm zu mir!« Um Mitternacht schreibt mir Zeus, dass ich ihn in seinem Laden besuchen möge.

Er schaute gestern noch mir zuliebe beim zweiten Drag-queen-Bingo (wieder der Oberknaller!) vorbei, war bezaubernd, obwohl müde und fertig. Zwei schwule Freunde verliebten sich prompt in ihn, weil er so zauberhaft war und ist, und na ja, deshalb gehe ich jetzt noch zu ihm. Ich bin gern in seiner Nähe, möchte auch für ihn da sein, bin eh selten müde, also passt das.

Als ich bei ihm bin, beschenkt er mich mit griechischem Bio-Bergtee, griechischer Marmelade, griechischem Olivenöl. Ich freue mich ehrlich.

Ein griechisches Ehepaar ist noch da, natürlich auch Freunde von ihm (ich glaube, alle Griechen in München sind miteinander befreundet), sehr nett, wir unterhalten uns gleich fröhlich, während Zeus die leeren Gläser abräumt und abspült.

Gerade als das Ehepaar gehen will und sich von mir verabschiedet, stürmt die Ex-Freundin von Zeus in den Laden. Sie hat eine Freundin dabei, beide würdigen mich keines Blickes, setzen sich an einen der hinteren Tische, rufen »Gin Tonic« (ohne bitte) und schreien griechisches Zeug, das ich nicht verstehe.

Nur so viel: Es kann nichts Freundliches sein.

Ich überlege kurz, ob ich zu den Frauen gehe, was Diplomatisches sage, doch die Freundin der Ex-Freundin schaut mich so böse an, dass ich fürchte, sie geht gleich mit einem Messer auf mich los. Ich ziehe meine Jacke an, hänge mir meine Handtasche um.

Zeus sieht das und meint: »Baby, du gehst jetzt auf gar keinen Fall!«

»Ich brauch kurz frische Luft.«

Ich setze mich auf den Hocker vorm Lokal, schreibe zur Ablenkung meiner Schwester eine WhatsApp. Die Freundin der Ex-Freundin kommt raus, stellt sich vor mich und starrt mich finster und total zugedröhnt an.

Ich lächle sie an und sage: »Hi.«

Keine Antwort, nur ein noch böserer Blick. Sie raucht irre schnell, geht wieder rein, und ich höre laute Stimmen. Kurz darauf laufen die beiden Frauen hysterisch redend aus dem Laden. Was ist passiert?

Zeus klärt mich auf: »Ich hab die zwei rausgeworfen. Als sie anfingen, schlecht über dich zu reden, sagte ich ihnen, in meinem Laden redet niemand schlecht über meine Kimberly. Ich nahm ihre frisch gemixten Gin Tonics, hab sie weggeschüttet und sie aufgefordert, sofort zu gehen.«

»Was haben sie über mich gesagt?«

»Dass du eine blonde Bitch bist, eine blonde Hexe, die jetzt meine Tochter anfasst. Irgendwas mit schwarzer Magie. So Zeug. Einfach nur kranker Schwachsinn.« Zeus nimmt mich in den Arm.

In der Sekunde fahren die beiden im Auto an uns vorbei, schreien aus dem offenen Fenster: »Du blonde Scheiß-Bitch!«

Sie fuchteln herum und zeigen mir den Stinkefinger.

»Oh Mann«, sage ich nur und muss kurz schlucken. Ich hab ihnen nichts getan, keiner den Mann weggenommen, ich habe diese extreme Unfreundlichkeit und Feindseligkeit nicht verdient.

Plötzlich überkommt mich ein neues, erstaunlich wärmendes Gefühl: Stolz. Ich habe kein Herzrasen, mir wird nicht schwarz vor Augen, nicht mal übel. Zeus hat grandios reagiert, mich fantastisch beschützt und verteidigt.

Klar bin ich in einer Extremsituation gelandet. Obwohl ich nach wie vor Stress vermeiden soll. Aber ich habe kein diffus-ängstliches Gefühl in mir, null, im Gegenteil – ich bleibe cool, stark, entspannt. Ich fühle mich fast schon entertained.

Wieder muss ich an Michaels Worte denken: »Kündige Netflix. Dein Leben ist spannender.«

4. März,
Altötting calling

Die Kellnerin serviert Sigi und mir Austern und Michael und Tristan Rindertartar, dazu Rote-Bete-Macarons. Dolce-Vita-Lunch beim Hubertwirt in Pleiskirchen bei Altötting, wo Tristan herkommt und Sigi heute Abend eine Lesung hat. In ihrer Vor-Coach-Zeit hat sie sehr amüsante Krimis geschrieben, die auf der Fraueninsel spielen. Marisa Burger von den »Rosenheim-Cops« wird mit ihr zusammen aus zwei Büchern lesen. Aber jetzt stärken wir uns erst mal eiweißreich, denn Tristan will uns auch noch seinen Eltern vorstellen und eine Stadtführung durch das glaubensmagische Altötting geben.

Für mich ist dieser gemeinsame Tagesausflug wie eine Weltreise. Seit ich zurück in München bin, bewege ich mich eigentlich nur im Bermudadreieck zwischen meiner Wohnung (Homeoffice und Aperitivo-Treffpunkt), dem Supermarkt, Zeus' Laden und den Wohnungen der Herzensgang. Lokale mit Promifaktor meide ich noch, ich habe keine Lust auf Zufallsbegegnungen und Zufallsfragen.

Beim Schlürfen der formidablen Austern erzähle ich den dreien vom gestrigen Abend bei Zeus zwischen Bitch und Rauswurf.

Tristan jubelt: »Die allerbeste Reaktion von Zeus! Chapeau!« Sigi meint: »Schau, Kimberly, Zeus' Ex ist dein Stressbarometer. Durch sie weißt du, wie viel Stress du schon wieder verträgst. Das ist doch toll. Sieh es als Geschenk. So etwas wie gestern wird hin und wieder passieren – die Zeus-Ex ist dein Stesslevel-Spiegel.«

Sigi hat recht. Nie hätte ich mir erträumt, eine durchdrehende und eifersüchtige Frau in meinem Leben zu haben. Schon gar nicht als W-Frau. Vielleicht tut es meiner mentalen Gesundheit sogar gut, nicht nur Menschen um mich zu haben, die mich lieben und bedingungslos für mich da sind.

Eine Person, die mich ab und zu grundlos und auf übelste Weise beschimpft, erdet mich.

Nach der Vorspeise wollen die Männer draußen eine Zigarette rauchen, die Sonne scheint, es ist wunderbar idyllisch. Ich blinzele in die Sonne, als eine Libelle auf mich zugeflogen kommt. Sie ist gelblich, ihre Flügel glitzern im Sonnenschein. Sie landet auf meinem Kopf. Crazy.

»Du und die Libellen!«, ruft Michael, der mich einst in die Krafttier-Welt eingeführt hat.

»Die erste Libelle des Jahres«, sage ich und bin tief erfreut. Ich glaube, es könnten noch Hunderte Libellen auf meinem Kopf landen. Kaltlassen wird mich keine einzige von ihnen.

5. März,
war alles nur ein großer Fehler?

Jetzt ist es passiert: der erste Streit zwischen Zeus und mir. Wobei das noch untertrieben ist.

Ich sitze nachts im Bett und weine erstmals um einen anderen Mann. Ich will nicht schon wieder verletzt werden. Dass plötzlich jemand weg ist, auf den man sich verlassen und den man sehr geliebt hat, das verkrafte ich nicht – auch nicht in der soften Alive-Version.

Als mich Zeus mal fragte, was mir in einer Beziehung wichtig sei, antwortete ich: »Versprich mir, dass du nicht plötzlich einfach weg bist.«

»Natürlich, Baby. Niemals bin ich plötzlich einfach weg.«

Jetzt ist er plötzlich einfach weg. Ist nach einem dämlichen Streit um nichts aus meiner Wohnung gerannt. Erst dachte ich, vielleicht geht er zur Beruhigung einmal um den Block. Nach einer halben Stunde war ich auch noch so deppert, ihm zu schreiben: »Komm zurück, bitte, und lass uns reden.«

Keine Reaktion.

Vorgestern hatte ich ihm sogar noch einen Zweitschlüssel für meine Wohnung gegeben, so weit war mein Herz geöffnet. Wie bescheuert von mir.

Vielleicht war ich deshalb auch so zögerlich, mich gefühlsmäßig auf ihn einzulassen. Weil ich insgeheim geahnt habe, dass ich noch zu sensibel bin für Herzschmerz. Immer noch baue ich mühsam Schmerz ab, da wirft mich neuer Herzschmerz nur zurück. Aber ich will nach vorn.

Das Wegrennen von Zeus macht nichts Gutes mit mir. Es weckt schlimmste Gefühle. Ich brauche Sicherheit, Verlass, Vertrauen – kein Wegrennen.

Da bin ich raus, damit kann ich überhaupt nicht umgehen (vor Clemens wurde ich noch nie verlassen, vielleicht bin ich deshalb auch extrem ungeübt, was das betrifft).

Lieber bleibe ich W-Frau-Single, gerne auch für immer. Ich will stark sein, mich leicht und gut fühlen, nicht abhängig, leidend und schlecht. Wenn der Mann, der dauernd eine gemeinsame Zukunft mit mir plant und auf den ich mich eingelassen habe, von einer Sekunde auf die andere weg ist, kommen in mir alle Ängste wieder hoch. Ich kann und will das nicht noch mal durchleiden, auch wenn Zeus nicht gestorben ist (hoffe ich zumindest, ich hör ja nichts von ihm).

Mein Plan steht: Ich werde unsere Beziehung, falls es sie überhaupt je wirklich gab, beenden. Die junge Pflanze aus der Erde reißen. Ich will keinen Mann, der plötzlich einfach weg ist. Auch wenn es mir für Zoe unendlich leidtut. Sie zu verletzen, stimmt mich zusätzlich traurig.

Verdammt. Zeus wusste das. Er hat es mir trotzdem angetan. Das für mich Schlimmste – mich mit allen verarbeitet geglaubten Dämonen allein zurückgelassen.

Vielleicht hatte die ganze Welt doch recht – dieses Trauerjahr muss sein. Davor ist es zu früh, Liebesgefühle oder gar eine neue Beziehung zuzulassen. Es war mein Fehler. Ich bin noch nicht stark genug, um verlassen zu werden.

6. März, Therapiestunde mit Rainer Maria Schießler

Kein Lebenszeichen von Zeus (ich muss ihn abhaken; nur nicht so leicht, merke ich). Dafür telefoniere ich eine Stunde mit meinem Lieblingspfarrer Rainer Maria Schießler.

Therapie der etwas anderen Art. Ich habe ein paar Fragen an ihn, was er als moderner katholischer Pfarrer zum Thema Trauerjahr sagt. Was ich als Witwe offiziell darf und was nicht. Außerdem ist es Balsam für meine erneut verlassene Seele, mit ihm zu sprechen.

Schießler sagt: »Kimberly, du darfst nicht glauben, dass dich der liebe Gott nicht mag oder böse auf dich ist, weil er dir das mit deinem Mann zugemutet hat. In dem Wort ›zumuten‹ steckt auch das Wort ›Mut‹. Der liebe Gott hat es dir zugemutet, weil er wusste, dass du den Mut haben wirst und die Kraft, das zu bestehen.«

»Was hältst du von dem Trauerjahr, Rainer Maria?«

»Früher haben Witwen für ein Jahr Schwarz getragen und haben sich zurückgezogen, nicht, weil sie in Ruhe gelassen werden wollten, sondern um zu zeigen, ich brauche diese Zeit. Um zu sagen: Lasst mich lernen, den Schmerz anzunehmen, lernen, mit ihm umzugehen. Bei dir hat es kein Jahr gedauert, weil du so eine Powerfrau bist.«

»Ich habe nie Schwarz getragen.«

»Aber du hast dich zurückgezogen, warst lange bei deiner Familie, bist in der Natur abgetaucht. Das war dein schwarzer Habitus. Und jetzt spüre ich, spürst du, spüren wir alle: Du hast deine Auferstehung. Wie Jesus.«

»Ja, ich habe eine neue Superpower in mir.«

»Die spüre ich auch. Die habe ich schon an deinem Geburtstag gespürt. Ich kenne keine Frau, die stärker ist als du.«

»Darf ich wieder lachen, das Leben genießen, Männer kennenlernen, tanzen, flirten, Spaß und Sex haben, zum Dragqueen-Bingo gehen, bevor das offizielle Trauerjahr um ist? Was meinst du?«

»Du darfst nicht. Du musst! Du musst noch viel mehr feiern, noch viel mehr das Leben genießen. Du bist am Leben, der liebe Gott will, dass du die Schöpfung feierst. Und sei es beim Dragqueen-Bingo. Das klingt eh spannend, ich glaub, da muss ich mal mit.«

»Unbedingt. Du wirst es lieben!«

»Feiere dich und das Leben. Genau das will Gott. Es gibt keine Alternative zur Hoffnung.«

»Wie ist es mit neuen Männern?«

»Du gehst ja nicht auf einen Wochenmarkt, um die Liebe zu finden. Die Liebe findet dich.«

Aber rennt die Liebe weg?

8. März, plötzlich einfach wieder da

»Sei kein Teenie-Girl, schreib Zeus endlich«, meinte Michael gestern zu mir. Wir trafen uns abends auf ein Bier bei Tristan.

Doch er sagte auch: »Ich verstehe, Kimberly, Wegrennen ist das Schlimmste. Horror!«

»Dann noch geghostet werden. Demütigender geht's echt nicht. Wer bin ich denn? Eine Frau mit Würde.«

»Eine Frau, die verliebt ist. Und deshalb so anti drauf ist«, sagte Michael ganz klug. »Zeus liebt dich. Ist stolz auf dich. Dadurch ist er auch sehr leicht verletzbar.«

»Was soll ich da sagen? Ich bin supermegaheftigst verletzbar«, antwortete ich. »Er ist stolzer Grieche? Bitte

Sag es durch die Blume: Liebe.

schön. Ich bin stolze Nicht-Griechin. Ich renn auf keinen Fall einem Mann hinterher, der vor mir wegrennt. Ich will keinen Roadrunner als Mann.«

»Doch, du willst ihn. Viel mehr, als du zugibst, sonst wärst du nicht so drauf«, so Michael. »Gib mir dein Handy, ich schreib ihm einen Text.«

»Wer nicht will, der hat schon. Er kann mir gestohlen bleiben.«

»So kenn ich dich gar nicht, du bist wieder fünfzehn, nur schlimmer. Irre. Zeus und du – ihr seid so besonders und wunderbar zusammen. Mach das nicht kaputt!«

»Ich? Ich mach gar nichts kaputt.«

»Was hast du ihm gesagt, bevor er weggerannt ist?«

»Dass mich die Geschichte mit seiner Ex nervt, die Bitch-Beschimpfungen. Ich bin keine Bitch. Ich verstehe aber, dass sie verletzt ist und um ihn kämpft. Wenn er also wieder mit ihr zusammenkommen will, dann von mir aus gerne. Meinen Segen hat er.«

»Uii, das ist schon sehr hart.«

»Das ist total nett und verständnisvoll.«

»Nein. Überhaupt nicht. In seinen Augen sagst du ihm, einem stolzen Griechen, der dich über alles liebt, dass er dich gerne betrügen oder verlassen darf, weil es dir nichts ausmachen würde. Heißt für ihn: Er ist dir scheißegal.«

Hmm. So hab ich das noch nicht gesehen.

Tristan unterstützte mich: »Kimberlys Nerven müssen geschont werden, er überstrapaziert sie. Dazu noch diese durchgeknallte Psycho-Ex. Wäre mir auch too much.«

»Teenager-Drama! Soll ich euch die *Bravo* abonnieren? Für seine Ex kann er nichts«, nahm Michael Zeus in Schutz. »Er hat am Bitch-Abend perfekt reagiert, sie rausgeworfen und dich beschützt. Da sind wir uns doch einig. Und dann fällst du ihm in den Rücken und ermunterst ihn, mit der Ex wieder was anzufangen, weil es dir total wurscht wäre.«

Er hat wohl recht. Ich habe bescheuert reagiert, aber Wegrennen ist auch keine Lösung – dachte ich später beim Einschlafen.

Gerade tippe ich Zeus eine Mea-culpa-Nachricht, da klingelt es an meiner Haustür. Als sich der Lift öffnet, streckt mir Zeus eine wunderschöne Orchidee entgegen, dazu ein »Love«-Schild und Süßigkeiten in Pink. »Alles Gute zum Weltfrauentag, Baby. Und: sorry!«

»Wooow! Bist du bezaubernd! Mir tut es leid. Ich war eine totale Idiotin. Natürlich will ich nicht, dass du zu deiner Ex zurückkehrst. Ich würde durchdrehen. Das ist die Wahrheit.«

»Lass uns nicht streiten, ich hasse das. Hab die ganze Zeit geweint.«

»Ich auch. Aber: Schmeiß Teller auf den Boden, zerstör mein komplettes Porzellan, verwüste die Wohnung, beschimpfe mich, egal. Du darfst alles, nur nicht wegrennen. Nicht plötzlich einfach weg sein. Bitte nicht.«

»Versprochen. Ich bin nie wieder plötzlich einfach weg.«

Viele Stunden und eine delikate Shrimps-Pasta später (Er kann so gut kochen! Wie bescheuert wäre es, einen schlauen, sexy, sensiblen und dazu noch super kochenden Mann zu verjagen?) landen wir im Bett. Ich glaube, ich bin noch nie so eng umschlungen mit einem Mann eingeschlafen.

Wie fest er mich an sich drückt. Wie unglaublich gut und geborgen es sich anfühlt, geliebt zu werden.

13. März,
Witwe = das neue Must-have

Spannendes Gespräch mit meiner guten Freundin Lilli, mit der ich ewig nicht gesprochen habe. Sie ist Energetikerin und hat beim Kartenlegen gespürt, dass ich einen neuen Mann in meinem Leben habe. Also ruft sie an und stellt nicht die typische »Geht's dir inzwischen besser«-Floskel-Folter-Frage, sondern: »Wie heißt er?«

»Wer?«

»Der neue Mann in deinem Leben. Und ich fühle, da gibt es einige.«

»Oh. Ähm. Zeus.«

»Und wie oft spürst du deinen Mann?«

»Jeden Tag. Immer. Ständig.«

»Das ist gut. Ich wäre ja sooo gerne Witwe.«

»Bitte? Das meinst du nicht ernst!«

»Doch, sehr.«

»Solche Sätze sagen nur Nicht-Witwen. Witwe sein ist das Schlimmste.«

»Witwe sein ist tausendmal besser als geschieden sein.«

»Nein. Weil dein Mann dann noch lebt.«

»Aber auch weg ist.«

»Trotzdem könntest du um ihn kämpfen. Witwe sein ist

so furchtbar endgültig. Ich kann nicht mehr um meinen Mann kämpfen. Nie wieder.«

»Witwe sein ist unfassbar romantisch. Bei geschieden ist man gescheitert, die Liebe ist weg. Als Witwe ist zwar der Mann weg, aber die Liebe bleibt. So wie bei dir.«

Lange hallen ihre Worte in meinen Ohren nach. Ist Witwe als Beziehungs-Label the new hot shit, das trendy Must-have? Du meine Güte, natürlich niemals. Dennoch ist Lilli die erste Person, die vom fürchterlichen W-Wort geschwärmt hat, als wäre es erstrebenswerter, eine Witwe zu sein, als eine neue angesagte Designerhandtasche zu besitzen.

14. März, Pink Kitchen mit Amore

Heute Abend ist wieder PK, wie wir den Pink-Kitchen-Stammtisch nennen, und Stunden vorher ruft Zeus an und meint: »Baby, wie viele Freunde kommen diesmal zu dir?«

»Ungefähr fünfzehn Männer.«

»Willst du mich verarschen?«, fragt er und lacht (zum Glück).

»Keine Sorge, die sind alle …«

»Schon okay, ich wollte fragen, ob ich für dich und deine ganzen Männer kochen soll und dir das Essen dann kurz vorm Start vorbeibringe. Dann hast du nicht so viel Stress.«

Ich bin sprachlos.

»Hallo? Baby?«

»Ich, äh, muss, glaub ich, gleich losweinen. Das ist unfassbar großherzig von dir.«

»Deswegen musst du doch nicht weinen. Ich mach Giouvetsi für alle, das gibt's bei uns in Griechenland immer sonntags, schmeckt jedem. Bin um kurz vor 19 Uhr da. Bye-bye, ich leg jetzt los, das Kochen dauert drei Stunden, love you sehr.«

Premiere der verrückt-griechischen Art: Zeus hängt seine Jeans nicht über einen Stuhl, sondern an die Garderobe.

Aufgelegt. Wie wunderbar kann ein Mensch sein?

Um 19 Uhr kommen Zeus (mit riesigem Catering-Paket) und Zoe, Tristan (neu bei der PK dabei) und Frank gleichzeitig bei mir vor der Haustür an. Frank staunt nicht schlecht, als mich plötzlich ein vollbärtiger und ihm unbekannter Mann zur Begrüßung auf den Mund küsst, der eine Fünfjährige mit Prinzessinnenkrone im Haar dabeihat. Zoe beißt in meine Hand und ruft: »Schmeckt nach Kirsche. Machst du heut Party, Kim? Ich will auch Party!«

Tristan, der sich in meiner Küche mittlerweile fast besser auskennt als ich, serviert Frank ein Bier – und auch allen anderen Männern, die im Minutentakt klingeln (bei jedem Dingdong schreit Zoe jubelnd auf und rennt zur Tür).

Das Giouvetsi schaut himmlisch aus, Zeus hat es mit kleinen Tomaten, Schafskäse und Rinderfiletstücken (statt Hack) zubereitet. Doch erst mal wollen alle was trinken und es sich im Wohnzimmer bequem machen. Zoe turnt auf mir rum, als wäre ich ihre Akrobatikmatratze, Zeus trinkt Wodka-Fanta und wird von allen gefragt, wie er heißt und ob das Griechisch ist.

»Ja, ich bin Grieche.«

Nach zwei Stunden gehen Double Z, weil Zoe ins Bett muss.

Das wirklich Spannende: Keiner meiner Pink Angels wusste zuvor was von Zeus. Ohne böse Absicht. Aber irgendwie kam ich noch nicht dazu (nervlich und zeitlich), sie bezüglich meines Privatlebens upzudaten. Sie sind die besten Freunde meines Mannes. Umso erstaunlicher, wie selbstverständlich und unerschrocken sich Zeus dieser Gang gestellt hat. Abgesehen vom Begrüßungs- und Verabschiedungskuss haben wir keine Zärtlichkeiten ausgetauscht (war eh keine Zeit, und vor Zoe machen wir das auch nicht).

Jedenfalls waren Zeus und Zoe weg – und die Männer? Nichts! Keine einzige Frage zu Zeus. Wer er ist, warum er da war. Wie geil ist das!? Jede Nachfrage hätte mich verlegen gemacht. Wäre ich mit fünfzehn Frauen zusammengehockt, sie hätten mir nach Zeus' Verschwinden geschätzt sieben Millionen Fragen gestellt. Das Einzige, was mir die Pink Angels an diesem langen, lustigen Abend über Zeus sagen, ist: »Der Typ kann echt sensationell kochen.«

19. März, es ist so Frühling!
Sonne für die Seele!

Zeus und ich sitzen in seinem voll bepackten Auto. Man könnte meinen, wir brettern in einen zweiwöchigen Urlaub, dabei fahren wir nur zu meinen Eltern. Denn: Heute hat meine Mami Geburtstag, und Zeus möchte ihr auch kurz gratulieren (wohl wissend, dass die Family noch nichts über uns weiß).

Meine Schwester konnte wegen eines wichtigen Termins leider nicht aus Berlin herkommen, es wird also ein gemütlicher Abend zu viert. Pardon: zu fünft. Denn Zoe sitzt auch im Auto, vorn auf ihrem Kindersitz, und schläft tief. Nach einem Tag im Fun-Park (mit Bagger, Hüpfburg; beim Tanzen hat sie alle Süßigkeiten gewonnen) ist sie völlig entkräftet, aber glückselig eingeschlafen.

Kurz vor der Ankunft wird sie wach, Zeus sagt: »Schau mal, Baby, wer hinten ist!« Sie dreht sich um, ihre müden Augen werden plötzlich hellwach: »Aaaahhh! Kim! Was machen wir?«

»Zu meinen Eltern fahren, meine Mami hat heute Geburtstag. Ist das okay für dich?«

»Ist Leo auch da?«

»Natürlich. Er freut sich schon auf dich.«

»Gibt es Schokokuchen?«

»Den besten der Welt.«

»Waaahhhhh!« Dann schreit sie fröhlich irgendwas auf Griechisch – und kommentiert die Navi-Stimme, die Zeus den Weg zu meinen Eltern erklärt: »Diese Frau war wirklich schon überall. Sie weiß alles.«

Als wir aussteigen und zum Haus laufen, nimmt mir Zoe den großen Strauß orangefarbener Papageientulpen ab. »Darf ich sie schenken?«

Als wir meine Eltern begrüßen – ich habe sie viel zu lange nicht gesehen und freue mich sehr –, Zoe mit dem Strauß dasteht, der fast so groß ist wie sie, Zeus meinen Dad umarmt und küsst, ja, da geht mir das Herz auf. Ich glaube, allen.

Was hätte auch das für ein melancholischer Trauergeburtstag werden können, stattdessen ist es wieder laut, wild, chaotisch und voller Lachen. Zoe setzt sich im Wohnzimmer auf meinen Schoß und reicht Mami nacheinander die Geschenke zum Auspacken.

»Ich liebe Geburtstag«, sagt sie strahlend und spielt mit meinen Händen. Zeus erholt sich vom Fun-Park und amüsiert sich mit meinem Dad.

Er sagt: »Du hast echt tolle Eltern. Ihr seid wirklich gute Menschen.«

Zeus sagt das so spontan, ohne Schleim, völlig ernst und empathisch, dass meine Eltern, glaube ich, sehr gerührt sind (ich Sturzbachtränen-Girl sowieso).

Nach zwei Stunden brechen die beiden auf, Zoe muss schließlich ins Bett, obwohl sie das überhaupt nicht so sieht. Ich gebe ihnen noch ein Viertel Geburtstagskuchen mit, Zeus macht die Haustür auf – und dann: zack!

Die Tür fällt wieder zu, und das Sicherheitsschloss geht nicht mehr auf. Zoe lacht, der echt kräftige Zeus werkelt herum, aber es will sich nicht öffnen. Mami meint erstaunt: »Das ist in den Jahrzehnten, die wir hier wohnen, noch nie passiert.«

Leo rennt bellend umher und bringt die ganze Zeit Kuscheltiere.

Lachend sage ich: »Zur Not klettern wir durchs Küchenfenster – oder hüpfen über den hohen Gartenzaun.«

Mein Dad holt Werkzeug. Zeus schraubt und hämmert herum. Nach einer halben Stunde hat er das Schloss abgeschraubt, entsichert und wieder drangeschraubt.

Als ich Zeus und Zoe zum Auto begleite, habe ich einen Geistesblitz: Das mit dem Schloss ist natürlich auch nicht zufällig passiert. Das ist ein Zeichen. Jemand möchte mir im wahrsten Sinne mit dem Holzhammer sagen: Lass diesen Mann nicht gehen.

Als ich das Zeus erzähle, küsst er mich zum ersten Mal vor Zoe auf den Mund. Er hat Tränen in den Augen und flüstert in mein Ohr: »Bravo, Baby. Ich bin nicht so gut mit Gefühlen. Ich weiß nur, durch dich fühl ich mich wieder lebendig. Lass mich niemals gehen.«

20. März, mild, 18 Grad

Ich sitze bei einer Notarin in einem so pompösen Büro, dass es mir fast die Sprache verschlägt. Ich brauche eine notariell beglaubigte Unterschrift von ihr, und die Notarin, im schicken Hosenanzug und mit Goldschmuck behangen wie ein Weihnachtsbaum, sagt: »Oh, Sie sind wirklich schon verwitwet? So jung?«

Was soll ich darauf bitte schön antworten? Das: »Leider, leider.«

Ich sage das mit erstaunlich fester Stimme. Es gehört zu meinem Leben. In manchen Ohren (wie Lillis) mag es sich sogar erstrebenswert anhören. In meinen nur grausam, aber so ist es.

Belohnung danach, weil Witwen-Status-Talk ohne Tränen: Hab mir einen knallroten, supergeilen Bikini gekauft.

22. März, Zeit fürs Liebes-Outing

Zeus gibt mir eine Tüte mit, in der sich eine schwarze AC/DC-Jogginghose mit Flammen, ein grüner Kapuzenpulli und ein Paar Kindersocken mit rosa Mäusen befinden: »Kannst du das bitte waschen, Baby? Ich hab noch keine Waschmaschine in meiner Wohnung.«

Logo.

Nach einem unfassbar lustigen Abend im griechischen Lokal seines Onkels, mit seiner griechischen Cousine und seinen griechischen Cousins – die ich alle sofort in mein Herz geschlossen habe (ich glaube, auch umgekehrt, habe permanent Ouzo, Lammspieße und Küsschen bekommen) –, fährt Zeus mit Zoe zu sich nach Hause. Zoe saß wieder den ganzen Abend auf meinem Schoß, knabberte an Pommes und an meinen Fingern und meinte: »Heute schmecken sie nach Wassermelone.«

Dann schenkte sie mir ein großes hellrosa Schokoherz, das sie für mich ausgesucht hatte, wie sie betonte. Zoe, mein kleiner Schutzengel. Wenn sie wüsste, wie sehr sie mir hilft mit ihrer Kindersicht aufs Leben. Die ich oft teile. Das hat auch Zeus amüsiert festgestellt, als Zoe und ich tanzend zu griechischer Musik durchs Lokal gewirbelt sind und uns mit Servietten beworfen haben: »Du bist noch mehr Kind als Zoe.«

»Du hast mich durchschaut.«

»Ein Kind mit supersexy Body. Mein Onkel meinte gerade, wie du vom Himmel fallen konntest. Ich bin ein Glückspilz.«

»Nein, der bin ich. Mit dir, Zoe, deiner wunderbar-verrückten Familie.«

Zurück in meiner Wohnung beschließe ich, dass jetzt der Zeitpunkt gekommen ist (wenn schon die griechische Welt und immer mehr von Zeus' Familie Bescheid wissen): Ich rufe meine Mami an und werde endlich mit der Wahrheit herausrücken. Bin selbst ganz aufgeregt.

Wir reden zunächst über ihren fröhlichen Geburtstagsabend, bis sie von sich aus mit dem Thema anfängt und sagt: »Mäuschen, als ich gesehen habe, wie Zeus dich anschaut, wusste ich, dass er dich liebt. Und Zoe sowieso. Eure Herzen sind fest zusammengewachsen. Es war so schön, dich endlich wieder strahlend und glücklich zu sehen.«

Als ich ihr antworte, dass ich auch von meiner Seite große Liebe spüre, aber mich gefragt habe, ob ich die überhaupt empfinden darf – noch dazu, ehe das Trauerjahr abgeschlossen ist –, sagt sie: »Also, Mäuschen, jetzt erklär ich dir mal was.«

Mami hält mir einen einstündigen Monolog.

Beim Zuhören fließen die Tränen.

»Mäuschen, wer immer geliebt hat und immer geliebt wird, der will, dass der andere weiterlebt und weitergeliebt wird. Clemens hat gesagt: ›Kimberly braucht jetzt erst mal Zeit, alles zu verdauen. Aber wenn sie sich stärker fühlt, will ich, dass sie glücklich ist.‹ Niemals würde er dir etwas missgönnen. Was hätte es ihm genutzt, wenn du jetzt ins Kloster gehst? Ich freu mich so, dass ich dich wieder glücklich sehen darf. Nimm das Glück an! Genieße es! Mach das Tollste draus! Es sollte alles so kommen. Denk niemals, dass du Clemens untreu wirst. Im Gegenteil: Er liebt dich weiter und möchte nur das Allerbeste für dich. Mach dir auch niemals einen Kopf, wenn andere Menschen was Blödes sagen, ignorier es einfach und steh drüber. Es ist eh nur Neid. Auf deine unglaubliche Kraft und diese Riesenportion Liebe, die du ausstrahlst und die dich umgibt. Frag dich niemals: Darf ich das? Hör auf dein großes Herz. Du kannst nichts für das, was Clemens passiert ist. Es wird immer ein Schmerz bleiben. Natürlich hat er einen besonderen Platz in deinem Herzen. Die Erinnerungen kann dir niemand nehmen. Du verrätst ihn oder auch eure Ehe nicht. Die Vergangenheit lebt in dir weiter, auch wenn du jetzt ein neues Leben lebst. Und denk nie: Wie konnte ich mich so schnell wieder verlieben – es gibt keinen Grund auf dieser Welt, warum du kein neues Glück umarmen darfst.«

Ich sage ihr unter Tränen der Rührung und Erleichterung, wie recht sie hat und wie gut mir Zeus und Zoe tun.

Sie meint: »Es ist kein Zufall, dass du Zeus getroffen hast. Ich habe die starke Verbindung und diese einzigartige Wärme zwischen euch deutlich gespürt. Freu dich, dass du lieben kannst und geliebt wirst. Es ist ein Liebeswunder passiert. Du hast jemanden getroffen, und es hat gefunkt. Mach was aus diesem Wunder. Mit dem Frühling fängt auch dein Frühling an. Zeus ist ein einfühlsamer Mann, der dich sehr liebt und alles tun wird, um dich zu beschützen und glücklich zu machen. Dazu hast du mit Zoe ein kleines

Engelchen, das dir in den Schoß gefallen ist. Auch sie spürt, wie glücklich der Papa jetzt ist. Besser geht's nicht. In dem Alter wird sie es genießen, dich in ihrem Leben zu haben. Zoe und du – ihr begleitet euch gegenseitig auf dem Weg in euer neues Leben. Frag dich also niemals: Darf ich das jetzt? Trau nur deinen Gefühlen. Genieße sie. Das Leben umarmt dich. Tanz durch die Wohnung, Mäuschen, aber hau dich dabei nirgendwo an.«

26. März, heiße Nummer

Erst griechische Eskalation (mit Sirtaki und vielen Griechen), dann griechische Sexkalation (mit ..., versteht sich). Als wir verschwitzt auf dem Wohnzimmerboden liegend noch ein Glas Ziegenwein on the Rocks trinken, sagt Zeus mit seinem verführerischen Blick: »Baby, du bist keine Nummer mehr für mich.«

»Ha! Das hoffe ich doch sehr.«

»Nein, ich meine in meinem Handy.« Er zeigt mir seine Kontakte auf seinem Display. »Ich habe dich jetzt mit Namen eingespeichert: Kimberly Schatz.«

Was für eine Transformation: Aus Beileid Kimberly wurde Kimberly Schatz.

27. März, Montag, abends

Ich sitze zwischen Zeus (Kapuze übers Gesicht gezogen) und Zoe (Glitzerherz-Pulli und Blumenkranz im Haar) unter einer Decke auf meiner Wohnzimmercouch. Zeus schläft nach einem intensiven Wochenende und schnarcht auf seine speziell-verrückte Weise, weshalb Zoe den Fernseher lauter gestellt hat. Es läuft, natürlich: »Paw Patrol«. Die Polizeihunde müssen gerade eine Kuh in eingeschneiter Landschaft retten, was Zoe sehr amüsiert.

Sie knabbert abwechselnd an kleinen Salamisticks und meinen Haaren.

Ich denke gerade über mein heutiges Telefonat mit Ralph Siegel nach, der glücklicherweise den Krebs besiegt hat, aber unter einer nicht heilbaren Nervenkrankheit mit unglaublichen Schmerzen leidet.

»Aber du hattest in deiner Trauer nur seelische Schmerzen, Kimberly, oder?«, fragte er mich vorhin.

»Nein, auch körperliche. Sehr heftige sogar.«

»Oh, verstehe. Bist du immer noch allein?«

Ich zögerte kurz mit der Antwort. »Nein, ich habe so viele Männer wie noch nie in meinem Leben.«

»Das glaub ich sofort. Wenn ich nicht so glücklich verheiratet wäre ...« Wir lachten.

Jetzt sagt Zoe zu mir: »Ich muss Kacka machen, Kim. Kannst du mir helfen?«

Äh. Eine Frage, die mir so noch nie gestellt worden ist. »Sehr gern.«

Der vielleicht größte Vertrauensbeweis einer Fünfjährigen.

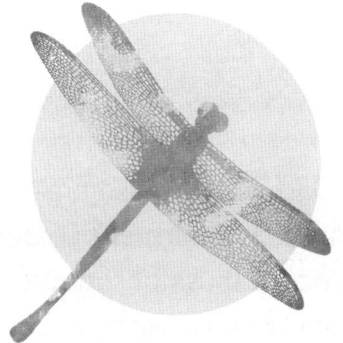

»Darf ich vorbeikommen
und dich umarmen? Dieser
Monat muss besonders
schlimm für dich sein.«

Eine Arbeitskollegin

April

2. April, Sonntag,
Me Time

Heute bin ich ausnahmsweise allein und komplett männerlos. Ich mache es mir daheim gemütlich, Me Time (wie auch Zeki es gerne nennt, wenn er Tristan ghostet), mit Pombären, Oliven, Nüssen, und überlege, ob ich nach fast einem Jahr mal wieder fernschauen sollte. In meiner Boom Box läuft meine Gute-Laune-Playlist, gerade kommt Tristans Lieblingslied »Du kannst nicht immer siebzehn sein« von Chris Roberts, zu dem wir zuletzt so fröhlich getanzt haben.

Ich gehe mit meinem Aperitivo-Bier auf den Balkon und proste Richtung Himmel meinem Mann zu. Als ich wieder reingehe, ertönt genau in dem Moment das Barry-White-Lied. Ich zucke zusammen, bekomme Gänsehaut, Tränen fließen (eh klar), aber nicht nur vor Schmerz, sondern weil da so viel Liebe und Verbundenheit sind.

Und Magie. Das Lied ist nicht in meiner Playlist, kam noch nie – jetzt läuft es ausgerechnet dann, wenn ich mal allein bin.

Weil ich nicht allein bin. Nie. Das ist schon irre und toucht mich sehr. Alles unglaublich.

Danach läuft mein aktuelles Lieblingslied »Flowers«, das mir immer beste Power-Stimmung schenkt. Ich muss lächeln. Mein Mann spielt DJ für mich.

Danke, mein Schatz.

Ich sehe das alles. Ich spüre das alles.

4. April, ein großer Tag,
Sonne

Die Zeitungen sind ausgebreitet, dreißig weiße Eier gekocht, die Osterfabrik steht. Zoe und ich färben seit einer Stunde wie die Weltmeisterinnen, bekleckern uns, den Boden, kunterbuntes Chaos.

Zeus repariert etwas auf meinem Balkon, außerdem musste er kurz raus, um zu weinen, weil er so gerührt ist. Die letzten Jahre hatte er immer allein mit Zoe Eier gefärbt, weil ihre Mutter nie Lust darauf hatte. »Und jetzt machst du das so bezaubernd, das pack ich kaum, weil es so schön ist.«

Er ist so übermännlich und dabei so überempathisch, was mir als Mix wirklich gefällt. Sehr anziehend, diese Kombi.

Viele wunderbare Stunden später, die für mich erholsamer waren als für andere zwei Wochen Malediven all inclusive, meint Zeus: »Ich hab keine Lust, in meine Wohnung zu fahren. Ich würde so gerne bei dir schlafen. Aber wie machen wir das mit Zoe?«

»Hm, ihr zwei schlaft in meinem Bett und ich auf der Couch.«

Zoe, die gerade damit beschäftigt ist, sich meine pinke Faschingsperücke auf den Kopf zu setzen, schaltet sich ein: »Kim, wir schlafen alle im Bett. Du auch! Heute ist ein großer Tag.«

Als wir später ins Bett gehen, sagt Zoe, dass sie in der Mitte schlafen will. »Ich träume von Königinnen und du von Prinzessinnen.«

»Abgemacht.«

Als ich gerade einschlummere, spüre ich einen Rumms.

Zoe haut ihren Kopf und den kleinen Oberkörper auf meine Brust und sagt ganz leise: »Danke.«

Willkommen in der Ostereierfärbefabrik: Wie viel Spaß es macht, alles bunt zu machen.

Sie schläft sofort ein. Da ich sie nicht wecken will, denke ich mir das, was ich ihr am liebsten sagen würde: Danke für dich, kleiner Engel.

6. April, den ersten Schmetterling (gelb) des Jahres gesehen

In vier Tagen ist es so weit – der erste Todestag. Allein dieses Wort klingt so furchtbar, ich kann es kaum aufschreiben, alle Erinnerungen an diesen Tag sind noch viel furchtbarer. Mir wird schlagartig übel. Diese spezielle Übelkeit, die ich nach dem Tod meines Mannes sehr lange sehr intensiv hatte. Die einem den Magen zuschnürt und das Herz – und einfach nur entsetzlich ist.

Was mache ich also an dem grauenhaftesten Tag ever? Daheim sein, allein sein und 24 Stunden durchheulen? Hätte das meinen Mann gefreut? Niemals.

Würde mich das irgendwie weiterbringen? Null.

Daher lautet mein Plan: Wir feiern ihn. Als wäre es ein Anti-Todestag. Michael meinte, es wäre besser, wenn ich an dem Tag nicht bei mir daheim bin – und bot netterweise an, auf seine Wohnung auszuweichen. »Ich mach glutenfreie Fleischpflanzerl und Rote-Bete-Feta-Salat und kauf Champagner.«

Schnell stellte sich heraus, dass doch mehr Freunde dabei sein wollen, als in seine Wohnung passen.

Daher sagte Zeus: »Feiert bei mir, wenn du magst. Es wäre mir eine Ehre. Geld nehme ich von niemandem an, das ist mein Geschenk für Clemens. Und Ostermontag hab ich eh zu, wir machen eine geschlossene Gesellschaft, kaufen vorher noch Ziegenwein, und fertig.«

Ich war baff und gerührt. Nicht nur ich habe eine Transformation hingelegt, auch die beiden Männer. Michael macht plötzlich glutenfreie Pflanzerl, und der Mann, der mich liebt, bietet mir seine Location für den Todestag meines Mannes an.

Trotzdem habe ich vor diesem Tag Angst. Große Angst. Dass es mich umhaut. Dass alles wieder hochkommt. Dass es zu heftig wird. Dass es nicht zum Aushalten ist. Aber ich kann diesen Tag weder ignorieren noch aus meinem Leben streichen oder überspringen.

Ich muss mich auch diesem Tag stellen.

Meine Antwort auf Angst, Trauer und Schmerz lautet daher: Lebensfreude, Liebe, Fröhlichkeit.

Geweint wird eh, danach kann ich die Uhr stellen. Doch wenn geweint wird, muss auch gelacht, gefeiert und getanzt werden.

Ich rufe spontan meinen Lieblingspfarrer Rainer Maria Schießler an, lade ihn ein und erzähle ihm von meinem Vorhaben.

»Was meinst du, darf man den Todestag überhaupt so feiern?«

»Kimberly, und wie! Feiere die Schöpfung und den Menschen, der in deinem Herzen ist. Besser geht es nicht. Ich finde das toll und komme gerne auf ein Bier vorbei. Ist deine crazy Gang vom Geburtstag dabei?«

»Sowieso. Es gibt auch noch einen griechischen Neuzugang.«

8. April, Ostersamstag

Der griechische Neuzugang aka Zeus steht in der Küche meiner Eltern und wirbelt herum. Er will meine Familie – meine Schwester ist für die bevorstehenden Tage extra aus Berlin gekommen – österlich-griechisch bekochen und zaubert fünf verschiedene Gerichte.

Nächste Woche – die Griechen feiern Ostern eine Woche später – hat er mich zu seinem Cousin und dessen Familie aufs bayerische Land eingeladen. Dann wird ein ganzes Lamm gegrillt, wie er vorfreudig meinte. »Und spätestens um 14 Uhr tanzen alle Sirtaki im Garten und sind stockbesoffen.«

Hört sich weltklasse an.

Nach dem Telefon-Outing mit meiner Mami weiß ich gar nicht, was Dad und Jillian von Zeus und mir wissen. Mal schauen. Es kann nur spannend werden. Trotzdem übe ich mich erst mal in Zurückhaltung. Zeus sagt zwar ständig »Baby« zu mir, aber so nennt er eh alle, die er mag – auch Leo.

Als er meinen Dad fragt, ob er Wein möchte, sagt der: »Hau rein, Baby.« Beide lachen laut.

Zwei Männer, ein Humor. Ich spüre, Zeus ist in meiner Familie längst angekommen.

Nach einem fantastischen Essen, viel Ouzo und Freude sagt meine Mami zu Zeus: »Es ist so schön, dass du mit Kimberly hier bist. Nicht nur, weil du uns großartig bekocht hast. Sondern weil ihr euch gefunden habt. Zeus, willkommen in der Familie.«

Als er sie umarmt, sehe ich, dass er Tränen in den Augen hat. Mami auch, ich sowieso, der Rest ebenfalls. Sogar Leo (okay, ist vielleicht übertrieben, aber ich bilde es mir ein).

Beim Aufräumen ruft die Mutter seiner Tochter auf seinem Handy an. Zum Glück stellt er auf laut, sonst hätte ich es kaum glauben können, was sie sagt. Nämlich das: »Kim hat mit meiner Tochter Eier gefärbt. Du wirst Zoe nie mehr sehen, solange du mit dieser Bitch zusammen bist.«

Und, offenbar zu Zoe: »Dein Papa liebt dich nicht mehr. Dein Papa liebt jetzt Kimberly.«

Die Kleine ist im Hintergrund zu hören. Sie schreit, weint und ruft: »Ich liebe aber Papa. Und ich liebe Kim.«

Aufgelegt. Wir sind alle fassungslos. »Wenn sie dir den Kontakt zu deiner Tochter wegen Kimberly verbietet, Zeus, müsst ihr zum Jugendamt und zum Familiengericht«, meint meine Schwester sehr ernst.

Nach etlichen Diskussionen steht fest: Sollte sich Zoes Mutter bis nach den Feiertagen nicht beruhigen und Zeus weiterhin verbieten, seine Tochter zu sehen, werden wir wirklich ernste Schritte einleiten müssen. Ich weiß, wie sehr Zeus seine Tochter liebt. Über alles. Wie großartig und liebevoll und lustig und warmherzig er als Vater ist. Wie unfassbar unfair es ist, ihm die Tochter wegzunehmen – und dann noch wegen mir.

Mir wird wieder klar, wie nah Glück und Schmerz, Liebe und Angst, Lachen und Weinen beieinanderliegen. Geht das eine nicht ohne das andere? Oder hat mir das Schicksal Zeus' Ex geschickt, um mich vom Todestag und der Trauer um meinen Mann abzulenken? Das schafft sie jedenfalls auf sehr unschöne Weise.

Wer den Tod seines Mannes irgendwie überlebt hat, den schockt vielleicht so viel Hass, aber dieser Hass haut einen nicht um.

Danke, Superpower.

10. April, der Tag aller Tage

»Happy Witwen-Anniversary«, schreibt eine Freundin. »Oder was wünscht man zu diesem Tag?«

Eine andere: »Ich weiß noch, wann ich das letzte Mal mit Clemens telefoniert habe.«

»Heute denke ich besonders an deinen Mann. Und dich.«
»Wie geht es dir heute, Süße?«
Mein Handy piept und piept, mein Kopf auch.
Alles wieder von vorne. Oh shit.
In der Post ist ein Buch von Mr. Green: »Treue ist auch keine Lösung.« Sehr witzig. Zumindest bringt er mich kurz zum Schmunzeln.

Ich stehe im Bad und schminke mich für die Party für meinen Mann. Lange starre ich mich im Spiegel an.

Ein Jahr soll das jetzt her sein? Ein ewig langes Jahr habe ich meinen Mann nicht mehr gesehen, gespürt, geküsst, mit ihm geredet und gelacht?

Meine Güte. Wo ist die Zeit hin? Wo ist mein altes Ich hin?

Wahrscheinlich auch begraben unter der Gänseblümchenwiese in Gräfelfing.

Das Trauerjahr ist jetzt vorbei. Was bedeutet das für mich? Nichts?

Alles?

Dass ich ab sofort in den Augen der Außenwelt so leben darf, als wäre nichts passiert? Das ist Schwachsinn. Es ist alles passiert, und deshalb bin ich jetzt so, wie ich geworden bin. Aber wie gefällt mir mein neues Leben, das ich nie haben wollte? Lange denke ich darüber nach, nachdem Zeus sich heute früh von mir verabschiedet hat mit den Worten: »Baby, bleib stabil.«

Er schenkte mir seine Glücksbringer-Kette, die er trägt, seit er sechzehn ist. Als er sie mir um den Hals hängte, meinte er: »Wir kriegen diesen Tag zusammen rum. Wir feiern deinen Mann, der so stolz auf dich ist.« Nicht: wäre.

Am liebsten hätte ich sofort losgeheult. Ob er was geträumt habe, fragte ich ihn, um von meinen Gefühlen abzulenken.

»Ja, dass wir geheiratet haben.«

»Echt?«

»Total echt. In Griechenland, am Strand, du sahst wunderschön aus, barfuß, im weißen Kleid.«

»Mmmhh.«

»Wollen wir um zehn Euro wetten, dass wir spätestens in fünf Jahren verheiratet sind? So eine Frau wie dich treffe ich nie wieder, das weiß ich.«

Ich schaute ihn verdutzt an. Will ich jemals erneut heiraten? Keine Ahnung. Will ich Zeus jemals verlieren? Never. Liebe ich ihn? Sehr, sehr, sehr. Könnte ich mir einen besseren lebenden Mann vorstellen? Nein.

Während ich überlegte, küsste er mich, lachte und sagte zum Abschied: »Ich freu mich schon auf die zehn Euro. Bis später, love you wirklich und ernsthaft.«

Zwischen Todestag und Hochzeitsträumen: Da ist es also, mein neues Ich. Haben wir uns kennengelernt? Auf schmerzhafte Weise, ja. Haben wir uns lieben gelernt? Auf letztlich harte, aber auch wunderschöne Weise, ja.

Ich hatte zwar keine Wahl, dennoch bin ich heute happy mit mir. Erst war ich Powerfrau, dann Trauerfrau, jetzt bin ich Trauer-Power-Frau.

Ich weiß: Der Schmerz wird immer ein Teil von mir sein. Ich muss ihn akzeptieren und umarmen. Nur so kann er mich stärker machen. Feinfühliger, emotionaler, wacher, lebensgieriger, intensiver.

Der Schmerz in mir ist nicht der Feind, der Schmerz ist meine neue Wunderwaffe.

19 Uhr bei Zeus. Ich bin extra viel früher da, weil mein Pfarrer Schießler immer viel zu früh ist. Als ich den Laden betrete – Michael baut gerade einen Berg an glutenfreien Fleischpflanzerln auf –, ertönt das Barry-White-Beerdigungslied.

»You're The First, The Last, My Everything.«

Stromschlag. Gänsehaut. Wieder das volle Gefühlsprogramm. Zeus stürmt aus der Küche auf mich zu und ruft: »Baby, sorry, das war keine Absicht, soll ich das Lied jetzt endgültig löschen?«

»Niemals, danke.«

Ich weine erstaunlicherweise nicht, küsse Zeus, umarme Michael und sage: »Clemens ist bei uns. Er gibt mit diesem Lied grünes Licht für die Party.«

371

Michael: »Aber dass das Lied wie eine Art Begrüßung für dich läuft, ist schon ... puh.«

Interessant, was einem gute Freunde, ach was: die besten Herzensmenschen, zum ersten Todestag schenken. Liebevoll geschriebene Karten (alle in Pink, nicht in Schwarz oder mit weißen Rosen, halleluja!), dazu Sätze wie der von Otto: »Auf ein neues Jahr Pink Life – plant yourself Flowers« (er hat mir in Anspielung auf mein Lieblingslied von Miley Cyrus Blumenzwiebeln geschenkt), selbst gebackenen Kuchen, farbenfrohe Blumen, Duftkerzen, viel Essen und noch mehr Alkohol.

Als Zeus mit Melli und Ugo in der Küche italienische Pizza backt, meine angeheiratete Tochter Theresa (es bedeutet mir echt viel, dass sie heute auch da ist) und meine Schwester mit Pfarrer Schießler lachen, Barfuß-Mann Mats mit Bart-Mann Zeki plaudert, Tristan, Wolfi und Otto mit Michael und Sigi zu Chris Roberts tanzen, Steffi zu mir sagt: »Ich bin so froh, dich zu kennen und von dir zu lernen, wieder die Augen zu öffnen für alles, was das Leben noch für uns bereithält!«, Doc Holiday und Trauzeuge Tobi über komplizierte Frauengeschichten reden, Frank mir die wohl lustigste Anekdote über Clemens erzählt, da muss ich kurz rausgehen. Ich möchte in Ruhe mit meinem Mann anstoßen, dieser Schluck ist nur für ihn.

Für uns.

Ich stehe vor dem Laden von Zeus, aus dem so viel laute Musik und fröhliches Lachen hallen, dass mein Herz zwar schmerzt, aber auch tanzt.

Als ich Richtung Himmel schaue, der sich gerade malerisch rosa zum Sonnenuntergang färbt, mein Glas erhebe und meinem Mann zuproste, fliegt eine Krähe in Kopfhöhe auf mich zu.

Die Königin der Transformation, wie ich gelernt habe. Ich freue mich über die Krähe, sie hat mich voll im Blick und irgendwas Großes und Helles im Schnabel. Wahrscheinlich ein Stück altes Brot. Ich bücke mich leicht, damit sie nicht gegen meinen Kopf knallt. Kurz vor mir dreht sie aber geschickt ab, lässt ihre Beute direkt vor mir fallen und kräht zwei Mal laut. Dann ist sie im rosa Himmel verschwunden.

Ich schaue runter auf den Gehweg, was da zwischen meinen Schuhen liegt.

Es ist kein Stück altes Brot.

Es ist eine sonnengelbe Rose.

THE END

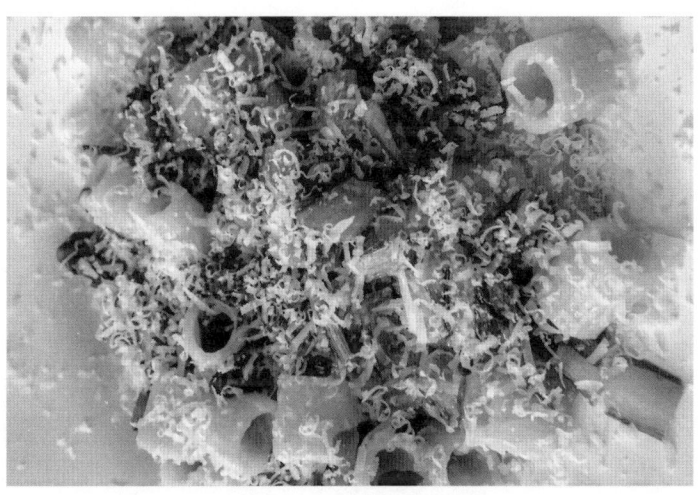

Kimberlys Löwin-Pasta
Rezept für eine Person

Was wir brauchen

Pasta (am besten: Mezzi Rigatoni N. 26, Edeka-Eigenmarke; ich nehme immer ein Drittel von einer Packung oder gleich die Hälfte)

- Löwenzahn – im Idealfall selbst gepflückt, dann einen riesigen Strauß bzw. eine leere (!) Hundekot-Tüte voll
- Parmesan (frisch gerieben, schmeckt besser, eine mittelgroße Schale voll)
- 2–3 kleine rote Chilischoten (extra scharf)
- 1 große Zehe frischen Knoblauch (der mit dem grünen Strunk)
- Öl (muss kein griechisches sein, Hauptsache genug)
- Salz und Pfeffer

Was wir machen

Den Löwenzahn in eine Schüssel oder großen Topf mit kaltem Wasser legen, sodass er bedeckt ist, halbe Stunde (oder länger) ziehen lassen, dann abtupfen und (nicht zu) klein schneiden. Das Ende von jedem Stiel lass ich weg. Chili und Knobi klein schneiden, dazu Topf mit Wasser und Salz für die Pasta erhitzen.

Wenn das Wasser kocht, Pasta rein. Wenn noch acht Minuten Zeit übrig sind, bevor die Nudeln al dente sind, erhitze ich eine Pfanne mit viiiel Öl und Salz – sobald das Öl heiß ist, Löwenzahn reinhauen, immer wieder umrühren, damit er dunkler wird und ähnlich wie Spinat zerfällt.

Wenn die Nudeln fast fertig sind, eine Tasse vom Pasta-Wasser abschöpfen, zur Seite stellen. Dann Chili und Knobi in die Pfanne zum Löwenzahn geben. Nudeln abgießen (nicht abschrecken), kurz zur Seite stellen. Pfanneninhalt umrühren, bis Knobi nicht mehr ganz weiß ist (aber nicht braun werden lassen), dann Nudeln in die Pfanne geben, guten Schuss aus der Pastawassertasse dazu, eine Minute umrühren. Dann servieren, Parmesan großzügig drüber, gerne noch Salz und Pfeffer, und genießen.

Guten Appetit, aber Achtung: macht süchtig!

Theresas Nachricht,
als sie mein Buchmanuskript gelesen hatte

Liebe Kimberly,
danke für das Buch.
Ich weiß gar nicht, was ich sagen soll. Mir fehlen die
Worte. Ich habe 370 Seiten durchgeweint. Es waren keine
Tränen der Trauer, aber wem erkläre ich das ...
Du verstehst es wie keine andere. Immer wieder musste
ich das Lesen pausieren. Aber aufgehört, daran zu den-
ken, habe ich keine Sekunde.
Man spürt so eine krasse Entwicklung. Dass es dir jetzt
wirklich besser geht, freut mich von ganzem Herzen.
Papa hätte es nie anders gewollt.
Ich bin stolz auf dich.
Auf dieses Buch.
Und du kannst es auch sein.
Lass dich feiern.
Du verdienst alles und noch mehr.
Bussi aus Hamburg,
Theresa

Danke an Euch

In Worten lässt sich nur schwer ausdrücken, was folgende Menschen in diesem Ausnahme-Jahr für mich getan haben. Wie unerschütterlich sie alle für mich da waren, bedingungslos, großartig und liebevollst.

Von Herzen danke ich meiner echten Familie und meiner »chosen family« für ihre Kraft und ihre Stahlnerven, ihre Stärke und ihren Humor und vor allem für ihre gigantische Liebe: meiner Diamond-Sister Jillian (»Und ihr zwei seid's dann Geschwister!?«), meiner allertollsten Wow-Mami (Zauberbach- und Alles-Powerstar, auch wenn es mal nur 9999 Schritte waren), the one & only Super-Dad (Jede Übernachtung war wirklich schöner als im Schullandheim, du Taschenlampen-Visionär), Traumtochter Theresa (Pflasterherz ist so 2022), Leo (die geheime Spareribs-Verkostung bleibt unter uns), Michael (unconditional love!), Wolfi (die Depp-ohne-Shirts entwerfen wir noch), Tapetenwechsel-Tristan (deine Schampus-Klingel klau ich dir demnächst), Mr. Penthouse (für absolut alles, auch das Barocke), Melli und Ugo (grande Amore), Sonnenschein-Sigi (ein Bett im Kornfeld – never forget), den Sweetesthearts Linda und Nena (wir brauchen mehr Ouzo, weil morgen ein wichtiger Termin ansteht), Rettungsankerpfarrer Rainer Maria Schießler (vom Anfang bis zur Auferstehung), meinen beiden kleinen und dabei so riesigen Schutzengeln Zoe und Sophie (freu mich auf Pommeseis und Pizza-Party), Mr. Green (aber nicht hinter den Ohren), meinen Pink Angels Frank und Doris (mache jederzeit den Paul- und Pool-Sitter), Doc Holiday (Spritzen! Atteste! Beste Oliven!), Stephan (zwischen Champagnerapie und Nachlassgericht), Renée und Schorschi (hoffentlich kein Reh im Zaun), Ecki, Andrian, Andi, Florian, Brigitte, Nati, Till, Obatzda-Thomas (wann??), Severin und Luke (Tigerjolle schreit nach Fortsetzung), dem Trauzeugen der Herzen (Hollywood!), meinem Rastplatz-Weihnachtsmann, Barfuß-Mann Mats (irgendwann tauchen wir gemeinsam in der Isar ab), Rosi (für jede Herzenszeile), Magda, Zeki (meld dich bitte endlich bei Tristan, zefix!), Tui und der ganzen Familie (die Wiesn wartet), Steffi (wir müssen noch viel mehr tanzen), Niko (für Blumen & »Flowers«), Ioannis alias Batman, der Anti-Family (beste Fischfiletierer), der wunderbaren Wolnzach-Gang (Faust aufs Auge; »Alexa, spiel Cordula Grün«), Nagia und Sigmund, Hannes, den Fargos, meinen Nachbarn, Rudi (Bist du im Urlaub in Griechenland?), Kerby (für jedes Wort und Foto), dem besten Verleger des Universums Dr. Martin Balle (kein Schleim: unendliche Dankbarkeit), Uschi (Schampus folgt!), Blumen-Claudia (Bergtour folgt!), dem grandios empathischen BR-Fernsehen-Team um Zuhal, Britta, Andrea, Faika, Rolf, Holger, Wolfgang Preuss und Gino (you know what I mean), den Dragqueens Tiffy, Kris und Daphny (ihr seid mein Kurzurlaub), Miley Cyrus, my lovely Agent Jenzi (Augustiner steht, gell), Book-Queen Sissi Klauser (von der ersten Sekunde auf einer riesigen Sympathie-Welle; XXL-Dank fürs sofortige Vertrauen), Sabine Sternagel und dem gesamten Top-LangenMüller-Team, meiner grandiosen Lektorin Almut Schmidt (Freestyle-Löwin-Pasta, I love!), PR-Wunderwaffe Birgit Politycki und Petra Büscher, Lippert's Friseure (ihr seid hairlich empathisch), der Bäckereichefin für ihren unbeirrbaren Glauben an das Leben und die Liebe – und jedem Menschen, ob an der Supermarktkasse oder irgendwo auf der Straße, der mir mit einem spontanen Lächeln in so vielen stockfinsteren Momenten ungeahnt so sehr geholfen hat.

Spezieller Dank

an die zwei Männer, die mich nonstop beschützt haben und das, so spüre ich es glücklicherweise überdeutlich, auch weiterhin tun werden: Ich liebe dich für immer über alles, Clemens. Und I love you wirklich von meinem ganzen Herzen, Baby.

© Anton Leiss-Huber

Kimberly Hagen (geborene Hoppe), Jahrgang 1980, ist Gesellschaftskolumnistin bei der Münchner *Abendzeitung* und als Society-Expertin häufiger Gast im Bayerischen Fernsehen.

Zusammen mit ihrem Ehemann Clemens Hagen veröffentlichte sie »50 Dinge, die Mann bis 50 unbedingt tun muss« und »Neun Minuten Ewigkeit«.

Clemens Hagen verstarb im April 2022 auf tragische und unerwartete Weise. Anders, als es ihr viele Menschen daraufhin geraten hatten, wanderte Kimberly Hagen nicht aus, sondern lebt bis heute mitten in München.

Bildnachweis: Kimberly Hagen: S. 82, S. 91, S. 111, S. 229, S. 302, S. 319, S. 348, S. 352; Jillian Hoppe: S. 120, S. 136, S. 142, S. 158, S. 167, S. 200; Mr. Green: S. 262, S. 265, Zeus: S. 365

Stadtfrust und Landlust in der ostdeutschen Provinz

»Die Uckermark ist ausverkauft« — erklärt die Maklerin dem großstadtmüden Ehepaar Rosa und Richard. Doch so leicht lassen sich die beiden nicht von ihrem Traum vom Häuschen auf dem Land abbringen. Nach erfolgreicher Suche beginnt der Stress erst: Handwerker- und Behördenchaos, Umweltprobleme, alte Stasi-Seilschaften, Ehekrise und eine Fast-Pleite — mit Witz und Tiefgang blickt die Autorin auf das Phänomen Stadtfrust, teils unerwiderte Landlust und den besonderen Charme der ostdeutschen Provinz.

Birgit von Heintze
DIE UCKERMARK IST AUSVERKAUFT
340 Seiten · ISBN 978-3-7844-3676-0

LANGENMÜLLER

langenmueller.de

AUCH ALS HÖRBUCH
ISBN 978-3-8032-9305-3

Erwachsenwerden in der bayerischen Provinz

Vinzenz Karl Bachmeier, 1968 geboren in Artlhofen, unendlich weit entfernt von der Weltstadt München, ist Vollwaise, verhinderter Rockgitarrist, Beziehungstrottel und unehrenhaft entlassener Oberministrant. Auf der Suche nach der einen großen Liebe kämpft er sich mitten in der tiefsten bayerischen Provinz, dort wo Kirche und Wirtshaus das Leben dominieren, durch die späte Pubertät. Macht ihn seine Suche nach einem Leben, das sich zu leben lohnt, erwachsener? Schau ma moi, dann seng ma's scho...

Sebastian Beck
VINZ SOLO
272 Seiten · ISBN 978-3-7844-3657-9

LANGENMÜLLER

langenmueller.de